Research on Risk Assessment and

GRAIN PLANTING
INDUSTRY IN CHINA

中国粮食种植业经营
风险评估与治理研究

赵 玉 等著

中国财经出版传媒集团

经济科学出版社
Economic Science Press

图书在版编目（CIP）数据

中国粮食种植业经营风险评估与治理研究 / 赵玉等
著 . —北京：经济科学出版社，2020.11
ISBN 978-7-5218-2127-7

Ⅰ.①中…　Ⅱ.①赵…　Ⅲ.①粮食—种植业—经营管
理—风险管理—研究—中国　Ⅳ.① F326.11

中国版本图书馆CIP数据核字（2020）第239091号

责任编辑：李　雪　袁　澂
责任校对：隗立娜
责任印制：邱　天

中国粮食种植业经营风险评估与治理研究
赵　玉　等著
经济科学出版社出版、发行　新华书店经销
社址：北京市海淀区阜成路甲28号　邮编：100142
总编部电话：010-88191217　发行部电话：010-88191522
网址：www.esp.com.cn
电子邮箱：esp@esp.com.cn
天猫网店：经济科学出版社旗舰店
网址：http://jjkxcbs.tmall.com
北京季蜂印刷有限公司印装
710×1000　16开　23.75印张　300000字
2020年11月第1版　2020年11月第1次印刷
ISBN 978-7-5218-2127-7　定价：88.00元
（图书出现印装问题，本社负责调换。电话：010-88191510）
（版权所有　侵权必究　打击盗版　举报热线：010-88191661
QQ：2242791300　营销中心电话：010-88191537
电子邮箱：dbts@esp.com.cn）

国家自然科学基金项目（72063001，71503038）

中国博士后特别资助项目（2016T90602）

中国博士后面上一等资助项目（2015M570564）

江西省社科基金项目（19GL23）

江西省现代农业（水稻）产业技术体系项目（JXARS-02）

江西省博士后择优资助项目（2015KY55）

前　言

粮食是人类赖以生存和发展的第一要素。粮食安全是国家稳定的基础，也是实现社会可持续发展的前提条件。如何种好"中国粮食"、端好"中国饭碗"是一个重大的现实问题。系统地构建粮食种植业经营风险治理体系必要且迫切，主要表现在以下几个方面：首先，粮食生产高度依赖天气气候条件，随着全球气候变暖，极端气候事件频繁出现，给粮食种植业造成了非常严重的影响；其次，随着粮食价格形成机制改革的深化，粮食等大宗农产品价格逐步回归市场，相伴而生的经营风险也将更加凸显；另外，随着国际多边和双边合作进程的加快，国内粮食市场正在承受越来越多的国际市场冲击；最后，粮食金融化和能源化发展趋势带来的供求不确定性增加了国内粮食种植业经营风险。

粮食种植业经营风险使种粮收益面临极大的不确定性，增加了生产决策与融资的难度，降低了粮农生产投入的积极性，阻碍了粮食种植业规模化经营，制约了现代化粮食种植业的发展。让市场在农业资源配置中起决定性作用的同时应该为粮农筑起一道"防火墙"。农业保险既是保障种粮收益的重要政策工具，也是符合世界贸易组织（WTO）规则的"绿箱"措施。自2007年我国新一轮农业保险政策全面铺开以来，农业保险覆盖面逐年扩大，保费收入连年提高，但是农业保险的保障范围和深度还远远不够。我国政策性农业保险目前处于"供需双冷"的格局。怎样以农业保险为核心构建现代化的粮食种植业经营风险治理体系是农业风险管理领域面临的难题和重点。

本书梳理了国内外关于农业经营风险测度和应对的经典文献，归纳了相关领域的研究趋势。界定了粮食种植业经营风险治理的概念及内涵，在此基础上从粮食经济学、灾害经济学和风险管理的角度构建了粮食种植业经营风险评估和治理的分析框架。以早稻、晚稻、小麦和玉米为例，首先，从均值、方差、偏度、峰度等多个分布特征研究了农业气候灾害风险、粮食产量风险、价格风险、成本风险和收益风险的时间特征，采用聚类分析、Moran 指数和 Moran 散点图等方法研究了相关风险的空间特征，采用极大似然估计和 KS 检验分析了相关风险的统计特征，采用熵权–TOPSIS 方法和 Jenks 最佳自然断点分级法评估了各地区四种粮食作物五类经营风险的大小和等级。其次，通过比较分析对各地区粮食种植业所面临的主要经营风险作了判别，并基于熵权–TOPSIS 方法对五类经营风险作了综合评估，使用 Kendall 系数测度了各类经营风险之间的关联性，采用动态面板计量模型、混合 Copula-BPNN 模型研究了粮食种植业经营风险的保险定价问题，在经营风险区划的基础上厘定了各地区四种粮食作物的产量保险费率、价格保险费率和收入保险费率，并比较了不同保险的保障效果。最后在借鉴美国、欧洲、英联邦国家和日本在财政支持、金融支持和产销政策等方面先进经验和梳理国内粮食经营风险治理政策演进脉络的基础上，讨论了我国粮食种植业经营风险治理思路和路径，提出了政策优化的对策建议。

研究表明：（1）综合来看，西藏、青海、江苏、安徽、浙江、吉林和辽宁等地属于各类农业气象灾害风险高发地区。农业气象灾害风险除与自然区位有关外，农业水利等基础设施建设落后也是导致农业气象灾害风险严重的一个重要因素。（2）早稻产量风险高发地区包括安徽和浙江，价格风险高发地区包括湖北、湖南、江西和福建，成本风险高发地区包括湖北和安徽，收益风险高发地区为湖北。（3）晚稻产量风险和价格风险高发地区均为福建，成本风险高发地区包括福建、湖北和广西，收益风险高发地区为广西。（4）小麦产量风险高发地区包括内蒙古、河南、安徽和江苏，价格风险高发地区包括云南和湖北，成本风险高发地区为黑龙江，收益风险高发地区包括湖北、河南和安徽。（5）玉米产量风险高发地区包括吉林、江苏和安徽，价格风险高发地区包括云南、四川和东北三省，成本风险高发地区为甘肃，收益风险高发地区包括安徽、江苏、甘肃、新疆、内蒙古、黑龙江和吉林。（6）经过风险等级、安全系数、营业费用系数和预定结余率加权后，在95%的保障水平下，早稻产量险毛费率为1.46%～2.56%，晚稻产量险毛费率为1.26%～6.12%，小麦产量险毛费率为2.21%～9.17%，玉米产量险毛费率为0.68%～3.79%；早稻价格险毛费率为2.49%～6.80%，晚稻价格险毛费率为2.48%～6.31%，小麦价格险毛费率为3.42%～11.11%；玉米价格险毛费率为5.54%～14.19%；早稻收入险毛费率为5.07%～10.10%，晚稻收入险毛费率为5.82%～7.85%，小麦收入险毛费率为5.71%～16.32%，玉米收入险毛费率为7.32%～16.25%。各地区保险费率差异较大，应根据本地主要经营风险选择合适的保险品种。

由于目前国内各类粮食种植业风险保障政策具有孤立性和碎片化的特点，导致政策实施成本过高。以"调结构、保收益、稳生产、促融合、提质量"为现代种植经营风险治理目标，基于各类经营风险的关联性，以农业保险政策为核心，系统整合现有相关粮食支持政策，提出了以下几点对策建议：积极推广"农业保险＋期货"项目，完善"农业保险＋目标价格"政策，强化"农业保险＋信贷"体系发展，促进"农业保险＋科技"的发展，推动"农业保险＋收储"政策的落地。

本书是在多项课题联合资助下完成的。专著的出版还得到了东华理工大学资源与环境战略研究中心的支持。参与研究的人员还有余艳锋、熊国保、曹高明、朱志权、张玉、罗钰玮、谢启阳、肖萍、何紫荆、倪海云、王昭君等。值此成书之际，要感谢东华理工大学、江西财经大学和江西省农业科学院多位同事及朋友的关心和勉励！当然，对于书中存在的不当之处，作者文责自负，并敬请各位读者朋友提出宝贵的意见和建议。

赵 玉

2020 年 11 月

目　录

第1章

绪　论

1.1　研究背景

粮食种植业是农业产业的基础，更事关国家安全和社会稳定。实现乡村振兴战略，必须充分重视粮食种植业的发展。自 2004 年以来，"中央一号"文件长期聚焦"三农"问题，惠农政策陆续出台并不断强化，有效调动了农户粮食生产的积极性，使我国粮食总产量从 2004～2015 年连续 12 年增产[①]。但是，农业作为特殊的基础性产业，容易受到自然灾害与市场波动的双重冲击。对于粮食种植业经营者来说，不仅要面对多种自然灾害所导致的粮食减产甚至是绝收的威胁，还要应对来自一系列不利的市场波动所带来的收益损失。

2021～2035 年是基本实现社会主义现代化的战略机遇期。习近平总书记 2020 年 9 月在考察湖南省时指出，"当前和今后一个时期，我国发展仍然处于重要战略机遇期，但机遇和挑战都有新的发展变化"[②]。中国正面临世界百年未有之大变局，国内经济进入高质量

---

① 高雪萍，王璐，王保家. 粮食种植户农业政策需求优先序及其影响因素研究——基于江西 10 县 1080 户农户调研［J］. 农林经济管理学报，2020，19（4）：449-456.

② 新华网. 闯出新路子 展现新作为——习近平总书记在湖南考察时的重要讲话鼓舞信心激励担当［N/OL］. 2020-09-19. http://www.xinhuanet.com/politics/2020-09-19/c_1126515132.htm

发展新阶段，农业也迎来了巨大挑战，农村老龄化和空巢化趋势明显，农业发展面临着"天花板""地板"双重挤压，又面临"红灯"和"黄线"双重约束，这些都将深刻改变中国粮食供需形势。未来15年，亟须正视国家粮食安全新挑战，提前谋划新对策，始终把粮食稳定有效供给作为实施乡村振兴战略的首要任务，确保"中国人的饭碗任何时候都要牢牢端在自己的手上"[①]。新阶段和新形势要求政策制定者将粮食安全与粮食供给侧结构性改革相结合，明确当前粮食种植业主要问题，将关注重点从粮食产量向粮食结构转变。"优结构"与"提质量"，成为未来粮食种植业发展的重要任务。然而目前结构性问题比较突出，水稻、小麦产量严重过剩，大豆供需缺口极大。粮食价格下降带来种粮收益逐年降低，扣除补贴后粮食种植净收益低于其他种植产业。当粮农种粮收益得不到保障时，粗放经营、降低复种指数甚至撂荒的现象将更趋严重。虽然工商资本下乡从事农业生产推动了土地规模经营，但因流转地地租成本持续增长，规模经营者种粮比较效益差，未来极可能陷入农地规模经营占比越高、粮食播种面积越少的危险境地（张义博，2020）。

除了新形势外，还有农业自然灾害这一老问题。农业自然灾害对粮食种植业有着广泛而显著的影响。根据国家统计局相关统计资料，2000~2018年中国农作物累计总受灾和成灾面积分别为105亿亩和56亿亩，而其中旱灾总受灾和成灾面积分别为53亿亩和29亿亩，所占比例分别为50.47%和51.78%（凡计量单位，原则上采用法定单位，个别如"亩"等现实通行，民众认可者遵从习惯）。全国农作物的总受灾面积呈现出一定的增长趋势，同时干旱灾害成灾面积也不断上浮，粮食种植业因此遭受着巨大的自然灾害威胁。根据国家统计局相关统计资料，在2000~2018年期间，山西、贵州、云

---

① 张义博. 新时期中国粮食安全形势与政策建议［J］. 宏观经济研究，2020（3）：57-66，81.

南等省份，粮食单位面积产量要低于 4000 公斤 / 公顷。从粮食单位面积产量的变异系数来看，河北、山西、内蒙古等省区的粮食单产波动幅度过大。自然灾害对粮食种植业的冲击巨大，严重影响粮食产量，进而会带来一系列社会问题。

除了自然灾害风险外，粮食市场风险也愈加凸显。从 2004 年开始，政府为了维持粮食价格稳定，颁布了诸多具有风险保障性质的政策。以最低收购价和临时收储为主的托市政策在运行初期取得了显著的效果，对粮食产量连续稳定增长与农户收入提高起到了重要作用。但随着国内外市场环境的变化，产销矛盾被放大，在农业生产成本急剧上涨的推动下，政策性收储价格持续提高，严重扭曲了市场机制。不但挤压了下游企业的经营空间，也加重了政府的财政负担。在粮食丰产和经济下行的大环境下，政府政策支持压力也逐渐增大。政府开始逐步调整农业支持政策，积极探索新的风险管理工具来保障农民利益。

本书选择粮食种植业经营风险作为研究对象，主要基于对未来粮食安全的关注以及当前粮食种植业面临着诸多的问题，主要表现在以下几个方面：

第一，当前我国粮食种植业生产关系与生产力不匹配，尽管近年来农地流转规模扩大，但粮食种植经营规模仍然较小。同时生产中过于依赖化肥和农药以及农业人口老龄化等问题，阻碍了现代粮食种植业的发展。

第二，成本与收益的波动，带来了种粮成本持续上升和种粮实际收益不断下降，影响整个粮食种植产业的可持续发展，损害了粮食种植业经营者的积极性。

第三，我国粮食价格市场机制的作用未得到充分的发挥，粮食价格形成机制仍不完善。政府管理和调控粮食价格波动风险的手段有限，一定程度上损害了市场效率。

第四，耕地资源有限及生态保护压力的增大，制约了粮食种植业进一步发展。气候灾害发生的频率明显增加，使得气候灾害成为粮食价格波动的重要因素。

第五，国内外粮食价格倒挂日益明显，粮食下游加工需求波动性增加，粮食流通企业市场预期不稳还会导致企业短期行为增多，进一步加大整个粮食市场的不稳定性。

第六，粮食种植业经营者在面对粮食种植的诸多风险时，避险工具有所不足，小农户与大市场之间的矛盾未能得到解决，农民利益保障机制尚未完善。

1.2 研究目的和意义

本书旨在解决"如何防范和管理粮食种植业经营风险，以保障农户收益，确保我国粮食安全"这一重大现实问题。我国粮食种植业小农生产特征明显。为了更好地化解小农户对接大市场过程中面临的经营风险问题，以农业保险政策为核心，优化现有粮食种植业经营风险政策，构建现代化的粮食种植业经营风险治理体系势在必行。粮食种植业经营风险主要包括气象灾害风险、产量风险、价格风险、成本风险和收益风险。采用统计学方法科学系统地测量和评估了主产区水稻、小麦和玉米等粮食作物所面临的各种经营风险的特征和大小，并据此精算和对比了不同类型农业保险的费率，为构建现代化的粮食种植业经营风险治理体系提供了数据支撑。在借鉴国外经验的基础上，提出了构建现代化粮食种植业经营风险治理体系的思路和对策建议。

本书有着重要的理论意义和实践价值。

在理论上，构建综合的粮食种植业经营风险评估指标体系，从多个方面系统评价粮食种植业经营风险，一方面可以为经营风险评估提供一个新的视角，另一方面基于全面的风险测度，可以更好地优化农业保险制度，为分析现代化粮食种植业经营风险治理框架提供了理论支撑。

在实践上，本书的研究成果将为完善我国粮食种植业经营风险治理体系提供指导和参考。在实践中，一是小农户对接大市场时亟须控制经营风险；二是国内缺少相关风险管理的工具；三是多元化的目标使得粮食种植业经营风险治理政策无法和其他农业支持政策形成合力。

1.3 文献回顾

1.3.1 风险测量

风险测度指标大致可以分为三类：一是以均值—方差分析法为代表的传统风险测度方法；二是以 VaR（在险价值）、CVaR（ES，预期亏损）为代表的现代风险测度方法；三是以 VaR 模型为基础拓展的系统风险和条件风险测度方法，如 CoVaR（条件风险价值）、CoES（条件预期亏损）等。方差指标不能很好地区分潜在的损失和收益，而 VaR 以及基于 VaR 发展起来的风险测度方法可以更好地测度损失大小。但 2008 年爆发的金融危机表明 VaR 或 CVaR（ES）指标忽视了危机产生的系统性风险，从而使风险管理者低估了潜在的损失。

1. 非系统性风险指标

美国经济学家马科维兹（Markowitz，1952）提出了投资组合理论，首次对市场风险进行了定量分析。风险资产收益率存在非对称性和尖峰后尾性等特征，这阻碍了均值—方差模型的应用。马科维兹于 1959 年提出用半方差代替方差作为风险测度工具，并建立了均值—半方差模型。斯通（Stone，1973）和菲什伯恩（Fishburn，1977）发展和推广了均值—半方差模型。方差或半方差测度的风险实际上是一种事后风险。方差指标难以完成风险预测的难题直到

GARCH 模型出现后才得到了较好地解决，但它对数据分布的要求仍是非常苛刻的。

国内不少学者也对基于方差的风险测度方法进行了研究。唐小我等（1993，1997）对最优投资组合的计算方法进行了研究。张喜彬等（2000）以半方差风险测度为基础，提出了最优投资组合选择的目标函数，建立了组合投资决策的最优化模型。勾明等（2002）分析了均值—方差和均值—半方差模型的不足之处，引入了风险偏好系数，并建立了加权的半方差组合决策模型。曾颖苗等（2009）对均值—方差模型进行了实证研究，认为该模型要求资产投资收益服从正态分布的假设限定了模型的适用范围。李雄英（2016）对均值—方差模型的稳健性作了改进，得到了稳健均值—方差模型。均值—方差目标函数中的方差测度不具备平滑性，导致多阶段均值—方差投资组合优化研究不能直接运用动态规划方法进行求解。周忠宝等（2018）提出了一种有效的线性反馈策略，该策略能够有效地拟合由动态规划所得的精确投资策略。张鹏等（2018）发展了半方差风险测度方法，提出了可调整的均值—半方差投资组合优化模型。

为了克服传统风险测度方法的不足，1994 年摩根大通（J.P. Morgan）公司推出了用于计算 VaR 的风险矩阵（Risk Metrics）风险控制系统。VaR 是指在一定置信水平下，资产价值在未来特定时期内的最大可能损失。该指标比方差指标更方便地测度了潜在的损失。但阿尔茨纳（Artzner，1999）指出在一般情况下 VaR 不满足次可加性，意味着 VaR 并不是一致风险测度模型。文凤华等（2001）也指出 VaR 在测度风险时和投资者真实心理感受相差甚远。巴萨克和夏皮罗（Basak & Shapiro，2001）认为 VaR 未考虑超过 VaR 水平的损失，容易给投资者传递错误的风险信息。福尔默和席德（Foellmer & Schied，2002）将一致性风险测度延伸至凸风险测度，并给出了凸风险测度定理的证明，指出 VaR 不具有凸性。考虑到 VaR 方法在测度复杂的投资组合风险时，由于模型参数多等问题，使风险测量存在较大偏差。赵丽丽和张波（2018）提出了 IC-SP-VaR 模型并进行了模拟分析，结果表明该模型能够提高资产组合风险计量模型的稳定性和准确性。魏正元等（2019）研究了总体服从帕斯卡分布、几何分布和二项分布情形下的 VaR 回测检验问题，提出了平均首次失败次数检验法和平均失败率检验法，这些方法在一定程度上提高了 VaR 预测检验的精度。

虽然 VaR 概念简单且易于理解，但其存在着三个缺陷：一是不满足一致性公理；二是尾部损失测量的非充分性；三是要求数据必须服从正态分布。为弥补 VaR 的不足，洛克菲勒和乌里亚舍夫（Rockafeller & Uryasev, 2000）提出了 CVaR（Conditional Value at Risk）指标，部分文献中亦称预期亏损（Expect Shortfall, ES），是指置信水平下超过 VaR 值时的平均损失。亚历山大和巴普蒂斯塔（Alexander & Baptista, 2002）将 VaR 与 CVaR 进行比较，通过 Mean-CVaR 和 Mean-VaR 模型讨论了它们在各自约束下的特定投资组合的优化问题。刘小茂等（2003，2005）讨论了正态情形下投资组合的均值-CVaR 有效前沿，并与经典的均值—方差有效前沿进行了对比研究。刘俊山（2007）将 VaR 和 CVaR 进行了比较，认为 CVaR 在性质上要优于 VaR，但 CVaR 模型的事后检验不易实施。邸浩和薛力等（2018）对投资组合的 VaR 和 CVaR 进行了比较研究。马吕斯等（Marius et al., 2018）将动态条件相关多变量波动率模型与 Copula 函数相结合，提出了一种基于多变量 Copula 的波动率模型，分析表明新模型能够很好地测度 VaR。盖根等（Guegan et al., 2018）对金融机构在风险度量、损失分布、置信水平等方面的选择进行了讨论，在实证研究中比较了 VaR 和 CVaR，并提出了一些建议。也有学者提出了一种基于经验模式分解的多尺度 VaR 方法，并进行了实证研究，结果表明与传统的单时标 VaR 相比，VaR-EEMD 模型能够有效地降低极端事件对测度的影响（Zhu et al., 2018）。侯赛尼等（Hosseini et al., 2018）将 CVaR 应用到运输风险的管理中，求解了危险品运输风险规避路线。索马耶等（Somayeh, et al., 2018）建立了具有最小期望收益约束的 VaR 和 CVaR 模型，实证研究结果证明了新模型的稳健性优于传统模型。董俊生（2019）比较了基于波动率和基于 CVaR 的风险均衡模型的业绩表现，结果表明 CVaR 风险均衡模型考虑了单个资产的极端波动和尾部风险对投资组合的影响，从而可以实现分散化投资和资产价值稳健增长的目标。宋慧慧等（2019）运用 CVaR 作为计量风险的方法，在收益函数中考虑了改进后的典型交易成本函数，建立了一个多目标的投资组合模型，并对国内股票市场的历史数据进行分析，得到了收益最大且 CVaR 最小的投资组合。也有学者（Cheung et al., 2020）构建了一个包含损失变量的不确定性模型，结果发现在较高置信水平下估计的 VaR 更鲁棒。

2. 系统性风险和条件风险指标

2008 年金融危机表明 VaR 和 CVaR 指标都低估了极端风险的影响，主要原因在于这类指标不能很好地反映系统性造成的损失。艾德里安和布鲁纳米尔（Adrian & Brunnermeier, 2008）提出并于 2016 年正式发表了 CoVaR 模型，CoVaR 是指一定置信水平下，当某一资产或投资组合在未来特定时期内的损失等于 VaR 时，其他资产或投资组合的最大可能损失。该模型可以显示某个机构（市场）的风险价值受到其他机构（市场）或者系统性风险的影响。此外，阿查亚等（Acharya, et al., 2017）在期望损失（ES）的基础上提出了边际期望损失法（MES）。MES 是指单个金融机构在市场期望收益下跌时的期望损失，该方法可以直接测度一家金融机构对于市场系统性风险的贡献度，考虑了超过最大损失的尾部风险状况以及金融机构杠杆率对市场风险和金融机构边际风险贡献的影响。

布朗莱斯等（Brownless, et al., 2011）用动态条件相关技术对 MES 进行了估计，并且给金融机构作了系统性风险排序。赵进文等（2013）采集我国 14 家上市银行股票价格数据进行实证分析，比较了 MES 和条件在险价值 CoVaR 这两种市场风险度量方法的联系与区别，并研究了它们与传统风险度量方法 ES 和 VaR 的关系，认为在使用不同市场风险度量方法时应注意方法的差异和应用环境，不应盲目应用。杨鹏（2016）建立了 DCC-TGARCH-CoVaR 和 DCC-TGARCH-MES 模型，并根据我国 16 家上市商业银行的日收益率数据对系统重要性银行的识别进行了实证研究。他认为 CoVaR 可以捕捉到单个银行的风险对银行业整体的溢出效应，而 MES 更多地关注到市场风险的影响。此外，他认为模型的有效性对风险测量精度影响非常大。布雷克等（Braiek et al.，2018）利用 CoVaR、ΔCoVaR 和分位数回归模型研究了股票指数对美国股市系统性风险的贡献。也有学者利用 ADCC-ΔCoVaR 模型研究了原油风险对美国行业收益率的贡献（Yu，2018）。许启发等（2018）构建了藤 Copula-CAViaR 模型估计了股市风险溢出效应。也有学者（Ke & Li，2019）采用三种 Copula 函数和 CoVaR 模拟了中美农产品期货市场之间的风险溢出效应。乔凡尼等（Giovanni et al.，2019）建立了 QL-CoCaViaR 模型，发现分位数定位关系可以加强预测的准确度。张保帅和姜婷等（2019）将引起个别标的资产收益率变动的因素纳入市场风险考量范围，构建了 Mean-CoVaR 资产配置模型并进行实证研究，结果表明在考虑市场风险冲击时，Mean-CoVaR 投资组合遭受外部风险的影响显著低于传统的均值—方差投资组合，新模型对投资组合的配置更有效率。郑棣等（2019）将构建的流动性指标嵌入分位数回归法中，优化了对 CoVaR 的估计方法。为了更好地刻画金融资产之间的风险溢出效应，段俊等（2019）搭建了 Copula-GH-CoVaR 的风险溢出效应模型，然后以国际大宗商品综合价格与中国原油市场价格为例进行实证研究。结果显示该模型优于普通 CoVaR 模型，提高了风险溢出效应计量的精确度和有效性。

但是由于 CoVaR 只关注了单一分位点上的期望损失，而 CVaR 又无法测量风险的溢出效应，艾德里安和布鲁纳米尔（2016）又提出了条件预期损失模型（CoES）的构想。该模型来源于 CoVaR，但它不仅关注尾部单一风险点，更注重尾部损失的平均值，弥补了 CoVaR 的不足，在对市场风险进行考量时，关注了整体市场的极端损失情形，因此能够更加准确地测度风险。测度 CoVaR 和 CoES 的方法主要包括两阶段分位数模型（Adrian & Brunnermeier，2016）、多元 GARCH 族模型（Girardi & Ergun，2013）和 Copula 方法（Mainik & Schaanning，2014）。

张冰洁等（2018）建立 CoES 模型并进行了实证研究，结果发现：一是 ΔCoES 可以捕捉到尾部损失超过 VaR 的均值，因此比 ΔCoVaR 更为准确；二是从单个机构的 ΔCoES 和 VaR 来看，大部分银行具有高 ΔCoES 值和低 VaR 值，意味着银行自身的抗风险能力较强，证券机构则较低。崔静（2019）构建 CoES 模型进行了实证分析，结果表明：一是 CoES 方法可有效地测度系统性金融风险；二是不同行业的 VaR 和 ΔCoES 值存在差异；三是各机构的动态 ΔCoES 值具有一定趋同性。李政（2019）构建了 ΔCoES 作为系统性风险的同期度量指标和前瞻预警指标，研究发现：上行和下行 ΔCoES 分别作为系统性风险的前瞻预警指标和实时监测指标时具有良好表现。

表 1-1 对以上风险指标进行了梳理和汇总。除此之外，风险指标还包括损失发生的概率。当损失不服从对称分布或具有厚尾性时，仅用期望和方差无法准确估计损失，此时峰度和偏度也常常作为风险测度指标（Harvey，2000；Leon，Rubio，Serna，2005）。

表 1-1 风险测度指标汇总

指标	提出时间	作者	模型优点	模型缺点
方差法	1952 年	马科维兹	简便易行、适用性强	要求收益率呈正态分布
半方差法	1959 年	马科维兹	符合投资者真实心理感受，克服了原模型对收益率的局限	计算复杂，未考虑收益最大化等

指标	提出时间	作者	模型优点	模型缺点
VaR	1994 年	摩根大通	概念简单且易于理解，可计算事前风险和投资组合风险	不满足一致性，尾部损失测量非充分，要求收益率正态分布
CVaR（ES）	2000 年	洛克菲勒乌里亚瑟夫	具有次可加性、凸性，可以采用线性规划求解	不易于实施有效的事后检验，不能确保估计结果的稳定性
CaViaR	2004 年	恩格尔蒙格奈尔	更加快捷地计算 VaR 值，可测度 VaR 的自相关性及外生影响	条件自回归 VaR，具有 VaR 的缺点，假设收益率均值为 0，可能存在估计偏差
MES	2010 年	阿查亚等	考虑了超过最大损失的尾部风险	难以反映个体对系统性风险的贡献
CoVaR	2016 年	艾德里安布鲁纳米尔	可以测度系统性风险受到其他个体风险的影响	只测度了单一分位点上的期望损失，可能使尾端风险度量失准等
CoES	2016 年	艾德里安布鲁纳米尔	既涵盖了超过 VaR 的尾部损失，又度量了系统性风险的影响程度	计算比 CoVaR 复杂
SES	2017	阿查亚等	度量和预测金融机构资本短缺对系统性风险的贡献	属于事后测度，不能揭示风险的来源及风险发生的先后顺序等系统性风险机制
SRISK	2017	布朗里斯恩格尔	测度单个机构对系统性风险贡献的动态 SES 指标	不能揭示金融风险传导机制
CoCaViaR	2019 年	博纳科尔托等	更方便地计算和预测 CoVaR 值	条件自回归 CoVaR，只测度了单一分位点上的期望损失

资料来源：笔者整理。

从已有文献来看，估计风险指标主要用到了历史仿真法、蒙特卡洛模拟和计量方法。历史仿真法主要使用历史数据，对数据数理和质量要求较高。蒙特卡洛法同历史模拟法都需要大量的历史数据，不同点在于蒙特卡洛是利用市场因素历史变化的数据先得到一个可能分布，并估计分布参数，然后利用分布函数生成大量符合历史分布的可能数据。蒙特卡洛法考虑了波动率的时变性、厚尾问题和极端事件，能很好地处理非线性问题。但该方法对风险测量的准确性依赖于对分布函数作出正确的设置。计量方法主要包括分位数回归、波动率和 GARCH 族模型。计量模型的优势在于可以将风险诱因加入模型中，测度外生变量对风险的影响，由此发展出了多因素模型。另外，波动率或 GARCH 族模型能方便地预测风险值，不足之处在于这类参数模型对风险测量的准确性仍受到分布设置的影响，因此不断有改进的计量模型被提出并用于测度风险指标，并取得了较好的效果。

1.3.2 风险定价

准确地确定保险价格能够在减少农业保险的逆向选择和道德风险的同时，促进农业生产经营者的投保积极性的提升。我国的农业保险大致可以分为产量保险、指数保险、价格保险和收入保险。不同类型农业保险的定价方法都能为本课题提供方法借鉴。

1. 产量和价格保险定价

农业产量保险是国内外较早出现的农业保险品种。其费率厘定常受到数据量少、产量分布选择不一致等问题的影响，使得费率缺乏足够的可确信度。通过对非参数核密度估计农作物产量保险费率方法进行改进，采用贝叶斯非参数核密度估计能显著改善数据缺乏问题。此外，肖宇谷（2014）认为采用 Bootstrap 方法可通过给出费率区间估计的方式弥补点估计的不足。肖宇谷（2017）又提出了一种基于损失成本比率评估法的 Bootstrap 方法，结合蒙特卡洛模拟厘定农作物产量保险费率，通过测试认为该方法和非参数核方法一样有效。

2011 年上海市农业委员会与安信农业保险有限公司推出的绿叶菜综合成本价格保险使得农产品价格保险逐渐进入人们的视野。最开始在上海安信农保的蔬菜价格保险中保险金额由蔬菜的单位生产成本决定，保险费率根据历年的菜价波动情况计算确定为 10%。其中，市级财政补贴 50%，区级财政补贴为 30%～40%，菜农承担额度不低于10%。此后，江苏、北京、山东等10多个省（区市）先后出台了适合当地的蔬菜价格保险模式。除此之外，生猪价格保险以及鸡蛋价格保险也受到了学者们较多关注。卓志等（2016）认为生猪价格保险产品的开发设计，要建立风险分散机制才有落地实施的可行性，对此设计出一套系统的价格保险风险分散机制。黄玉娟等（2019）在给定保险期间的基础上，结合历年山东省蛋料价格比的周期性波动规律，并采取阶梯费率模型，假定预期盈利为零的情况下给出了保险费率定价公式。大连玉米期货价格保险是国内首单直接以期货价格作为保险标的的农产品价格保险。该保险的成功试点使得"保险＋期货"模式引起了各界广泛关注。李祥（2018）对义县玉米价格"保险＋期货"模式与"二次点价＋复制期权"模式作了比较，发现前者具有有效转移农民风险、保障农民的实际收入的作用，还可以降低各参与主体运行成本、提高运行效率。

2. 指数保险定价

根据所用指数不同，农业指数保险可以分为区域产量保险、天气指数保险、遥感指数保险和价格指数保险，其中区域产量保险和天气指数保险应用最为广泛。梁来存（2011）则分别采用全国省级、市级单位产量，运用参数和非参数法分别进行了作物区域产量保险的费率厘定，结果证实非参数核密度能部分避免参数法对风险的低估。非参数Gaussian核密度法也已经广泛应用于对水稻（陈新建，陶建平，2008）、中稻（李文芳，2012）和玉米（王丽红等，2007；于洋，2013）等农作物区域产量保险费率厘定上。此外，李雁（2015）则将参数非参数相结合，运用正态分布模型、Logistic模型以及Gaussian核密度方法对浙江省小麦产量保险纯费率厘定进行研究。

2002年墨西哥实施了发展中国家的首个气象指数保险产品。此后，印度（2003）、马拉维（2005）、埃塞俄比亚（2006）相继开展了农业气象指数保险试点项目。希尔（Hill，2013）对影响埃塞俄比亚农户气象指数保险支付意愿的家庭因素及可能进入气象指数保险市场的农户家庭特点进行了分析。沙哈（Shah，2016）采用Copula方法计算了印度降雨指数保险费率，发现这种方法与传统的燃烧分析法计算出的保险费率是相同的，但计算出的保险收益的标准差和风险价值是不同的，结果表明燃烧分析法在计算费率时可能会低估精算风险。也有学者基于伊朗1987~2013年间天气数据，采用Vine Copula函数测量了天气指数与小麦产量之间的相关性，发现D-Vine模型比C-Vine模型更好地描述了二者的密度（Pishbahar，2019）。

3. 收入保险定价

1996年，美国正式进行了农业收入保险的试点工作。帕夫利斯塔（Pavlista，2012）采用多变量非参数重采样方法，使用玉米收益数据集计算了收入保险费率。有学者采用回归模型、结构方程和层次分析法（AHP）对西班牙柑橘类水果价格指数进行了拟合，发现该指数能够可靠地代表该国各个产区的田间价格，可以作为收入保险的定价依据（Mateos-Ronco，2020）。在处理产量与价格风险的相关性方面，Copula函数具有独特的优势，在收入保险定价方面应用较为广泛。通过Copula方法计算产量与价格的联合分布可以得到更加准确的费率结果，该方法被应用在对西班牙苹果和橘子收入保险（Ahmed & Serra，2015）、新疆阿克苏棉花收入保险（吴银毫，2017）和吉林省的玉米收入保险（张君，2018）的费率厘定中。吴银毫（2017）认为Frank Copula函数是对阿克苏市棉花保险定价时的最优联合分布函数。傅慎一（2017）、史晓（2018）和赵玉（2019）则构建了不同的混合Copula模型，通过蒙特卡洛模拟分别对五大主产区的大豆、吉林省的大豆、玉米和稻谷以及中国水稻主产区的收入保险费率进行厘定，且表明混合Copula方法在农业费率厘定时更具有优势。杜阿尔特（Duarte，2019）提出了使用具有参数边际和经验边际分布的参数Copula计算收入保险费率的替代方法，认为与TCE-Copula模型相比，参数Copula函数计算出的收入保险费率偏低，可能导致保险公司蒙受严重损失。

表 1-2 不同类型保险方法汇总

保险类别		作者及年份	保险标的	主要研究方法	主要结论
产量保险		德米特里等（2008）	爱荷华州玉米	非参数 Copula 方法	通过使用非参数 Copula 函数避免了选择具体 Copula 函数时产生的偏差
		古政等（2008）	江苏水稻	小波分析 + 非参数 Gaussian 核密度法	在 80% 和 70% 保障水平下，江苏水稻产量保险的纯费率分别为 2.54% 和 1.67%
		肖宇谷等（2014）	黑龙江玉米	Bootstrap 核密度估计方法	采用 Bootstrap 方法给出保险费率的区间估计可以弥补点估计的不足
		肖宇谷等（2017）	玉米	蒙特卡洛模拟 + Bootstrap 方法	通过测试认为该方法和非参数核密度法一样有效
价格保险		张峭等（2013）	北京鸡蛋	非参数信息扩散模型	设计了一套价格保险方案，得到不同保障水平下预期蛋料价格比水平对应的保险费率值
		郑承利等（2018）	湖北鸡蛋	加权 BS 隐含波动率模型 + 蒙特卡洛模拟	对于湖北省典型蛋鸡养殖户来说，若其对鸡蛋期货价格保险足够了解，最优的投保选择就是 100% 投保
指数保险	区域产量指数保险	舍里克（2004）	玉米大豆	二次趋势模型	纯费率厘定结果与假定分布类型有非常密切的关系
		冯晶（2015）	山东玉米	增加了最小二乘支持向量机（LSSVM）的小波 - 非参数统计产量估计模型	小波分析法对农作物产量的时间序列进行去趋势处理——有助于提高费率厘定的准确性，非参数法对损失分布的拟合更加符合合数据的实际分布
	气象指数保险	刘锐金等（2010）	湖北水稻	二次趋势模型 + 极大似然法估计五种分布的参数	Logistic 分布拟合效果最好；非对称分布下的纯费率一般要高于高于对称分布
		娄伟平等（2010）	浙江柑橘	极值理论 + Weibull 分布	针对严重低温冻害与高温热害的极值事件，采用 Weibull 分布模型能提高农业保险费率的科学性

续表

保险类别		作者及年份	保险标的	主要研究方法	主要结论
指数保险	气象指数保险	沙哈（2016）	印度降雨	t-Copula 方法＋非参数核密度法	这种方法与传统的燃烧分析计算出的保险收益的标准差不同的，燃烧分析方法值低估了精算费率时可能低估了精算风险
		皮什巴哈尔等（2019）	伊朗小麦	D-vine 和 C-vine Copula	采用 vine Copula 函数测量了天气指数与小麦产量之间的相关性，发现 D-vine 模型比 C-vine 模型更好地描述了二者的密度
		栾庆祖（2019）	北京大桃	基于动量方程的冰雹灾害灾损评估方法	该模型在设计水雹灾害气象指数保险产品上具有可行性
收入保险		朱莹、戈希和古德温（2008）	玉米大豆	Copula 函数	整体农场保险（WFI）优于特定作物的收入保险，其价格比后者便宜 36%
		谢凤杰等（2011）	阜阳玉米	Logistic、Burr 分布＋Copula 函数	发现三种农产品的单产与价格间均存在着较弱的负相关关系，玉米与大豆的收入保险费率均大于产量保险费率，小麦收入保险费率低于产量保险的费率
			阜阳大豆	Weibull、Logistic 分布＋Copula 函数	
			阜阳小麦	Logistic 和 Burr 分布＋Copula 函数	
		郭以馨（2019）	河南花生	Copula 函数	发现天气指数型收入保险的费率远低于一般的天气指数险和成本保险，略低于传统型花生收入保险
		杜阿尔特等（2019）	巴西大豆	参数和非参数边缘分布的 TCE Copula 函数	与 TCE Copula 模型相比，Tleis 提出的参数 Copula 函数计算出的收入保险费率偏低
		马特奥斯－朗科等（2020）	西班牙水果	回归模型、结构方程和层次分析法	编制的柑橘类水果价格指数可以可靠地代表了该国各个产区的田间同价格，可以作为收入保险的定价依据

资料来源：笔者整理。

1.3.3 风险分散和补偿

种植业农户面临的主要经营风险有自然风险和价格风险，张伟等（2014）根据中国的自然气候条件和农业生产特点，研究了中国农业风险的多维保障机制，构建初级保障以省级政府为主导进行的以生产和生活为主的灾害救助制度，中级保障是以农业保险为主的损失补偿机制以及高级保障以最低收购价和农产品期货为主的价格稳定机制。

我国现行的种植业风险补偿方式主要有农业保险和农业补贴两种（戚译丹，尚斌韬，2017）。关于农业保险的相关研究，国内外学术界认可了农业保险的两大基本功能，一是风险分散，二是经济补偿。其具体作用主要有：第一，有利于管理农产品价值链中的风险，稳定农业收入，减少贫困人口，实现农民收入稳定（William，Wang，2010；Clement et al.，2018）；第二，可作为一种抵押品，便于农业经营主体获得农业融资，促进农业投资和信贷，提高农业投资效率（William，Wang，2010；Bogdan et al.，2015）。张峭等（2019）认为，农业保险的风险保障功能最终要通过保险损失补偿来实现，购买保险获得风险保障主要体现在灾害发生时能够获得保险的损失赔偿，从而降低投保人和被保险人灾害损失程度并尽快恢复生产，这也是农民购买农业保险的目的。魏加威（2020）认为，农作物收入保险能够对因产量降低、价格下跌或产量与价格共同变化所引致的收入损失提供补偿，因而成为国际农业保险产品发展的方向。目前各国农业保险经营模式分为两大类：提供财政补贴的政策性经营模式和政府不提供补贴的市场化经营模式。大多数国家选择提供财政补贴的政策性经营模式以打破市场失灵带来的"供需双冷"的经营局面（邱波，朱一鸿，2019）。

学者们肯定了政府在农业保险风险分散和风险补偿机制中的作用。张国鹏等（2015）研究认为，农业保险是农业生产经营者的一个有效的风险管理工具，美国政府在农业保险中发挥了极其重要的作用。由政府财政支持的对投保人的保险费补贴、对保险公司的经营管理费补贴及税收优惠和再保险等成为政府主要的支持手段。左臣伟（2007）对我国巨灾分线分散机制进行研究，得出政府宜充当最后救助者的角色，即只有巨灾损失大到保险市场无法承担时，由国家财政进行补偿。奥利维亚（Olieva，2000）等研究表明，无论是利用风险分散机制来分散巨灾风险，还是从减灾的角度管理巨灾风险，基于政府行为的系统性支持都非常重要。默维森（Meuwissen，2001）认为，面对农业巨灾风险时，仅凭保险公司和农户的力量难以应对，只有政府介入，才能有效分散风险。在政府职责与市场行为应对农业风险带来的影响方面，贺书霞（2020）认为，治理理论强调多元主体的共同参与和合作，农业风险的应对亟须从单一的政府为主导的管理转向多元主体参与的协同治理。发挥政府—市场—组织在农业风险应对中的功能，有助于保障农户收入，推进现代农业的持续发展。

除了农业保险，大灾救济金以及补贴也是政府对农作物风险补偿的其中两种方式。农业补贴可以弥补农业自身弱质性带来的风险，增强农业生产的稳定性，对农业发展起到保护和支持的作用（戚译丹，尚斌韬，2017）。魏玉君和叶中华（2019）以美国作为研究对象，分析其主要粮食保障政策的变迁，研究发现：在推进粮食市场化的进程中，美国的粮食补贴顺应了市场规律，以直接补贴为主，减少了市场价格的扭曲。倘若遇到大灾难，农作物灾害救助金会涵盖非保险农作物；非计划农作物不符合保险资格者获得灾难援助（黎银霞，2017）。对自然灾害给农户造成的经济损失，我国主要通过生活救济以及农业保险的补偿来分散巨灾风险（左臣伟，2007）。

可以发现，农业保险能够有效地分散因价格波动或者自然灾害造成的不确定性风险，政府财政以保险费补贴对农户进行风险损失补偿和支持，学者们大多以农业风险管理体系较为成熟的美国作为案例与我国进行比较，得出我国发展农作物保险的重要启示，还有的学者探讨粮食市场调节与政府干预之间的边界以降低粮食市场价格的波动，虽然肯定了政府支持的重要性，具体的治理路径却少有提及。

1.3.4 风险转移

农户在生产和经营过程中通常会面临诸多不确定性，与其相关的风险转移方式也是众多学者研究探索的方面，从国外到国内，无论是风险管理模式还是理论观点都形成了大量可供参考的研究成果。直至今日，农户可以通过远期合约、期权合约以及期货合约等多样的金融衍生工具进行风险转移，此外，政府收储的手段也能帮助转移农户的部分风险，以稳定农户的生产经营。

在期货市场上，农户主要通过卖出或买进与现货市场交易品种、数量相同但买卖方向相反的期货合约，并在未来买入或卖出此期货合约，从而在期货市场与现货市场之间建立一种对冲机制，达到套期保值的目的，而金融投机者的存在使得接盘者广泛活跃，推动期货市场风险转移的功能能够更好地实现（曹满子，2017）。期货市场对农产品套期保值效果的效果方面，魏小林等（2018）通过基差分析和套保值绩效值分析，发现我国玉米期货市场的套期保值具有良好效率。在国外，一些较大的农场主可以通过直接参与期货市场进行转移风险，而中小农业生产者则大多通过各种销售合作社来参与粮食流通，并开展期货套期保值业务（厉耕，2011）。但是由于我国期货市场起步较晚，农民的组织化程度低，且期货市场对保证金、市场参与者的知识素养以及合约的单位等要求较高，因此我国农户在期货市场的直接参与度相对较低。间接参与期货市场是我国农户的现实选择，其中主要的参与方式有"农户+公司+期货"模式、"农户+专业合作社+期货"等（谢长伟，2013）。此外，2016年"中央一号"文件中所提到的"保险+期货"模式也是当下流行的风险管理工具之一。范庆泉等（2017）建议通过"保险＋期货"产品创新，建立小规模分散农户与期货市场的风险转移机制，以稳定农户预期收益。方蕊等（2020）基于因子分析法和多元有序 Logit 回归模型，探究农户的风险管理需求，发现农户对自然灾害类风险感知越强，则越倾向于采用"保险＋期货"进行事后风险管理，而对市场价格类风险感知越强，则越倾向于采取订单合约进行事前风险管理。

远期合约的最大功能在于转嫁风险，提前设定了一个价格以锁定合约双方的成本，降低了价格波动带来的收益不确定性（Paul et al.，1985）。订单农业采用的是一种跨期销售模式，类似于远期农产品销售合约交易，在农户的生产经营过程中也能起到一定的转移风险作用，其优势在于能够让小农户与大农场主一样有机会成为根据合同安排生产的生产经营者。订单农业是农业产业化实践过程中衍生出来的众多形式之一，其实质是农户在开展农产品生产之前，以合约的形式与公司或者商人规定农产品生产的数量、交易价格、交易时间以及生产过程中的责任和义务等，引导农户按需生产，到期按照合约进行交割。这种合约模式降低了农户生产决策的盲目性，减少了因价格、需求波动等市场因素不确定性造成的生产经营损失，有效地消除了卖价下跌的风险，使得农户的经营风险得到有效转移（刘建徽，2017）。张传洲等（2015）认为从信息传递的角度来看，这种订单合约有利于解决农户和农业大市场之间信息不对称的问题，在"公司＋农户"模式下，农户通过企业进入市场，能够降低风险的发生的可能性。沈铁松等（2016）设计了一种出阶梯式量价收购合约，以缓解农业生产的不确定性，避免农户独自承担产出的不确定性风险。但是通过订单合约使双方达成价格协定并没有将风险完全转移出流通领域，而是在合约双方进行转移，因此存在较大的违约风险。有学者通过研究发现当政府提供期权溢价补贴时，能够有效平衡订单农业中的利益分配，实现利益共享，在面对市场波动时，仍然能够有效避免违约问题（Yu et al.，2019）。此外，"农业订单＋

期权市场"模式可以为订单农业提供良好的"风险避口",进一步平衡合约双方的利益分配,既能降低农户承担的不确定风险,又能减少企业的经营风险(何嗣江,2007)。王庚等(2016)基于单期保护价模型发现农业订单违约的根本原因是生产条件和市场条件的不可预知性,而认为期权合约既能维持传统订单合约的风险,又能消除传统订单的单方面违约问题,农户和中间企业都将作出最优水平的专用性投资。

期权合约是一种权利和义务非对称性风险管理工具,相对于期货市场,期权在管理农产品价格风险方面有着较为显著的优越性(Spinler & Huchzermeier,2006)。此外,期权买方无须保证金,也无须承担被强行平仓风险,更能吸引小农户参与其中。美国农业部早在1993年就陆续开展了期权试验项目,农场主可以使用政府提供的期权补贴购买看跌期权,以管理经营生产风险、保护收入(Musser,et al.,1996)。墨西哥期权市场的参与范围较广且申请手续简便,因此部分中小农户也可以直接或借助于合作社通过期权合约转移生产经营风险。我国的农产品期权起步较晚,直至2016年中国证监会才正式批准农产品期权上市。根据规避风险的不同,可以将期权划分为看涨期权与看跌期权。和龙(2018)通过分析农户在农资和农产品市场上购买看跌期权和看涨期权,以分别锁定农资的农产品最低价格和最高价格,以此说明农户是如何利用期权合约来转移风险。许桐桐等(2018)则对上证50 ETF期权的风险转移功能展开了具体研究,认为上证50 ETF期权的风险转移功能主要有两种:一种购入看跌期权抵消现货ETF下跌风险,另一种则是使用Delta中性策略进行风险管理。宁仁聪(2018)对"期权+价格保险"的风险转移模式作出了具体分析,认为农户可以通过购买保险将风险转移到保险公司,而保险公司通过与投资管理公司相互合作,进而将风险由保险市场再转移到期货市场,最终形成一个闭环的风险转移结构。

2017 年"中央一号"文件要求深入推进农业供给侧结构性改革，深化粮食等重要农产品价格形成机制和收储制度改革。2018 年粮食收储政策得到了进一步完善。粮食收储可以分为粮食收购和粮食储存，粮食收购是一个动态的过程，对粮食市场的影响较大，而粮食存储是一个相对静态的过程（张泽群，2020）。因此，这里主要讨论粮食收购。在粮食收购的过程中，政府以高于市场均衡的价格向农户收购粮食，还会对购买者给予价格补贴，在一定程度上帮助农户避免了市场价格波动带来的损失，同时也将价格波动风险转移给了政府。在美国，除了政府储备粮食外，也鼓励生产者自行储备部分粮食，以转移农产品的市场价格风险，农户还可以享受到财政补贴及无追索权贷款的支持（李京福，2016）。

农户面对的经营风险问题一直是阻碍我国农业发展的一项重大现实问题。对于粮食种植业来说，其种植面积广，受到风险侵害的范围大，虽然期货合约、订单合约、期权合约以及政府的收储政策具有良好的风险转移的作用，但由于合约设计的复杂性、国内期权期货市场还不够成熟以及政策帮扶的局限性等原因，使得小农户在使用这些风险转移工具的过程中仍存在较多限制，而为了在最大程度上降低风险对农户带来的影响以及为我国的粮食生产提供安全的保障，探索符合我国粮食种植业发展情况的"小农户＋大市场"风险转移工具及对策刻不容缓。

1.4　可能的创新

本书可能的亮点在于，

其一，视角具有一定的新颖性。利用统计特征构建综合的粮食种植业经营风险评估指标体系，从多个方面系统评价粮食种植业经营风险，为经营风险评估提供一个新的视角。

其二，分析框架具有一定的先进性。在小农户对接大市场的背景下，以农业保险制度为核心，构建了粮食种植业经营风险分析框架，有助于管理部门认识粮食种植业经营风险并完善相关的政策。

其三，方法具有一定的科学性。采用熵权—TOPSIS方法对粮食种植业经营风险进行评级，采用自然断裂点法对风险进行分类，构建混合Copula-BPNN模型测算农业保险费率并通过仿真方法比较不同类型保险的优劣使得研究结果更加翔实可靠。

第 2 章

粮食种植业经营风险评估
与治理的分析框架

2.1 概念界定和研究对象

1. 不确定性和风险

学术界对风险的内涵没有统一的定义，由于对风险的理解和认识程度不同，或对风险研究的角度不同，不同的学者对风险概念有着不同的解释。不确定性的内涵较风险更加丰富，其至少包括了模糊性与随机性的特征。因此，学术界把风险分为了主观风险和客观风险两类。本书中仅涉及随机特征可以被描述的客观风险（不确定性）。

2. 粮食种植业经营风险

随着规模经营比例越来越大以及新型职业农民的兴起，粮食种植业越来越需要计算投入产出比、考量风险收益率。根据陆雄文（2013）的定义①，企业经营风险是指由于生产和经营变动或市场环境改变导致企业未来的经营性现金流量发生变化，从而增加了企业市场价值的不确定性。套用在从事粮食种植的农户或农场上，粮食种植业经营风险是指由于生产和经营变动或市场环境改变导致农户或

---

① 陆雄文. 管理学大辞典［M］.上海：上海辞书出版社，2013.

农场未来的经营性现金流量发生变化，从而增加了其收入的不确定性。粮食种植业经营风险主要包括自然风险和市场风险。本书进一步将粮食种植业经营风险细分为气候灾害风险、产量风险、价格风险、成本风险和收益风险。

3. 风险管理和治理

风险管理是指农户、企业等微观市场主体在不确定性的经营环境里把风险可能造成的不良影响减至最低的管理过程，侧重于技术层面的操作和应对。农业风险管理（agricultural risk management），是指运用适当的手段对各种风险源进行有效的控制，以减少农业的波动，并力图以最小的代价使农民获得最大的安全保障的一系列经济管理活动。本研究中的风险治理是指政府相关部门为了将风险可能造成的不良影响减至最低，从宏观层面作出制度安排和政策优化。农业风险治理是指政策制定者通过体制机制创新使农业风险管理活动更加有序和有效的过程。

2.2　粮食种植业经营风险治理的逻辑起点

粮食种植业区别于其他行业的特点是该行业的大部分生产活动都是露天进行的，这就决定了粮食的生产、经营活动更直接和紧密地依赖于自然界的力量，也最易受自然界的影响，在人类拥有的知识技术手段还未能更好地克服自然界的影响时，农业已成为自然风险最大最集中的行业。[①] 除此之外，小农户和大市场之间的矛盾、风险和管理方式之间的矛盾也是构建现代化粮食种植业经营风险治理体系的逻辑起点。

2.2.1　小农户和大市场之间的矛盾

计划经济时期的农业具有小农户和小市场的"双小"特征。小

---

① 李伟民. 金融大辞典［M］.哈尔滨：黑龙江人民出版社，2002.

农户是农业产销指令的接收者和计划的执行者。产销信息基本不存在信息不对称的特点。1978年以来，小农户和大市场之间的矛盾逐渐暴露出来，必须通过体制机制创新逐步化解这一矛盾。小农户和大市场之间的矛盾冲突可以划分为三个阶段：

1978~2001年为第一阶段。我国这一时期在涉农领域逐步有序推进了市场化改革，放松或放开了价格管制，打破了原有的统购统销制度，部分农产品价格基本由市场供求关系调节。在农业生产经营中市场经济体制基本成型。市场风险随之出现，小农户逐渐具有了一定的竞争意识。这一阶段的小农户除了面临自然风险还面临着市场风险的威胁，农业生产和经营开始进入"高风险"时代。

2002~2013年为第二阶段。我国农业在这一时期受到了来自国际市场的冲击，小农户和大市场之间的矛盾更加突出，缺少制度防火墙的劣势也逐渐显露出来。随着2001年12月11日中国正式加入WTO，根据相关协议，到2004年，发展中国家农产品关税、政府对农产品补贴、农产品出口补贴以及接受出口补贴的农产品数量分别减少24%、13%、24%和14%。根据"黄箱政策"，我国农产品价格补贴、投资补贴和投入品补贴等不得超过当年农业总产值的8.5%。受到国外粮食价格波动的影响，国内农户面临更大的经营风险，亟须市场风险管理工具。但这一阶段农业保险以产量保险为主，仍处于试点阶段，农产品期货市场刚刚从清理整顿阶段进入规范发展阶段。为了更好地帮助小农户适应市场波动，在政府的推动下，农民专业合作社得到了快速发展，各地还探索了各种版本的"公司+农户"订单农业生产制度。但由于农业经营风险的广泛性和系统性特征，如果企业汇集了农户的大部分风险却无法进一步转移或分散风险，必然会导致企业的违约或破产。这客观上要求政策制定者构建完备的风险治理体系。

2014年至今为第三阶段。2013年11月，党的十八届三中全会审议通过的《中共中央关于全面深化改革若干重大问题的决定》。我国在 2014 年进入全面深化改革元年。更加开放的农村经济发展除了要承受自然灾害带来的风险之外，还将承受更多的来自市场、经济、技术和社会等各种不确定性及其风险的影响。而且这些风险因素经常会交织在一起，放大了社会经济生活中的不确定性，使粮食种植业经营风险的管理问题变得更为复杂。随着改革的全面深化，出现了大批种粮家庭农场、合作社、龙头企业等新型农业经营主体，逐渐诞生出新型职业农民。具有专业化分工、规模化生产和企业化经营等特征的农业产业化得到了发展。另外，经过改革开放以来的不断探索，农业经营风险管理市场已初步形成，农业保险和期货市场日趋完善，为培育市场化的风险管理模式提供了基本条件。小农户和大市场之间的矛盾有了新的变化，主要表现在农业经营风险管理人才和管理工具的供需方面。一是新型农业经营主体亟须专业的风险管理人才，但相关人才供给严重不足。二是新型农业经营主体亟须新型风险管理工具和相关制度，但相关金融创新滞后且配套措施不完善。

2.2.2　风险关联性和风险管理方式孤立性之间的矛盾

粮食种植业面临着洪涝、干旱、风雹、冷冻等气象灾害的威胁，还受到产量、价格、成本、收益波动的影响。其经营风险多元化，且相互之间存在复杂的联系。气象灾害直接导致农业产量和质量下降，从而影响市场供求平衡，导致市场价格波动，来自价格、成本的波动又会影响到农户的收益。风险关联性除了表现为多种风险之间的传递之外，还表现为地区之间风险的传递以及同一地区不同品种之间的风险传递。因此，不同地区以及不同类型的风险之间以复杂的关联性作用于整个农业生产经营过程。

目前农业风险管理手段日趋多样化，如"订单农业""合同农业""垂直一体化",以及种植业产量保险、价格保险和收入保险、基于期货和期权的套期保值等农业风险管理手段纷纷呈现,丰富了我国农业风险管理的内容和方式。这为我们构筑现代农业风险管理体系提供了工具基础。但是农业风险管理方式基本处于相对孤立的状态,缺乏一定的协调性和系统性。采用一种风险管理方式也许能应对某一种经营风险,但由于风险之间复杂的相互作用会使某种风险放大,孤立的风险管理方式缺乏效率。概括起来就是风险的系统性、关联性和风险管理方式的单一性和孤立性之间存在矛盾,而采取多种风险管理方式的成本过高。最优的方案就是将多种风险管理方式有机整合起来,降低风险管理成本的同时提升风险管理效率。

2.3 关键科学问题与分析框架

2.3.1 关键科学问题

本书的关键科学问题可以概括为以下三个方面:

一是粮食种植业经营风险的科学评估。科学评估粮食种植业经营风险是风险管理和政策优化的基础。已有文献多采用单一风险指标评估农业经营风险,并且在评估中,鲜有综合考虑气象风险、产量风险、价格风险、成本风险和收益风险。因此,采用多个指标综合测度和评估多个来源的经营风险,可以使评估结果具有系统性和科学性。

二是利用风险关联性优化现有农业保险合约。采用多种风险管理手段来应对粮食种植业经营风险不但增加了农户的成本,而且未必能取得预期的管理效果。已有文献较少利用风险之间的关联性优化现有农业保险。因此,有必要测度风险之间的关联性,并据此精算农业保险费率并比较不同保险的保障效果。

三是构建现代化的粮食种植业风险治理体系。在农业风险管理手段日趋多样化的背景下，选择其中之一作为核心的风险管理工具，整合其他不同的风险管理方式和政策，使新的风险管理工具能够更好地解决小农户和大市场有机衔接的问题，不但操作简便、成本低廉且既可以保障农户的基本生计，又可以保障他们再生产的融资需求。

2.3.2　分析框架

本书的分析框架如图 2-1 所示。

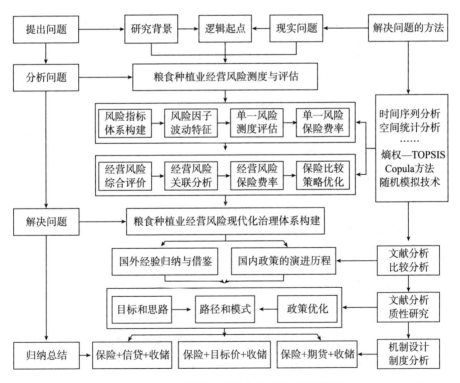

图 2-1　经营风险评估与治理的分析框架

2.4 研究方法和数据来源

2.4.1 主要研究方法

1.风险指标体系

（1）均值指标。

该指标反映了一段时期内气象灾害风险的平均水平。对于由数据分解方法得到的产量波动、价格波动、成本波动和收益波动序列，该指标并不合适。

（2）方差指标。

该指标反映了一段时期内各风险因子的波动特征和离散程度。风险因子方差越大，说明该因子的波动越明显，风险越大。

（3）偏度指标。

该指标反映了风险因子的偏斜程度。对于气象灾害因子和成本风险因子来说，随机数据向右侧偏斜程度越大，风险越大；对于产量风险因子、价格风险因子和收益风险因子来说，随机数据向左侧偏斜程度越大，风险越大。

（4）峰度指标。

该指标反映了风险因子的尾部薄厚程度。对于气象灾害因子和成本风险因子来说，右尾部越厚，风险越大；对于产量风险因子、价格风险因子和收益风险因子来说，左尾部越厚，风险越大。

（5）分位数指标。

在一定限制条件下，该指标类似于 VaR 指标，反映了风险因子尾部风险的大小。对于气象灾害因子和成本风险因子来说，主要考察 0.95 分位数，值越大说明风险越大；对于产量风险因子、价格风险因子和收益风险因子来说，主要考察 0.05 分位数，值越小风险越大。

（6）极值指标。

该指标与分位数指标的作用类似，反映了尾部极端值的情况。

对于气象灾害因子和成本风险因子来说，右侧极值越大说明风险越大；对于产量风险因子、价格风险因子和收益风险因子来说，左侧极值越小风险越大。

2. 熵权—TOPSIS 方法

TOPSIS 算法又被称作双基点法。基本原理为通过检测评价对象与最优解、最劣解的距离进行排序，若评价对象最靠近最优解同时又最远离最劣解，则为最好，否则为最差。该方法概念简单，计算过程清晰，具有可操作性，可以客观地对多指标情况下的各方案进行综合评价，是一种有效的多属性决策方法。熵权 TOPSIS 方法由熵权法和 TOPSIS 方法组成。采用熵理论进行赋权可以有效降低主观性对评价结果的影响。基本步骤如下：

第一，用向量规范法求得规范决策矩阵 Z，其中的元素为：

$$Z_{ij} = y_{ij} / \sqrt{\sum_{i=1}^{m} y_{ij}^2} \tag{2-1}$$

第二，构成加权规范矩阵 X 的元素：

$$x_{ij} = w_j \cdot z_{ij} \tag{2-2}$$

其中，权重 w_j 采用熵权法计算得到。

第三，确定理想和负理想解：

$$\text{理想解} \quad x_j^+ = \begin{cases} \max_i x_{ij} & \text{正向指标} \\ \min_i x_{ij} & \text{负向指标} \end{cases} \tag{2-3}$$

$$\text{负理想解} \quad x_j^- = \begin{cases} \min_i x_{ij} & \text{负向指标} \\ \max_i x_{ij} & \text{正向指标} \end{cases} \tag{2-4}$$

第四，计算方案 i 到理想解与负理想解的距离：

$$\text{方案 } i \text{ 到理想解的距离} \quad d_i^+ = \sqrt{\sum_{j=1}^{n} (x_{ij} - x_j^+)^2} \tag{2-5}$$

$$\text{方案 } i \text{ 到负理想解的距离} \quad d_i^- = \sqrt{\sum_{j=1}^{n} (x_{ij} - x_j^-)^2} \tag{2-6}$$

第五，计算各方案与理想解的接近程度：

$$C_i = d_i^- / (d_i^- + d_i^+)$$

（2-7）

按照 C_i 的得分大小可以评价方案的优劣次序。当指标体系包含多个层级指标时，可以逐层使用熵权—TOPSIS 法拟合最终的综合指数。

3. Copula 方法与保险费率厘定

常用的 Copula 函数主要包括正态 Copula、t-Copula、Gumbel-Copula、Clayton-Copula 和 Frank-Copula 函数。其中正态 Copula 具有形式简洁的特点，但无法捕捉变量的尾部风险和非对称相关关系。t-Copula 可以捕捉尾部风险但无法刻画非对称相关关系。Gumbel-Copula 和 Clayton-Copula 分别捕捉上尾部和下尾部风险，并且两个函数都只能描述变量之间的非负相关关系。Frank-Copula 可以描述变量间负相关关系，但无法捕捉尾部风险和非对称的相关关系。由于事物之间的关系并非一成不变的，根据以上 Copula 函数的特征构建混合 Copula 函数描述变量之间的关联模式。Hu（2002）给出了混合 Copula 函数的构造方法并证明混合函数仍具有一般 Copula 函数的优良性质。基于此，将混合 Copula 函数记作 MC_5，函数形式如下：

$$MC_5 = w_1 C_{Gauss} + w_2 C_{Gumbel} + w_3 C_{Clayton} + w_4 C_{Frank}$$

（2-8）

其中，权重 $w_1+w_2+w_3+w_4 = 1$，且权重介于 0 和 1 之间。混合 Copula 函数涵盖了四种函数的特性，不仅可以捕捉变量之间尾部风险，还可以描述变量之间非对称相关特征。

分别计算五种类型 Copula 函数的极大似然对数值及参数，并将这些参数作为初始值代入以下的惩罚极大似然函数 L 中，采用 EM 算法估计权重和相依结构参数。

$$L = \sum [\ln f_1(x,\theta_1) + \ln f_2(y,\theta_2)] + \sum \ln[\sum w_k C_k(F_1(x,\theta_1), F_2(y,\theta_2), \theta_3)] - T \sum g_\gamma(w_k)$$

（2-9）

惩罚函数采用如下具有无偏性、稀疏性和连续性的 SCAD 函数形式：

$$g_{\gamma}(w) = \gamma I(w \leqslant \gamma) + \frac{\alpha\gamma - w}{\alpha - 1} I(w > \gamma) \qquad （2-10）$$

为了验证混合联合分布模型的合理性，根据理论联合分布和经验联合分布的平方欧氏距离来选择合适的 Copula 函数。将经验 Copula 函数记作 C_f，理论 Copula 记作 C_n，定义如下距离函数 d：

$$d = \sum \left| C_f(u_{1i}, u_{2i}) - C_n(u_{1i}, u_{2i}) \right|^2 \qquad （2-11）$$

其中，$C_f = \frac{1}{n} \sum_{i=1}^{n} I_{[F_1(x_i) \leqslant u_1]} I_{[F_2(y_i) \leqslant u_2]}$，$u_1$ 和 u_2 为边缘分布概率值。

根据得到的混合 Copula 模型可以通过随机模拟技术得到对应的数据。

在此基础上，以粮食收入保险为例，推导保险费率厘定模型。

根据风险系数、损失分布函数和期望值原理厘定各地区粮食作物收入保险费率。将粮食亩产量和价格序列分别记作 q_1 和 p_1，它们的边缘分布分别记作 F_1 和 F_2，联合分布记作 G，Copula 函数记作 C，边缘密度函数记作 f_1 和 f_2，联合密度函数记作 f。G、C 和 f 的表达式如下：

$$\begin{aligned} G(q_1, p_1) &= C(F_1(q_1), F_2(p_1)) \\ C(u_1, u_2) &= G(F_1^{-1}(u_1), F_2^{-1}(u_2)) \\ f(q_1, p_1) &= C(F_1(q_1), F_2(p_1)) f_1(q_1) f_2(p_1) \end{aligned} \qquad （2-12）$$

粮食每亩收益的数学期望表述如下：

$$E(R) = \iint_{(q_1, p_1) \in D} q_1 p_1 f(q_1, p_1) dq_1 dp_1 = \iint_{(q_1, p_1) \in D} q_1 p_1 c(F(q_1), F(p_1)) f_1(q_1) f_2(p_1) dq_1 dp_1$$

$$（2-13）$$

其中，免赔额记作 c，目标价为 μ，每亩的目标产量为 $\overline{Q}$。粮食收入保险的预期损失可以表述如下：

$$EL = E[(\beta\bar{Q}\mu - q_1 p_1 - c)I(q_1 p_1 \leqslant \beta\bar{Q}\mu - c)] \qquad (2\text{-}14)$$

粮食收入费率表述为 $\dfrac{(1+\rho)EL}{\beta\bar{Q}\mu}$ ，其中 ρ 为根据承保区域的风险系数和保险公司经营成本确定的安全系数，β 为风险保障水平。

2.4.2 数据来源

本书所采用的数据主要来源于两部分。其中，农业气象灾害和消费者物价指数相关数据主要来源于历年的《中国统计年鉴》。而产量、价格、成本和收益数据来源于历年的《中国农产品成本收益资料汇编》。在实证分析之前，部分缺失值采用插值法作了回填，涉及行政区划调整的四川和重庆农业气象灾害数据，均采用两地农业耕地面积比例作了折算。另外，采用消费者物价指数（定基指数，1978 年为 100）对价格、成本和收益序列作了平减，计算出 1978～2018 年粮食实际价格、实际成本和每亩实际收益。本书所使用的原始数据见附录一。

第 3 章

农业气象灾害风险的特征与评估

本章收集了 1978~2018 年各省（区市）农业播种面积以及洪涝灾害、旱灾、风雹灾害和冷冻灾害造成的农业受灾面积和成灾面积数据，构造了受灾率（受灾面积/播种面积）、受灾程度（成灾面积/受灾面积）两个农业气象灾害指标。通过对各指标的统计分析，研究了农业气象灾害的统计特征、时间特征和空间特征，在此基础上采用熵权—TOPSIS 方法综合评估了各地区的农业气象灾害风险。

3.1　农业气象灾害的统计描述

表 3-1 报告了 1978~2018 年各地区农业洪涝灾害受灾率数据的统计特征。其中均值反映了洪涝灾害受灾率的平均水平，湖南、湖北、江西、安徽和黑龙江等地平均值较高。方差反映了洪涝灾害受灾率 41 年间的离散情况，东北三省、江苏和安徽洪涝灾害受灾率在时间维度上波动较大。偏度反映了洪涝灾害极值发生概率的对称性，偏度大于 0 表明，发生极大值的概率高于发生极小值的概率。西藏、江苏和安徽洪涝受灾率的偏度较大。峰度反映了出现极值的概率，其中西藏、江苏、安徽、河北、江西、辽宁和吉林等地出现极值的概率明显高于其他地区。最大值反映了遭受洪涝灾害的极端情况，其中安徽、江苏、辽宁、吉林和江西等地曾遭受过范围较广的洪涝灾害。JB（Jarque-Bera 的缩写，下同）值及其概率表明大部分地区的洪涝灾害受灾率数据不服从正态分布。

表 3-1   农业洪涝灾害受灾率统计描述

地区	均值	方差	偏度	峰度	中位数	最大值	最小值	JB 值	概率	正态分布
河北	0.031	0.001	2.674	11.485	0.023	0.174	0.001	171.831	0.001	1
山西	0.046	0.002	1.510	4.572	0.033	0.160	0.003	19.807	0.004	1
内蒙古	0.053	0.002	1.628	6.442	0.040	0.216	0.000	38.358	0.001	1
辽宁	0.073	0.013	2.590	9.496	0.032	0.525	0.000	117.920	0.001	1
吉林	0.086	0.015	2.333	8.470	0.040	0.577	0.003	88.312	0.001	1
黑龙江	0.098	0.011	1.281	3.702	0.059	0.405	0.003	12.048	0.010	1
江苏	0.076	0.011	3.046	13.517	0.039	0.573	0.000	252.354	0.001	1
浙江	0.075	0.003	0.571	2.535	0.068	0.222	0.000	2.597	0.128	0
安徽	0.099	0.012	2.804	13.511	0.072	0.613	0.000	242.465	0.001	1
福建	0.078	0.007	1.746	5.847	0.047	0.340	0.000	34.693	0.001	1
江西	0.095	0.006	2.227	9.140	0.076	0.416	0.006	98.291	0.001	1
山东	0.047	0.002	1.160	3.626	0.038	0.153	0.000	9.864	0.015	1
河南	0.051	0.003	1.477	4.545	0.022	0.234	0.002	18.975	0.004	1
湖北	0.124	0.008	0.903	3.158	0.112	0.357	0.003	5.616	0.039	1
湖南	0.111	0.005	1.121	3.443	0.091	0.299	0.008	8.927	0.018	1
广东	0.072	0.004	1.431	4.955	0.057	0.271	0.005	20.524	0.003	1
广西	0.064	0.003	1.905	7.513	0.050	0.276	0.005	59.586	0.001	1
重庆	0.077	0.003	0.932	3.702	0.070	0.238	0.009	6.774	0.029	1
四川	0.067	0.002	0.743	2.949	0.061	0.165	0.009	3.780	0.072	0
贵州	0.060	0.001	0.866	2.787	0.050	0.154	0.007	5.199	0.044	1
云南	0.046	0.001	0.352	2.141	0.039	0.111	0.000	2.108	0.184	0
西藏	0.045	0.005	3.335	15.130	0.024	0.398	0.000	327.367	0.001	1
陕西	0.069	0.003	1.513	5.075	0.049	0.233	0.013	23.008	0.002	1
甘肃	0.044	0.001	0.812	3.308	0.040	0.104	0.003	4.668	0.052	0
青海	0.035	0.001	1.930	6.695	0.025	0.149	0.000	48.775	0.001	1
宁夏	0.027	0.001	0.859	2.535	0.020	0.091	0.000	5.409	0.041	1
新疆	0.018	0.000	1.247	3.758	0.010	0.071	0.000	11.608	0.011	1

资料来源：笔者根据《中国农村统计年鉴》数据计算得到。

表 3-2 报告了 1978～2018 年各地区农业洪涝灾害受灾强度数据的统计特征。从均值来看，内蒙古、吉林和江西的平均受灾强度较高。从方差来看，西藏、青海、宁夏、新疆和内蒙古等地洪涝灾害受灾程度在时间维度上波动较大。江苏、广西和西藏洪涝灾害受灾程度的偏度为正，表明出现极大值的概率高于出现极小值的概率。四川、重庆和吉林等地洪涝灾害受灾程度的峰度偏高，出现极值的概率也较大。广西、西藏、甘肃、青海和新疆都曾发生过洪涝灾害受灾面积等于成灾面积（受灾强度为 1）的极端情况。从最小值来看，河北、山西、吉林、江西、山东、湖南、湖北和甘肃等地最低度的农业洪涝灾害受灾强度也会造成较严重的损失。从 JB 值及其概率来看，大部分地区的洪涝灾害受灾程度数据服从正态分布。

表 3-2　　　　　　　　　农业洪涝灾害受灾强度统计描述

地区	均值	方差	偏度	峰度	中位数	最大值	最小值	JB 值	概率	正态分布
河北	0.558	0.032	−0.347	2.490	0.565	0.885	0.173	1.267	0.387	0
山西	0.509	0.036	−0.146	1.863	0.498	0.834	0.158	2.353	0.152	0
内蒙古	0.610	0.050	−1.197	3.918	0.677	0.969	0.000	11.238	0.011	1
辽宁	0.491	0.049	−0.269	2.033	0.521	0.850	0.000	2.095	0.186	0
吉林	0.601	0.021	−1.016	4.543	0.628	0.870	0.114	11.116	0.012	1
黑龙江	0.497	0.036	−0.704	3.211	0.509	0.798	0.000	3.461	0.082	0
江苏	0.449	0.036	0.287	3.417	0.453	0.944	0.039	0.858	0.500	0
浙江	0.488	0.026	−0.380	3.495	0.476	0.784	0.000	1.404	0.345	0
安徽	0.516	0.031	−0.716	3.316	0.559	0.868	0.000	3.674	0.075	0
福建	0.500	0.029	−0.936	3.797	0.513	0.760	0.000	7.078	0.027	1
江西	0.593	0.018	−0.581	3.115	0.615	0.825	0.276	2.333	0.154	0
山东	0.499	0.021	−0.751	2.409	0.531	0.696	0.190	4.449	0.055	0
河南	0.536	0.027	−0.565	3.223	0.572	0.850	0.065	2.265	0.162	0
湖北	0.503	0.018	−0.047	2.288	0.521	0.789	0.208	0.880	0.500	0
湖南	0.547	0.016	−0.545	2.272	0.565	0.715	0.256	2.938	0.105	0

续表

地区	均值	方差	偏度	峰度	中位数	最大值	最小值	JB值	概率	正态分布
广东	0.465	0.028	-0.197	2.785	0.470	0.774	0.073	0.343	0.500	0
广西	0.490	0.038	0.161	3.121	0.498	1.000	0.097	0.203	0.500	0
重庆	0.525	0.019	-0.183	4.181	0.543	0.893	0.132	2.614	0.127	0
四川	0.522	0.015	-0.430	5.959	0.533	0.893	0.132	16.225	0.005	1
贵州	0.478	0.019	-0.893	3.177	0.527	0.679	0.088	5.501	0.040	1
云南	0.494	0.025	-0.806	3.599	0.550	0.722	0.000	5.058	0.046	1
西藏	0.388	0.117	0.161	1.535	0.384	1.000	0.000	3.845	0.070	0
陕西	0.526	0.018	-0.907	3.657	0.546	0.712	0.110	6.364	0.032	1
甘肃	0.582	0.034	-0.074	2.202	0.559	1.000	0.224	1.124	0.439	0
青海	0.535	0.086	-0.408	2.076	0.597	1.000	0.000	2.597	0.128	0
宁夏	0.533	0.062	-0.481	2.474	0.549	0.906	0.000	2.053	0.193	0
新疆	0.489	0.058	-0.378	2.667	0.526	1.000	0.000	1.165	0.423	0

资料来源：笔者根据《中国农村统计年鉴》数据计算得到。

表3-3报告了1978～2018年各地区农业旱灾受灾率数据的统计特征。从均值来看，山西、内蒙古、辽宁和甘肃的旱灾受灾率平均水平偏高。从方差来看，山西、辽宁、吉林和青海等地干旱灾害受灾率在时间维度上波动较大。除河北外，其他地区旱灾受灾率数据的偏度为正，表明大部分地区出现干旱极大值的概率高于出现极小值的概率。江苏、浙江、福建和云南等地旱灾受灾率数据的峰度偏高，表明出现极值的概率也较大。从最大值来看，山西、内蒙古、东北三省、江苏、西藏、青海和宁夏等地都曾发生过大面积的干旱灾害。从JB值及其概率来看，河北、山西等12个地区的干旱灾害受灾率数据服从正态分布。

表 3-3 农业旱灾受灾率描述统计

地区	均值	方差	偏度	峰度	中位数	最大值	最小值	JB 值	概率	正态分布
河北	0.174	0.009	-0.037	1.877	0.173	0.341	0.005	2.165	0.176	0
山西	0.328	0.033	0.125	1.943	0.308	0.682	0.021	2.016	0.199	0
内蒙古	0.295	0.023	0.071	2.226	0.285	0.571	0.000	1.056	0.471	0
辽宁	0.251	0.036	0.809	3.238	0.221	0.769	0.000	4.567	0.053	0
吉林	0.218	0.033	1.012	3.063	0.178	0.683	0.000	7.011	0.027	1
黑龙江	0.172	0.018	0.841	2.917	0.141	0.530	0.000	4.850	0.049	1
江苏	0.089	0.013	2.554	10.107	0.055	0.579	0.000	130.837	0.001	1
浙江	0.048	0.004	1.905	7.056	0.024	0.308	0.000	52.891	0.001	1
安徽	0.100	0.010	1.194	3.516	0.065	0.359	0.000	10.197	0.014	1
福建	0.056	0.005	2.279	9.565	0.030	0.360	0.000	109.124	0.001	1
江西	0.076	0.004	0.773	2.724	0.060	0.240	0.000	4.214	0.061	0
山东	0.165	0.015	0.426	1.838	0.143	0.394	0.002	3.547	0.079	0
河南	0.135	0.010	0.759	3.280	0.123	0.423	0.000	4.071	0.064	0
湖北	0.126	0.009	0.854	3.089	0.106	0.397	0.003	4.992	0.047	1
湖南	0.114	0.007	0.281	1.749	0.105	0.252	0.000	3.211	0.091	0
广东	0.061	0.004	1.514	5.020	0.037	0.244	0.000	22.634	0.003	1
广西	0.104	0.006	0.365	2.039	0.108	0.257	0.000	2.485	0.138	0
重庆	0.121	0.011	1.284	4.298	0.092	0.432	0.000	14.143	0.007	1
四川	0.107	0.007	0.925	3.323	0.085	0.334	0.004	6.026	0.035	1
贵州	0.122	0.011	0.838	2.473	0.084	0.365	0.001	5.274	0.043	1
云南	0.122	0.008	1.733	7.104	0.108	0.473	0.000	49.294	0.001	1
西藏	0.116	0.021	1.471	4.890	0.053	0.620	0.000	20.891	0.003	1
陕西	0.227	0.015	0.368	2.452	0.233	0.488	0.001	1.436	0.336	0
甘肃	0.249	0.017	0.243	2.119	0.213	0.496	0.013	1.728	0.259	0
青海	0.208	0.035	1.083	3.266	0.129	0.730	0.000	8.143	0.021	1
宁夏	0.218	0.022	0.487	2.449	0.209	0.563	0.000	2.138	0.180	0
新疆	0.084	0.005	1.222	4.204	0.058	0.276	0.000	12.683	0.009	1

资料来源：笔者根据《中国农村统计年鉴》数据计算得到。

表 3-4 报告了 1978～2018 年各地区农业旱灾受灾强度数据的统计特征。从均值来看，内蒙古、河北、山西、西南地区的贵州、广西以及西北地区的甘肃、陕西、宁夏和新疆等地的农业干旱受灾强度偏高。从方差来看，辽宁、浙江、安徽、江西、西藏、青海和新疆等地干旱灾害受灾强度在时间维度上波动较大。从偏度来看，浙江、河南、贵州、西藏和陕西等地农业旱灾出现极大值的概率偏高。从最大值来看，浙江、河南、西藏、陕西、青海、宁夏和新疆等地都曾出现过干旱成灾面积接近受灾面积的情况。从最小值来看，山西、贵州和陕西 3 个地区最低度的农业旱灾受灾程度仍然偏高。从 JB 值及其对应的概率来看，大部分地区的农业旱灾强度数据近似服从正态分布。

表 3-4　　　　　　　　　农业旱灾受灾强度描述统计

地区	均值	方差	偏度	峰度	中位数	最大值	最小值	JB 值	概率	正态分布
河北	0.529	0.027	-0.411	2.589	0.551	0.820	0.096	1.442	0.334	0
山西	0.502	0.032	-0.121	1.970	0.503	0.874	0.194	1.913	0.218	0
内蒙古	0.554	0.032	-0.890	3.779	0.594	0.845	0.000	6.444	0.031	1
辽宁	0.493	0.058	-0.540	2.303	0.552	0.897	0.000	2.820	0.112	0
吉林	0.471	0.041	-0.433	3.110	0.471	0.882	0.000	1.301	0.376	0
黑龙江	0.424	0.048	-0.435	2.244	0.480	0.767	0.000	2.269	0.162	0
江苏	0.353	0.052	0.097	2.244	0.340	0.863	0.000	1.040	0.479	0
浙江	0.301	0.075	0.440	2.334	0.319	0.933	0.000	2.081	0.189	0
安徽	0.351	0.063	0.044	1.938	0.415	0.806	0.000	1.941	0.213	0
福建	0.325	0.052	0.075	2.184	0.296	0.812	0.000	1.176	0.419	0
江西	0.428	0.064	-0.181	1.968	0.420	0.856	0.000	2.044	0.195	0
山东	0.443	0.024	-0.626	3.088	0.467	0.694	0.000	2.692	0.121	0
河南	0.442	0.039	0.195	2.894	0.423	0.907	0.000	0.278	0.500	0
湖北	0.466	0.024	-0.179	2.847	0.481	0.794	0.091	0.259	0.500	0
湖南	0.459	0.033	-1.104	3.693	0.505	0.752	0.000	9.146	0.017	1
广东	0.323	0.054	0.040	2.131	0.389	0.802	0.000	1.301	0.376	0

地区	均值	方差	偏度	峰度	中位数	最大值	最小值	JB 值	概率	正态分布
广西	0.499	0.025	−0.649	3.952	0.532	0.783	0.000	4.423	0.056	0
重庆	0.436	0.030	−0.338	2.732	0.432	0.704	0.000	0.903	0.500	0
四川	0.442	0.025	0.010	2.840	0.437	0.801	0.068	0.044	0.500	0
贵州	0.511	0.017	0.392	3.102	0.500	0.853	0.284	1.065	0.466	0
云南	0.464	0.028	−0.636	3.430	0.474	0.756	0.000	3.083	0.097	0
西藏	0.261	0.097	0.859	2.626	0.082	1.000	0.000	5.275	0.043	1
陕西	0.541	0.030	0.235	2.803	0.536	0.952	0.196	0.444	0.500	0
甘肃	0.551	0.037	−0.730	3.463	0.596	0.846	0.000	4.007	0.066	0
青海	0.454	0.069	−0.271	2.049	0.521	0.904	0.000	2.048	0.194	0
宁夏	0.518	0.057	−0.499	2.561	0.584	0.891	0.000	2.033	0.197	0
新疆	0.515	0.062	−0.112	2.317	0.542	0.990	0.000	0.883	0.500	0

资料来源：笔者根据《中国农村统计年鉴》数据计算得到。

表 3-5 报告了 1978～2018 年各地区农业风雹灾害受灾率数据的统计特征。从均值来看，河北、山西、内蒙古、吉林和西北地区的甘肃、青海、宁夏、新疆等地区的农业风雹灾害受灾率偏高。从方差来看，全国各地农业风雹灾害受灾率在时间维度上波动较小。从偏度和峰度来看，黑龙江、吉林、浙江、福建、广东、广西等地农业风雹灾害受灾率出现极大值的概率偏大。从最大值来看，黑龙江、吉林、广东、西藏、青海和新疆等地都曾发生过较大范围的农业风雹灾害。从 JB 值及其对应的概率来看，大部分地区的农业风雹灾害受灾率数据并不服从正态分布。

表 3-5　　　　　　　　　农业风雹灾害受灾率描述统计

地区	均值	方差	偏度	峰度	中位数	最大值	最小值	JB 值	概率	正态分布
河北	0.049	0.001	1.523	4.914	0.043	0.141	0.011	22.118	0.003	1
山西	0.044	0.001	0.356	2.468	0.042	0.107	0.000	1.348	0.361	0
内蒙古	0.045	0.001	1.044	4.477	0.039	0.121	0.000	11.179	0.012	1

续表

地区	均值	方差	偏度	峰度	中位数	最大值	最小值	JB 值	概率	正态分布
辽宁	0.029	0.001	1.576	5.481	0.020	0.116	0.000	27.485	0.002	1
吉林	0.043	0.002	2.072	8.893	0.035	0.214	0.000	88.672	0.001	1
黑龙江	0.026	0.001	3.018	15.498	0.021	0.152	0.000	329.097	0.001	1
江苏	0.026	0.000	0.938	3.498	0.023	0.072	0.000	6.432	0.031	1
浙江	0.017	0.000	2.211	9.839	0.010	0.105	0.000	113.328	0.001	1
安徽	0.015	0.000	1.215	4.357	0.012	0.058	0.000	13.227	0.008	1
福建	0.014	0.000	2.119	8.585	0.010	0.086	0.000	83.977	0.001	1
江西	0.017	0.000	1.471	4.744	0.013	0.062	0.000	19.987	0.003	1
山东	0.034	0.001	1.290	4.206	0.024	0.106	0.005	13.855	0.008	1
河南	0.022	0.000	1.305	4.031	0.014	0.079	0.001	13.452	0.008	1
湖北	0.021	0.000	1.558	6.000	0.017	0.085	0.000	31.962	0.001	1
湖南	0.018	0.000	0.885	3.973	0.017	0.059	0.001	6.970	0.027	1
广东	0.021	0.001	3.376	17.032	0.004	0.204	0.000	414.279	0.001	1
广西	0.013	0.000	2.522	10.983	0.008	0.081	0.000	152.338	0.001	1
重庆	0.025	0.000	1.184	4.907	0.024	0.091	0.001	15.788	0.006	1
四川	0.022	0.000	1.562	6.434	0.018	0.091	0.001	36.816	0.001	1
贵州	0.037	0.001	1.713	6.649	0.028	0.140	0.006	42.781	0.001	1
云南	0.026	0.000	1.104	5.891	0.023	0.078	0.000	22.598	0.003	1
西藏	0.029	0.001	1.762	6.981	0.027	0.152	0.000	48.288	0.001	1
陕西	0.035	0.000	0.189	2.643	0.036	0.084	0.003	0.462	0.500	0
甘肃	0.046	0.000	0.420	2.617	0.044	0.098	0.011	1.458	0.330	0
青海	0.092	0.003	0.439	2.188	0.077	0.203	0.009	2.443	0.142	0
宁夏	0.041	0.001	1.107	3.495	0.032	0.123	0.000	8.800	0.018	1
新疆	0.053	0.001	1.214	3.934	0.041	0.160	0.005	11.557	0.011	1

资料来源：笔者根据《中国农村统计年鉴》数据计算得到。

表3-6报告了1978～2018年各地区农业风雹灾害受灾强度数据的统计特征。从均值来看，农业风雹灾害受灾强度偏高的地区包括华北和东北地区的河北、山西、内蒙古、辽宁和吉林，西北地区

的陕西、甘肃、青海、宁夏和新疆等地。另外，河南和贵州农业风
雹灾害受灾强度也偏高。从方差来看，吉林、浙江、福建、广东和
西藏等地农业风雹灾害受灾率在时间维度上波动较大。从偏度来看，
江苏、浙江、重庆、西藏和甘肃农业风雹灾害受灾强度出现极大值
的概率偏高。从受灾强度最大值来看，农业风雹灾害对农业生产的
影响强度高于洪涝灾害和旱灾。山西、内蒙古等 16 个省份在发生风
雹灾害后，农业成灾面积占到了受灾面积的 90% 以上。而在发生旱
灾后，农业成灾面积占到受灾面积 90% 以上的地区为 6 个；在发生
洪涝灾害后，农业成灾面积占到受灾面积 90% 以上的地区为 8 个。
从最小值来看，河北、湖南、重庆、四川和甘肃等地区是农业风雹
灾害受灾强度偏高的地区，其最低度的农业风雹灾害受灾程度仍然
较大。从 JB 值及其对应的概率来看，大部分地区的农业风雹灾害受
灾强度数据都近似服从正态分布。

表 3-6 农业风雹灾害受灾强度描述统计

地区	均值	方差	偏度	峰度	中位数	最大值	最小值	JB 值	概率	正态分布
河北	0.548	0.020	−0.125	2.972	0.561	0.891	0.229	0.109	0.500	0
山西	0.559	0.048	−0.506	2.701	0.625	1.000	0.000	1.899	0.220	0
内蒙古	0.561	0.056	−0.439	2.910	0.571	1.000	0.000	1.330	0.367	0
辽宁	0.583	0.062	−0.687	3.170	0.604	0.981	0.000	3.271	0.089	0
吉林	0.523	0.073	−0.468	2.150	0.628	1.000	0.000	2.733	0.118	0
黑龙江	0.476	0.055	−0.821	2.776	0.522	0.803	0.000	4.695	0.051	0
江苏	0.422	0.043	0.461	3.345	0.401	1.000	0.000	1.654	0.278	0
浙江	0.415	0.067	0.181	2.585	0.400	1.000	0.000	0.517	0.500	0
安徽	0.465	0.054	−0.209	2.278	0.500	0.912	0.000	1.190	0.413	0
福建	0.392	0.080	0.077	2.183	0.404	1.000	0.000	1.181	0.417	0
江西	0.488	0.057	0.072	2.174	0.472	1.000	0.000	1.202	0.409	0
山东	0.413	0.035	−0.294	1.989	0.437	0.691	0.022	2.336	0.154	0
河南	0.517	0.038	−0.446	2.135	0.550	0.832	0.098	2.638	0.125	0

续表

地区	均值	方差	偏度	峰度	中位数	最大值	最小值	JB 值	概率	正态分布
湖北	0.476	0.037	−0.568	2.864	0.514	0.867	0.000	2.238	0.166	0
湖南	0.483	0.023	−0.132	2.072	0.493	0.737	0.158	1.591	0.294	0
广东	0.419	0.068	−0.174	2.376	0.455	1.000	0.000	0.871	0.500	0
广西	0.494	0.049	−0.768	2.843	0.511	0.841	0.000	4.072	0.064	0
重庆	0.490	0.026	0.207	4.099	0.523	1.000	0.115	2.356	0.152	0
四川	0.496	0.024	−0.494	2.390	0.547	0.757	0.115	2.307	0.157	0
贵州	0.534	0.023	−0.859	4.190	0.585	0.847	0.054	7.458	0.024	1
云南	0.468	0.027	−1.063	4.313	0.484	0.719	0.000	10.672	0.013	1
西藏	0.325	0.098	0.396	1.779	0.273	0.929	0.000	3.614	0.077	0
陕西	0.511	0.039	−0.234	3.352	0.521	1.000	0.000	0.586	0.500	0
甘肃	0.622	0.029	0.275	2.765	0.609	1.000	0.274	0.613	0.500	0
青海	0.642	0.052	−1.020	3.658	0.695	0.976	0.000	7.845	0.022	1
宁夏	0.559	0.050	−0.558	2.981	0.572	1.000	0.000	2.132	0.181	0
新疆	0.545	0.036	−0.651	2.993	0.562	0.877	0.049	2.892	0.107	0

资料来源：笔者根据《中国农村统计年鉴》数据计算得到。

表 3-7 报告了 1978~2018 年各地区农业冷冻灾害受灾率数据的统计特征。从均值来看，山西、内蒙古、湖北、云南以及西北地区的甘肃、青海、宁夏和新疆的农业冷冻灾害受灾率偏高。从方差来看，各地区农业冷冻灾害受灾率在时间维度上波动较小。从偏度来看，安徽、江西、湖北、湖南、贵州和西藏等地农业冷冻灾害受灾强度出现极大值的概率偏高。从峰度来看，内蒙古、辽宁、江苏、浙江、安徽、江西、湖南、湖北、广西、重庆、四川、贵州、云南、西藏、宁夏和新疆等地农业冷冻灾害受灾强度出现极值（极大值或极小值）的概率均偏高。对比最小值可知，冷冻灾害发生的可能性低于其他三种气象灾害。从 JB 值及其对应的概率来看，所有地区的农业冷冻灾害受灾率数据均不服从正态分布。

表 3-7　　　　　　　　农业冷冻灾害受灾率描述统计

地区	均值	方差	偏度	峰度	中位数	最大值	最小值	JB 值	概率	正态分布
河北	0.011	0.000	1.304	3.769	0.005	0.050	0.000	12.634	0.009	1
山西	0.035	0.002	1.368	3.933	0.018	0.145	0.000	14.267	0.007	1
内蒙古	0.028	0.001	2.519	10.075	0.017	0.190	0.000	128.882	0.001	1
辽宁	0.010	0.000	3.246	14.213	0.003	0.109	0.000	286.774	0.001	1
吉林	0.016	0.001	2.058	6.737	0.002	0.106	0.000	52.793	0.001	1
黑龙江	0.018	0.001	2.026	7.320	0.009	0.105	0.000	59.921	0.001	1
江苏	0.025	0.003	3.623	16.913	0.004	0.274	0.000	420.381	0.001	1
浙江	0.024	0.002	3.183	14.148	0.003	0.248	0.000	281.558	0.001	1
安徽	0.022	0.003	5.024	29.591	0.006	0.328	0.000	1380.397	0.001	1
福建	0.023	0.001	1.232	3.199	0.011	0.101	0.000	10.437	0.013	1
江西	0.022	0.002	3.653	18.005	0.011	0.222	0.000	475.853	0.001	1
山东	0.011	0.000	1.724	6.012	0.004	0.068	0.000	35.809	0.001	1
河南	0.011	0.000	1.938	6.934	0.007	0.060	0.000	52.111	0.001	1
湖北	0.037	0.003	4.093	22.168	0.021	0.349	0.000	742.123	0.001	1
湖南	0.027	0.004	5.347	32.232	0.012	0.417	0.000	1655.143	0.001	1
广东	0.019	0.001	2.226	7.336	0.003	0.146	0.000	65.972	0.001	1
广西	0.014	0.001	2.749	9.953	0.003	0.125	0.000	134.227	0.001	1
重庆	0.013	0.000	2.855	10.765	0.006	0.096	0.000	158.727	0.001	1
四川	0.011	0.000	2.874	13.214	0.007	0.069	0.000	234.675	0.001	1
贵州	0.024	0.003	4.562	25.480	0.008	0.319	0.000	1005.545	0.001	1
云南	0.033	0.001	2.595	11.487	0.024	0.201	0.001	169.073	0.001	1
西藏	0.025	0.004	3.859	19.102	0.002	0.337	0.000	544.712	0.001	1
陕西	0.025	0.001	1.254	3.805	0.017	0.101	0.000	11.847	0.010	1
甘肃	0.043	0.003	2.331	8.998	0.026	0.253	0.000	98.600	0.001	1
青海	0.034	0.002	1.625	5.195	0.016	0.163	0.000	26.277	0.002	1
宁夏	0.038	0.004	2.888	11.115	0.017	0.292	0.000	169.518	0.001	1
新疆	0.031	0.002	2.712	11.268	0.015	0.225	0.000	167.062	0.001	1

资料来源：笔者根据《中国农村统计年鉴》数据计算得到。

表 3-8 报告了 1978～2018 年各地区农业冷冻灾害受灾率数据的统计特征。从均值来看，农业冷冻灾害受灾强度偏高的地区包括河北、山西、内蒙古、陕西、甘肃、宁夏和新疆等地。另外，在 2008年雪灾中受灾严重的南方各省市，如湖南、重庆、四川和云南等地的农业冷冻灾害受灾强度均值也偏高。从方差来看，内蒙古和东北三省、青海和西藏等地农业冷冻灾害受灾率在时间维度上波动较大。从偏度来看，辽宁、吉林、河南、广西、青海和西藏等地区农业冷冻灾害受灾强度出现极大值的概率偏高。从受灾强度最大值来看，农业冷冻灾害对农业生产的影响强度高于洪涝灾害、旱灾和风雹灾害。山西、内蒙古等 19 个地区在发生冷冻灾害后，农业成灾面积占到了受灾面积的 90% 以上。而在发生旱灾后，农业成灾面积占到受灾面积 90% 以上的省份为 6 个；在发生洪涝灾害后，农业成灾面积占到受灾面积 90% 以上的省份为 8 个；在发生风雹灾害后，农业成灾面积占到受灾面积 90% 以上的省份为 16 个。从 JB 值及其对应的概率来看，除辽宁和西藏外其他地区的农业风雹灾害受灾强度数据都近似服从正态分布。

表 3-8　　　　　　农业冷冻灾害受灾强度描述统计

地区	均值	方差	偏度	峰度	中位数	最大值	最小值	JB 值	概率	正态分布
河北	0.410	0.087	0.025	1.827	0.400	1.000	0.000	2.353	0.152	0
山西	0.487	0.084	−0.326	2.131	0.556	1.000	0.000	2.019	0.199	0
内蒙古	0.520	0.100	−0.384	1.798	0.606	1.000	0.000	3.480	0.081	0
辽宁	0.263	0.104	0.717	2.085	0.000	1.000	0.000	4.941	0.047	1
吉林	0.313	0.100	0.697	2.401	0.253	1.000	0.000	3.936	0.068	0
黑龙江	0.392	0.108	0.207	1.793	0.400	1.000	0.000	2.783	0.114	0
江苏	0.327	0.078	0.570	2.509	0.306	1.000	0.000	2.630	0.126	0
浙江	0.276	0.058	0.127	1.671	0.292	0.750	0.000	3.130	0.095	0
安徽	0.308	0.079	0.559	2.334	0.284	0.984	0.000	2.892	0.107	0
福建	0.396	0.074	−0.140	2.131	0.433	1.000	0.000	1.424	0.339	0
江西	0.392	0.061	−0.399	2.153	0.448	0.810	0.000	2.313	0.156	0
山东	0.320	0.065	0.573	2.726	0.301	1.000	0.000	2.375	0.150	0
河南	0.308	0.076	0.701	2.672	0.267	1.000	0.000	3.538	0.079	0

续表

地区	均值	方差	偏度	峰度	中位数	最大值	最小值	JB 值	概率	正态分布
湖北	0.330	0.047	0.035	2.057	0.332	0.769	0.000	1.526	0.311	0
湖南	0.441	0.062	0.164	2.880	0.458	1.000	0.000	0.208	0.500	0
广东	0.244	0.060	0.468	1.880	0.200	0.769	0.000	3.640	0.076	0
广西	0.278	0.077	0.783	2.894	0.215	1.000	0.000	4.213	0.061	0
重庆	0.426	0.059	−0.340	2.287	0.444	0.869	0.000	1.657	0.277	0
四川	0.400	0.041	0.244	3.691	0.397	1.000	0.000	1.221	0.402	0
贵州	0.368	0.060	−0.021	1.828	0.370	0.784	0.000	2.351	0.152	0
云南	0.406	0.036	−0.490	2.714	0.429	0.756	0.000	1.779	0.246	0
西藏	0.260	0.105	1.023	2.879	0.091	1.000	0.000	7.177	0.026	1
陕西	0.451	0.065	−0.226	2.448	0.474	1.000	0.000	0.870	0.500	0
甘肃	0.479	0.056	−0.474	2.569	0.516	0.847	0.000	1.853	0.230	0
青海	0.313	0.104	0.608	2.031	0.245	1.000	0.000	4.127	0.063	0
宁夏	0.458	0.099	0.013	1.915	0.475	1.000	0.000	2.012	0.200	0
新疆	0.456	0.072	−0.296	2.134	0.493	0.950	0.000	1.883	0.224	0

资料来源：笔者根据《中国农村统计年鉴》数据计算得到。

3.2　农业气象灾害的时间特征

本节计算了 27 个省（区市）在实证期内每一年的均值、方差、偏度和峰度。图 3-1 至图 3-8 分别报告了农业洪涝灾害受灾率、农业洪涝灾害受灾程度、农业旱灾受灾率、农业旱灾受灾程度、农业风雹灾害受灾率、农业风雹灾害受灾程度、农业冷冻灾害受灾率、农业冷冻灾害受灾程度的时间特征。受灾率的均值越大表明全国农业受灾范围越大，方差越大表明全国农业受灾率在空间异质性越高，偏度越大说明农业受灾率出现极大值的地区越多，峰度越大说明农业受灾率出现极值的地区越多。受灾程度的均值、方差、偏度和峰度表示的含义与之类似。

对比图 3-1 和图 3-2 可知，农业洪涝灾害受灾率均值的极大值主要出现在 20 世纪 90 年代，但农业洪涝灾害强度的均值在 2010 年之后呈明显上升趋势，这表明近年来洪涝灾害强度有所增加，有必要提升洪涝灾害高风险地区农业防汛水利设施的质量。

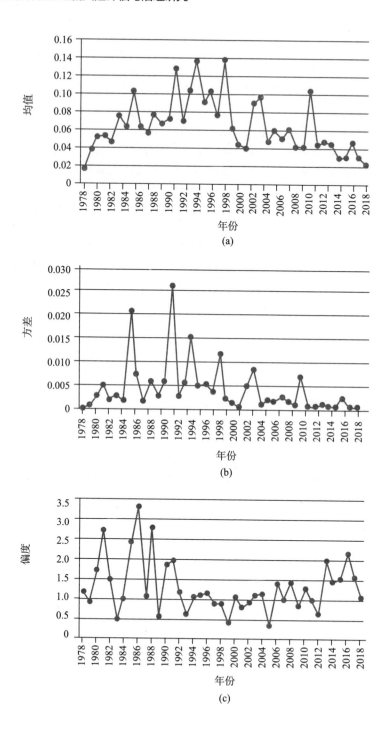

(a)

(b)

(c)

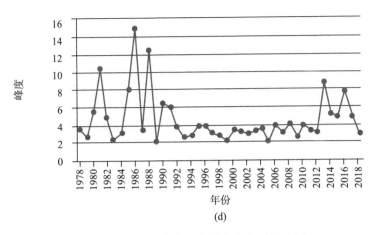

(d)

图 3-1　农业洪涝灾害受灾率的时间特征

资料来源：笔者根据《中国农村统计年鉴》数据计算得到。

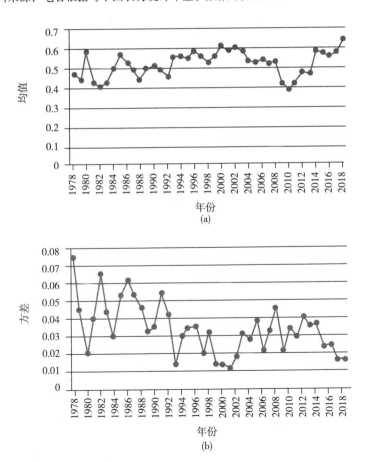

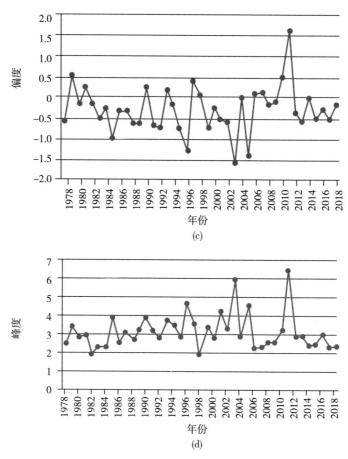

图 3-2　农业洪涝灾害受灾强度的时间特征

资料来源：笔者根据《中国农村统计年鉴》数据计算得到。

从农业洪涝灾害受灾率和受灾强度的方差来看，近年来洪涝灾害受灾的空间差异处于较低的水平。与 20 世纪 80 年代相比，近年来农业洪涝灾害受灾率的偏度和峰度总体处于较低的水平。农业洪涝灾害受灾强度的偏度大多为负，但 2012 年其偏度和峰度出现了异常波动。

对比图 3-3 和图 3-4，农业旱灾受灾率均值出现了下降趋势，但受灾强度的均值近年来不降反升，说明近几年的农业旱灾影响呈现了区域小、强度大的特征。从方差来看，除 1999～2001 年外，农业旱灾受灾率的空间差异较小。但近年来农业旱灾受灾强度的空间差异呈上升趋势，说明旱灾受灾和成灾的局部特征更加显著。对比

图 3-3 和图 3-4 的偏度、峰度可知，近年来农业旱灾受灾概率增加但出现大灾的概率较低。

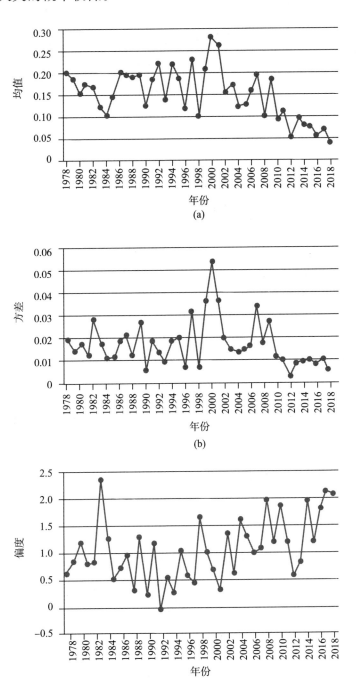

(a)

(b)

(c)

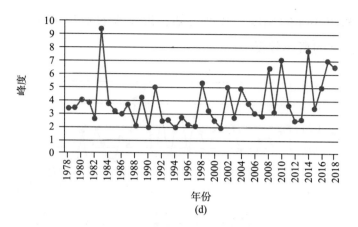

(d)

图3-3 农业旱灾受灾率的时间特征

资料来源：笔者根据《中国农村统计年鉴》数据计算得到。

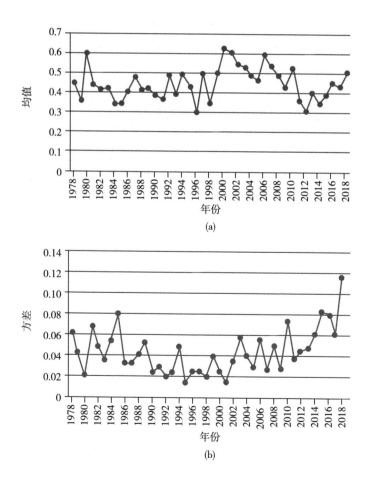

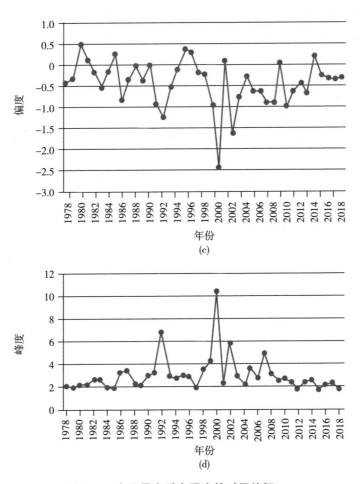

图 3-4　农业旱灾受灾强度的时间特征

资料来源：笔者根据《中国农村统计年鉴》数据计算得到。

　　对比图 3-5 和图 3-6 可知，农业风雹灾害受灾率均值出现了下降趋势，说明农业风雹灾害受灾范围有所减小。近年来农业风雹灾害强度均值不降反升，说明农业风雹灾害强度有所增加。偏度和峰度的特征则表明，出现大范围和高强度农业风雹灾害属于小概率事件，但仍有个别年份出现极值的概率较大。

　　对比图 3-7 和图 3-8，除 2008 年外，农业冻灾受灾率均值和方差在大部分年份都处于较低的水平。近年来，农业冻灾强度均值呈现出上升趋势，冷冻灾害高风险地区需要重视低温灾害对农业的影响。从偏度和峰度来看，出现小范围和高强度冷冻灾害的概率较大。

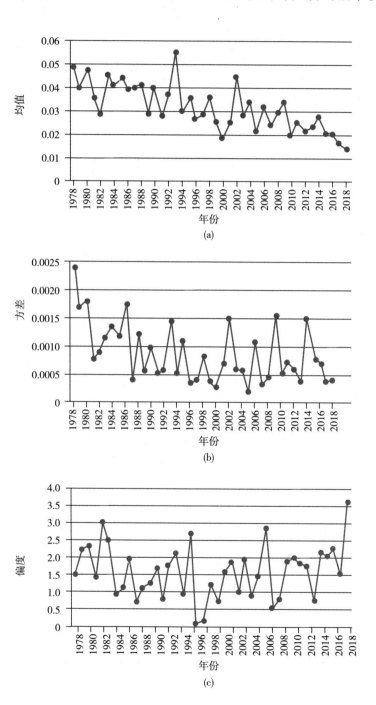

(a)

(b)

(c)

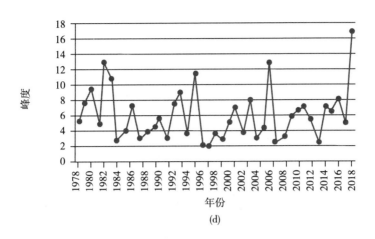

(d)

图 3-5　农业风雹灾害受灾率的时间特征

资料来源：笔者根据《中国农村统计年鉴》数据计算得到。

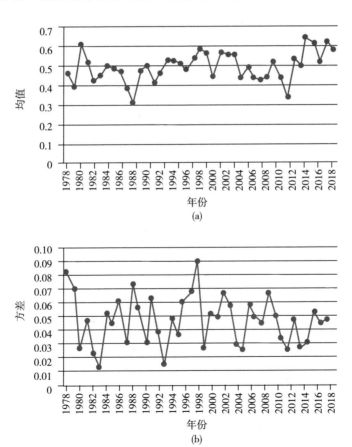

(a)

(b)

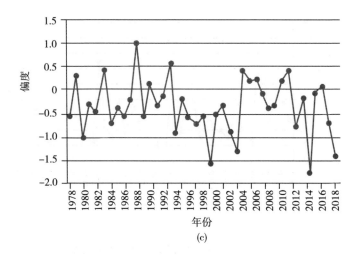

(c)

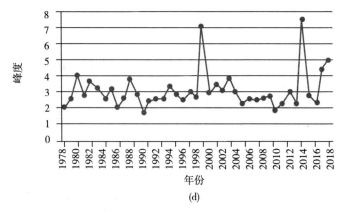

(d)

图 3-6 农业风雹灾害强度的时间特征

资料来源：笔者根据《中国农村统计年鉴》数据计算得到。

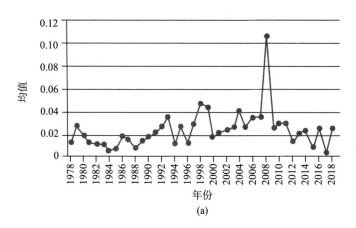

(a)

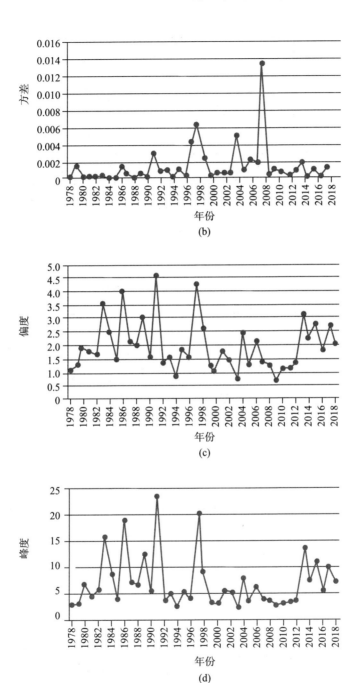

图 3-7 农业冻灾受灾率的时间特征

资料来源：笔者根据《中国农村统计年鉴》数据计算得到。

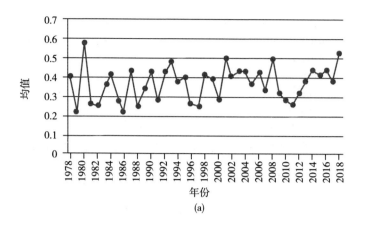

(a)

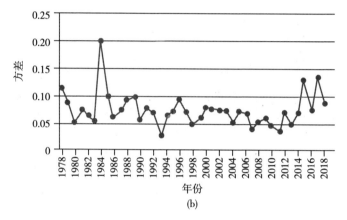

(b)

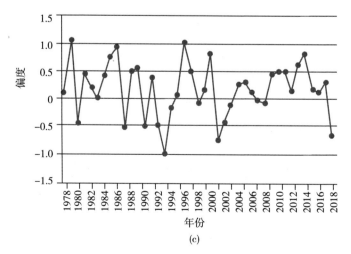

(c)

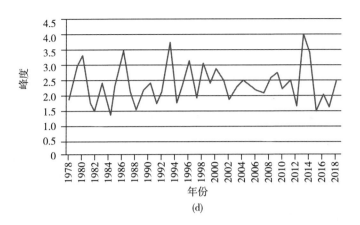

(d)

图 3-8 农业冻灾强度的时间特征

资料来源：笔者根据《中国农村统计年鉴》数据计算得到。

3.3 农业气象灾害的空间特征

本节采用聚类分析和全局 Moran 指数分析了四种农业气象灾害的空间分布特征。

3.3.1 洪涝灾害的空间变化特征

图 3-9～图 3-12 报告了不同时间段各地区农业洪涝灾害的聚类特征。各地区的农业洪涝灾害在受灾率和灾害强度方面大多与邻近区域的洪涝灾害有一定相似性。表 3-9 报告了 1978～2018 年农业洪涝灾害受灾率和灾害强度的全局 Moran 指数。从洪涝灾害受灾率的 Moran 指数及其对应的 P 值来看，1978～2018 年有 31 年的 Moran 指数显著为正，说明在这 31 年当中各地区农业洪涝灾害受灾率出现了正的空间自相关性，即发生了较大范围的洪涝灾害。从洪涝灾害强度的 Moran 指数及其对应的 P 值来看，大多数年份的 Moran 指数并不显著，说明大多数地区农业洪涝灾害强度并没有表现出空间自相关性。

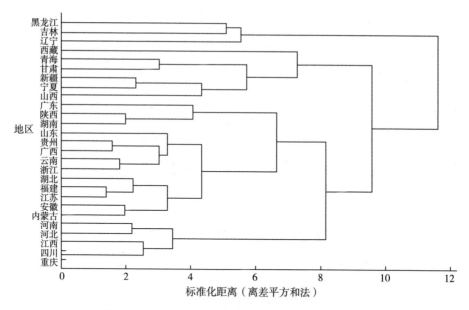

图 3-9　1978～1989 年农业洪涝灾害的聚类结果

资料来源：笔者根据《中国农村统计年鉴》数据计算得到。

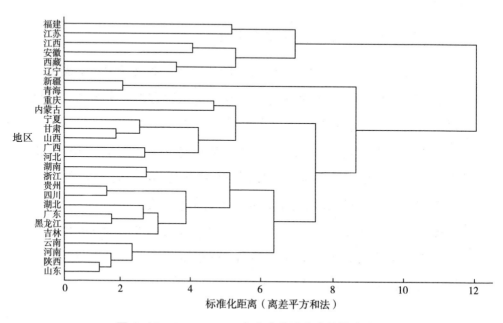

图 3-10　1990～1999 年农业洪涝灾害的聚类结果

资料来源：笔者根据《中国农村统计年鉴》数据计算得到。

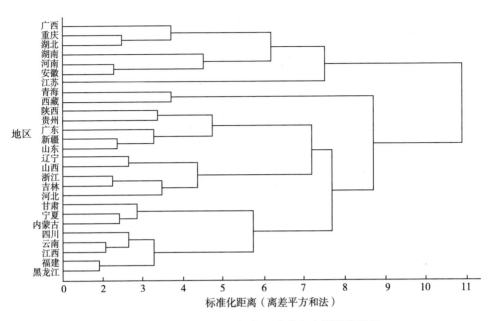

图 3-11　2000～2009 年农业洪涝灾害的聚类结果

资料来源：笔者根据《中国农村统计年鉴》数据计算得到。

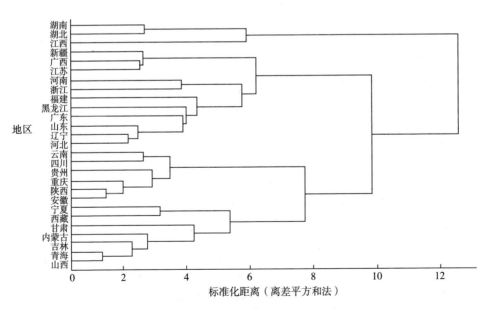

图 3-12　2010～2018 年农业洪涝灾害的聚类结果

资料来源：笔者根据《中国农村统计年鉴》数据计算得到。

表 3-9　　　　　　　农业洪涝灾害空间相关性的变化特征

年份	洪涝灾害受灾率				洪涝灾害强度			
	Moran 指数	标准误	Z 值	P 值	Moran 指数	标准误	Z 值	P 值
1978	0.155	0.055	3.527	0.000	0.045	0.083	1.002	0.158
1979	0.078	0.089	1.309	0.095	−0.003	0.077	0.460	0.323
1980	0.376	0.074	5.606	0.000	−0.035	0.112	0.035	0.486
1981	0.004	0.057	0.746	0.228	−0.031	0.100	0.074	0.470
1982	0.287	0.065	5.009	0.000	0.071	0.084	1.303	0.096
1983	0.295	0.089	3.767	0.000	−0.063	0.101	−0.242	0.404
1984	0.011	0.073	0.681	0.248	0.018	0.083	0.677	0.249
1985	0.244	0.080	3.518	0.000	−0.114	0.077	−0.981	0.163
1986	0.145	0.084	2.181	0.015	0.077	0.115	1.004	0.158
1987	0.097	0.078	1.731	0.042	−0.032	0.129	0.048	0.481
1988	0.132	0.067	2.553	0.005	0.067	0.109	0.967	0.167
1989	0.279	0.087	3.648	0.000	−0.139	0.096	−1.047	0.147
1990	0.115	0.084	1.828	0.034	−0.134	0.094	−1.018	0.154
1991	0.176	0.071	3.010	0.001	0.099	0.111	1.240	0.107
1992	0.236	0.083	3.307	0.000	0.166	0.059	3.484	0.000
1993	0.156	0.086	2.267	0.012	−0.118	0.151	−0.526	0.299
1994	0.136	0.103	1.696	0.045	−0.005	0.070	0.482	0.315
1995	−0.006	0.096	0.343	0.366	0.106	0.097	1.496	0.067
1996	0.281	0.076	4.180	0.000	−0.008	0.081	0.379	0.352
1997	0.319	0.085	4.211	0.000	0.138	0.097	1.818	0.035
1998	0.201	0.088	2.730	0.003	0.004	0.080	0.533	0.297
1999	0.256	0.088	3.341	0.000	0.015	0.085	0.633	0.263
2000	0.187	0.091	2.482	0.007	0.199	0.089	2.667	0.004
2001	0.333	0.099	3.760	0.000	0.061	0.074	1.344	0.089
2002	0.283	0.082	3.913	0.000	−0.015	0.083	0.280	0.390
2003	0.302	0.078	4.385	0.000	−0.014	0.072	0.339	0.367
2004	0.232	0.071	3.817	0.000	0.013	0.067	0.771	0.220
2005	0.147	0.084	2.208	0.014	0.100	0.094	1.469	0.071

年份	洪涝灾害受灾率				洪涝灾害强度			
	Moran 指数	标准误	Z 值	P 值	Moran 指数	标准误	Z 值	P 值
2006	0.084	0.088	1.385	0.083	−0.069	0.080	−0.383	0.351
2007	0.261	0.072	4.179	0.000	−0.177	0.074	−1.881	0.030
2008	0.255	0.095	3.071	0.001	−0.150	0.078	−1.417	0.078
2009	−0.081	0.093	−0.463	0.322	0.024	0.077	0.809	0.209
2010	0.303	0.083	4.087	0.000	0.000	0.081	0.477	0.317
2011	0.015	0.087	0.614	0.270	−0.110	0.092	−0.782	0.217
2012	−0.020	0.095	0.198	0.422	0.071	0.056	1.957	0.025
2013	−0.067	0.057	−0.494	0.311	0.042	0.090	0.896	0.185
2014	0.306	0.076	4.541	0.000	0.006	0.113	0.393	0.347
2015	0.259	0.087	3.437	0.000	−0.073	0.077	−0.450	0.327
2016	0.100	0.099	1.400	0.081	0.121	0.076	2.090	0.018
2017	0.119	0.084	1.881	0.030	0.123	0.090	1.796	0.036
2018	0.193	0.105	2.217	0.013	−0.008	0.121	0.251	0.401

资料来源：笔者根据《中国农村统计年鉴》数据计算得到。

3.3.2 干旱灾害的空间变化特征

图 3-13～图 3-16 报告了不同时间段各地区农业旱灾的聚类特征。各地区的农业旱灾在受灾率和灾害强度方面大多与邻近区域的旱灾情况存在一定相似性。表 3-10 报告了 1978～2018 年农业洪涝灾害受灾率和灾害强度的全局 Moran 指数。从农业旱灾受灾率的 Moran 指数及其对应的 P 值来看，1978～2018 年有 35 年的 Moran 指数均显著为正，在这 35 年中各地区农业旱灾受灾率出现了正的空间自相关性，即出现了大范围的农业干旱灾害。从农业旱灾强度的 Moran 指数及其对应的 P 值来看，大多数年份的 Moran 指数并不显著，说明大多数地区农业旱灾强度并没有表现出空间自相关性。

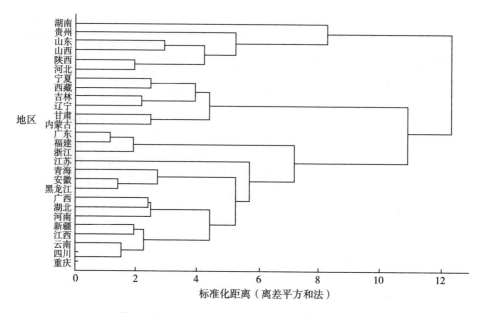

图 3-13　1978~1989 年农业旱灾的聚类结果

资料来源：笔者根据《中国农村统计年鉴》数据计算得到。

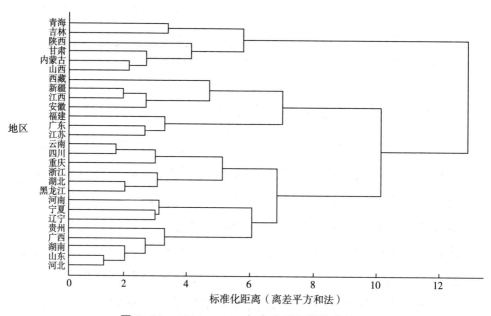

图 3-14　1990~1999 年农业旱灾的聚类结果

资料来源：笔者根据《中国农村统计年鉴》数据计算得到。

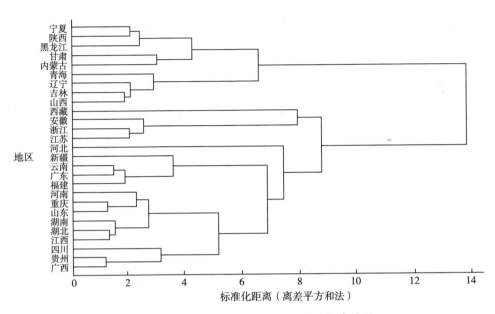

图 3-15　2000～2009 年农业旱灾的聚类结果

资料来源：笔者根据《中国农村统计年鉴》数据计算得到。

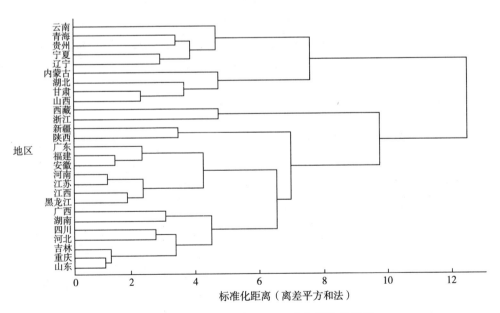

图 3-16　2000～2009 年农业旱灾的聚类结果

资料来源：笔者根据《中国农村统计年鉴》数据计算得到。

表 3-10　　　　　　　　农业干旱灾害空间相关性的变化特征

年份	旱灾受灾率				旱灾受灾程度			
	Moran 指数	标准误	Z 值	P 值	Moran 指数	标准误	Z 值	P 值
1978	0.158	0.067	2.941	0.002	0.156	0.094	2.075	0.019
1979	0.071	0.085	1.290	0.098	0.318	0.082	4.322	0.000
1980	0.338	0.078	4.844	0.000	0.284	0.090	3.566	0.000
1981	0.224	0.077	3.394	0.000	0.125	0.085	1.914	0.028
1982	0.209	0.076	3.277	0.001	0.152	0.102	1.858	0.032
1983	−0.008	0.108	0.278	0.391	0.029	0.119	0.566	0.286
1984	0.269	0.086	3.564	0.000	0.180	0.080	2.723	0.003
1985	0.170	0.068	3.056	0.001	0.037	0.104	0.720	0.236
1986	0.289	0.097	3.381	0.000	0.108	0.089	1.648	0.050
1987	0.332	0.088	4.205	0.000	−0.073	0.073	−0.474	0.318
1988	0.482	0.072	7.284	0.000	−0.181	0.078	−1.830	0.034
1989	0.297	0.084	3.978	0.000	0.173	0.069	3.054	0.001
1990	0.360	0.073	5.431	0.000	0.008	0.099	0.465	0.321
1991	0.226	0.061	4.337	0.000	0.061	0.083	1.207	0.114
1992	0.222	0.089	2.928	0.002	0.025	0.080	0.789	0.215
1993	0.353	0.076	5.142	0.000	−0.197	0.104	−1.528	0.063
1994	0.349	0.077	5.046	0.000	0.071	0.091	1.199	0.115
1995	0.346	0.065	5.896	0.000	0.253	0.113	2.575	0.005
1996	0.238	0.089	3.104	0.001	0.220	0.076	3.377	0.000
1997	0.390	0.060	7.162	0.000	0.184	0.079	2.819	0.002
1998	0.139	0.076	2.320	0.010	−0.101	0.070	−0.889	0.187
1999	0.260	0.081	3.699	0.000	−0.037	0.114	0.010	0.496
2000	0.279	0.071	4.502	0.000	0.018	0.106	0.532	0.297
2001	0.302	0.069	4.930	0.000	0.155	0.112	1.721	0.043
2002	0.064	0.096	1.071	0.142	0.080	0.064	1.847	0.032
2003	0.209	0.102	2.425	0.008	−0.022	0.086	0.193	0.423
2004	0.358	0.101	3.937	0.000	−0.173	0.084	−1.597	0.055
2005	0.303	0.094	3.620	0.000	−0.046	0.080	−0.098	0.461

年份	旱灾受灾率				旱灾受灾程度			
	Moran 指数	标准误	Z 值	P 值	Moran 指数	标准误	Z 值	P 值
2006	0.306	0.092	3.738	0.000	−0.019	0.108	0.178	0.429
2007	0.269	0.069	4.489	0.000	−0.037	0.087	0.018	0.493
2008	0.383	0.078	5.383	0.000	0.003	0.105	0.394	0.347
2009	0.300	0.075	4.494	0.000	−0.015	0.074	0.320	0.375
2010	0.297	0.083	4.042	0.000	0.125	0.100	1.641	0.050
2011	0.133	0.095	1.805	0.036	−0.011	0.081	0.341	0.366
2012	0.085	0.132	0.934	0.175	0.001	0.115	0.344	0.365
2013	−0.009	0.108	0.275	0.392	0.044	0.103	0.798	0.212
2014	0.267	0.124	2.463	0.007	0.166	0.091	2.249	0.012
2015	0.299	0.073	4.639	0.000	0.125	0.092	1.772	0.038
2016	0.241	0.074	3.782	0.000	0.039	0.093	0.834	0.202
2017	0.108	0.090	1.633	0.051	−0.088	0.104	−0.482	0.315
2018	0.225	0.104	2.539	0.006	−0.021	0.127	0.138	0.445

资料来源：笔者根据《中国农村统计年鉴》数据计算得到。

3.3.3 风雹灾害的空间变化特征

图 3-17～图 3-20 报告了不同时间段各地区农业风雹灾害的聚类特征。各地区的农业风雹灾害在受灾率和灾害强度方面大多与邻近区域的风雹灾害有一定相似性。表 3-11 报告了 1978～2018 年农业风雹灾害受灾率和灾害强度的全局 Moran 指数。从农业风雹受灾率的 Moran 指数及其对应的 P 值来看，1978～2018 年有 27 年的 Moran 指数均显著为正，说明在这 27 年内农业风雹受灾率影响范围较广，使得各地区受灾出现了正的空间自相关性。从风雹灾害强度的 Moran 指数及其对应的 P 值来看，大多数年份的 Moran 指数并不显著，说明大多数地区农业风雹灾害强度并没有表现出空间自相关性。

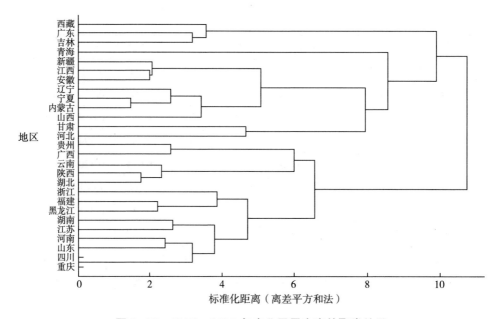

图 3-17　1978～1989 年农业风雹灾害的聚类结果

资料来源：笔者根据《中国农村统计年鉴》数据计算得到。

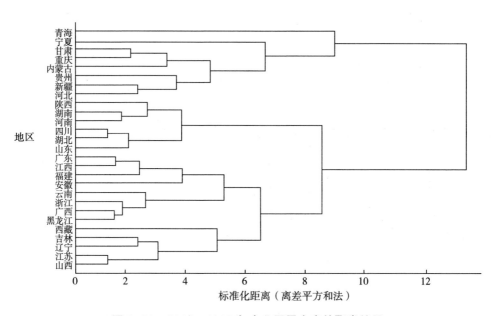

图 3-18　1990～1999 年农业风雹灾害的聚类结果

资料来源：笔者根据《中国农村统计年鉴》数据计算得到。

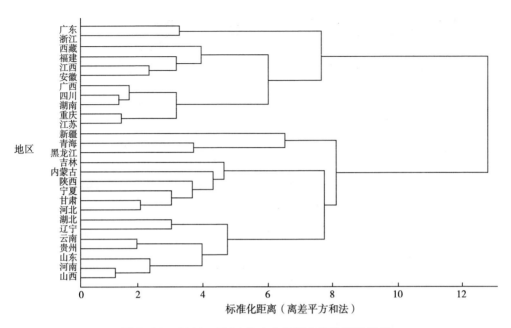

图 3-19　2000～2009 年农业风雹灾害的聚类结果

资料来源：笔者根据《中国农村统计年鉴》数据计算得到。

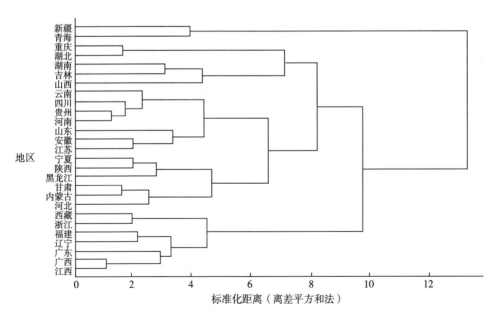

图 3-20　2010～2018 年农业风雹灾害的聚类结果

资料来源：笔者根据《中国农村统计年鉴》数据计算得到。

表 3-11　　　　　　　农业风雹灾害空间相关性的变化特征

年份	风雹受灾率				风雹受灾程度			
	Moran 指数	标准误	Z 值	P 值	Moran 指数	标准误	Z 值	P 值
1978	0.006	0.081	0.544	0.293	0.202	0.089	2.712	0.003
1979	−0.052	0.056	−0.236	0.407	−0.158	0.105	−1.140	0.127
1980	0.063	0.088	1.154	0.124	0.112	0.069	2.170	0.015
1981	0.074	0.090	1.256	0.105	−0.041	0.097	−0.022	0.491
1982	0.160	0.088	2.264	0.012	0.039	0.112	0.692	0.244
1983	−0.096	0.061	−0.955	0.170	−0.271	0.090	−2.587	0.005
1984	0.116	0.084	1.838	0.033	0.072	0.087	1.266	0.103
1985	0.054	0.075	1.236	0.108	−0.061	0.112	−0.202	0.420
1986	0.030	0.077	0.888	0.187	−0.210	0.100	−1.723	0.042
1987	0.120	0.089	1.782	0.037	−0.090	0.088	−0.579	0.281
1988	0.023	0.074	0.833	0.202	0.020	0.071	0.827	0.204
1989	0.123	0.090	1.800	0.036	0.024	0.068	0.912	0.181
1990	0.145	0.078	2.361	0.009	−0.007	0.083	0.382	0.351
1991	−0.065	0.065	−0.409	0.341	−0.116	0.078	−1.004	0.158
1992	−0.076	0.080	−0.469	0.319	0.057	0.078	1.214	0.112
1993	0.212	0.083	3.038	0.001	0.124	0.073	2.236	0.013
1994	0.196	0.083	2.832	0.002	−0.153	0.074	−1.540	0.062
1995	0.065	0.060	1.728	0.042	0.060	0.090	1.097	0.136
1996	0.152	0.112	1.702	0.044	−0.017	0.073	0.290	0.386
1997	−0.045	0.102	−0.067	0.473	−0.127	0.071	−1.248	0.106
1998	0.244	0.100	2.817	0.002	0.012	0.084	0.604	0.273
1999	0.175	0.091	2.349	0.009	−0.187	0.073	−2.041	0.021
2000	0.287	0.086	3.806	0.000	0.187	0.076	2.963	0.002
2001	0.146	0.111	1.672	0.047	0.036	0.089	0.835	0.202
2002	−0.087	0.077	−0.625	0.266	0.065	0.098	1.050	0.147
2003	0.252	0.078	3.710	0.000	0.150	0.066	2.862	0.002
2004	0.293	0.080	4.142	0.000	−0.019	0.090	0.221	0.413
2005	0.011	0.087	0.574	0.283	0.069	0.089	1.209	0.113

年份	风雹受灾率				风雹受灾程度			
	Moran 指数	标准误	Z 值	P 值	Moran 指数	标准误	Z 值	P 值
2006	−0.036	0.059	0.045	0.482	0.237	0.075	3.669	0.000
2007	0.432	0.073	6.449	0.000	0.034	0.119	0.610	0.271
2008	0.264	0.100	3.028	0.001	0.266	0.093	3.292	0.000
2009	0.138	0.073	2.410	0.008	0.315	0.082	4.301	0.000
2010	0.356	0.082	4.821	0.000	0.021	0.091	0.651	0.258
2011	0.417	0.069	6.652	0.000	0.076	0.078	1.468	0.071
2012	0.305	0.078	4.416	0.000	−0.019	0.076	0.263	0.396
2013	0.188	0.110	2.051	0.020	0.145	0.109	1.679	0.047
2014	0.381	0.066	6.338	0.000	0.078	0.068	1.710	0.044
2015	0.305	0.060	5.731	0.000	0.090	0.093	1.380	0.084
2016	0.115	0.072	2.128	0.017	0.111	0.072	2.065	0.019
2017	0.341	0.057	6.704	0.000	0.277	0.074	4.264	0.000
2018	0.126	0.073	2.241	0.013	−0.074	0.093	−0.386	0.350

资料来源：笔者根据《中国农村统计年鉴》数据计算得到。

3.3.4　冷冻灾害的空间变化特征

图 3-21～图 3-24 报告了不同时间段各地区农业冷冻灾害的聚类特征。各地区的农业冷冻灾害在受灾率和灾害强度方面大多与邻近区域的冷冻灾害有一定相似性。表 3-12 报告了 1978～2018 年农业冷冻灾害受灾率和灾害强度的全局 Moran 指数。从农业冷冻灾害受灾率的 Moran 指数及其对应的 P 值来看，1978～2018 年有 22 年的 Moran 指数显著为正，在这 22 年中各地区农业冷冻灾害受灾率出现了正的空间自相关性，即出现了较大范围的农业冷冻灾害。从冷冻灾害强度的 Moran 指数及其对应的 P 值来看，大多数年份的 Moran 指数并不显著，说明大多数地区农业冷冻灾害强度并没有表现出空间自相关性。

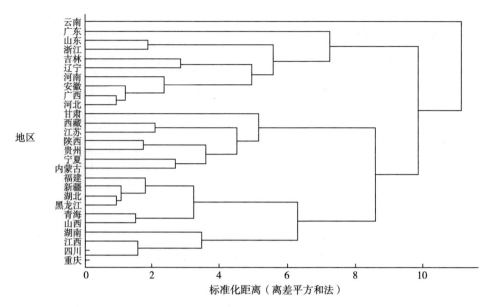

图 3-21　1978～1989 年农业冷冻灾害的聚类结果

资料来源：笔者根据《中国农村统计年鉴》数据计算得到。

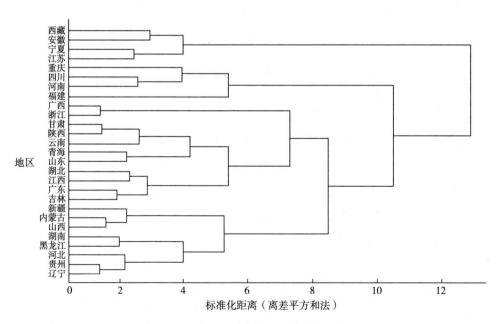

图 3-22　1990～1999 年农业冷冻灾害的聚类结果

资料来源：笔者根据《中国农村统计年鉴》数据计算得到。

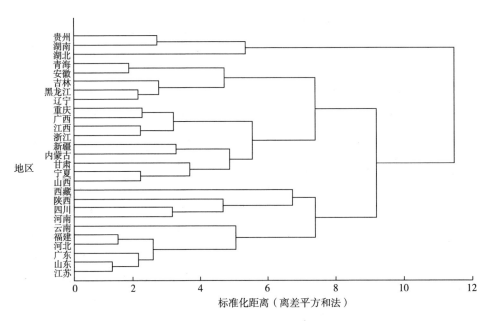

图 3-23　2000～2009 年农业冷冻灾害的聚类结果

资料来源：笔者根据《中国农村统计年鉴》数据计算得到。

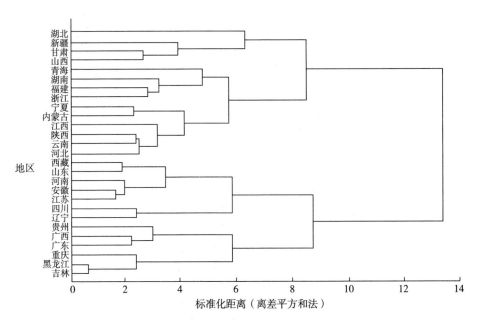

图 3-24　2010～2018 年农业冷冻灾害的聚类结果

资料来源：笔者根据《中国农村统计年鉴》数据计算得到。

表 3-12   农业冷冻灾害空间相关性的变化特征

年份	风雹受灾率				风雹受灾程度			
	Moran 指数	标准误	Z 值	P 值	Moran 指数	标准误	Z 值	P 值
1978	0.051	0.070	1.284	0.100	−0.105	0.070	−0.949	0.171
1979	0.074	0.095	1.180	0.119	0.006	0.093	0.481	0.315
1980	−0.138	0.065	−1.526	0.064	−0.081	0.095	−0.450	0.326
1981	0.035	0.077	0.960	0.169	−0.179	0.065	−2.172	0.015
1982	0.094	0.076	1.734	0.041	0.123	0.109	1.481	0.069
1983	0.167	0.068	3.004	0.001	−0.094	0.074	−0.743	0.229
1984	0.136	0.074	2.368	0.009	0.027	0.109	0.596	0.276
1985	0.169	0.076	2.729	0.003	0.017	0.110	0.502	0.308
1986	−0.051	0.086	−0.147	0.441	−0.121	0.091	−0.907	0.182
1987	0.065	0.089	1.160	0.123	0.035	0.084	0.871	0.192
1988	0.004	0.075	0.573	0.283	0.103	0.085	1.665	0.048
1989	−0.080	0.059	−0.698	0.242	−0.027	0.057	0.208	0.417
1990	0.052	0.080	1.131	0.129	−0.178	0.079	−1.765	0.039
1991	−0.015	0.053	0.444	0.328	0.014	0.090	0.578	0.282
1992	0.292	0.135	2.458	0.007	0.020	0.093	0.629	0.265
1993	−0.128	0.082	−1.097	0.136	0.012	0.088	0.573	0.283
1994	0.187	0.096	2.356	0.009	0.147	0.095	1.954	0.025
1995	0.326	0.064	5.660	0.000	−0.110	0.073	−0.975	0.165
1996	0.266	0.122	2.501	0.006	0.161	0.113	1.759	0.039
1997	0.098	0.055	2.464	0.007	0.059	0.086	1.127	0.130
1998	0.249	0.080	3.593	0.000	−0.042	0.084	−0.048	0.481
1999	0.010	0.104	0.469	0.320	0.082	0.077	1.564	0.059
2000	0.210	0.106	2.355	0.009	0.190	0.082	2.786	0.003
2001	0.037	0.062	1.227	0.110	0.110	0.090	1.646	0.050
2002	−0.038	0.074	0.011	0.496	0.129	0.077	2.166	0.015
2003	0.185	0.073	3.071	0.001	−0.060	0.073	−0.295	0.384
2004	0.337	0.112	3.349	0.000	−0.110	0.082	−0.874	0.191
2005	0.331	0.088	4.179	0.000	−0.094	0.081	−0.688	0.246

年份	风雹受灾率				风雹受灾程度			
	Moran 指数	标准误	Z 值	P 值	Moran 指数	标准误	Z 值	P 值
2006	0.094	0.088	1.504	0.066	0.131	0.090	1.887	0.030
2007	0.389	0.102	4.194	0.000	−0.052	0.081	−0.164	0.435
2008	0.217	0.094	2.733	0.003	−0.018	0.084	0.246	0.403
2009	−0.052	0.077	−0.178	0.430	−0.041	0.083	−0.026	0.490
2010	0.060	0.098	1.008	0.157	−0.002	0.072	0.505	0.307
2011	0.398	0.119	3.682	0.000	−0.038	0.086	0.001	0.499
2012	0.284	0.085	3.806	0.000	−0.202	0.092	−1.773	0.038
2013	0.015	0.054	0.988	0.162	−0.096	0.082	−0.697	0.243
2014	0.342	0.103	3.699	0.000	−0.108	0.074	−0.936	0.175
2015	0.151	0.087	2.184	0.014	0.247	0.098	2.905	0.002
2016	0.091	0.079	1.635	0.051	0.078	0.103	1.131	0.129
2017	0.121	0.092	1.739	0.041	0.337	0.087	4.335	0.000
2018	0.137	0.076	2.318	0.010	0.060	0.085	1.156	0.124

资料来源：笔者根据《中国农村统计年鉴》数据计算得到。

3.4　农业气象灾害的分布特征

本节采用 Kolmogorov-Smirnov 检验方法，对各地区农业气象灾害的受灾率和受灾程度数据的分布函数作了估计和检验。研究发现，在众多分布中，广义极值分布可以较好地拟合四种农业气象灾害数据的分布，如式（3-1）所示。

$$y = f(x \mid k, \mu, \sigma) = (\frac{1}{\sigma}) \exp[-(1 + k\frac{(x-\mu)}{\sigma})^{-\frac{1}{k}}](1 + k\frac{(x-\mu)}{\sigma})^{-1-\frac{1}{k}} \quad （3-1）$$

以上参数和变量满足 $1 + k\frac{(x-\mu)}{\sigma} > 0$。当形状参数 k 等于 0 时，式（3-1）为 Gumbel 型极值分布，k 大于 0 时，式（3-1）为 Frechet 型极值分布，k 小于 0 时，式（3-1）为 Weibull 型极值分布。

表 3-13～表 3-20 报告了农业洪涝、干旱、风雹和冷冻等灾害的受灾率、受灾程度的分布函数参数的极大似然估计值以及 Kolmogorov-Smirnov 检验结果。结果表明，所有地区四种粮食作物产量波动项均服从广义极值分布。

表 3-13 的检验结果表明除云南和甘肃外，其他地区农业洪涝灾害受灾率所有形状参数均大于 0，因此可以判断这些序列均服从 Frechet 型极值分布，而云南和甘肃的数据则服从 Weibull 型极值分布。

表 3-13 　　　　　　　　**农业洪涝受灾率的极值分布检验**

地区	形状参数	尺度参数	位置参数	概率	KS 值	临界值	原假设
河北	0.334	0.014	0.016	0.922	0.082	0.208	0
山西	0.516	0.019	0.022	0.797	0.097	0.208	0
内蒙古	0.186	0.026	0.032	0.999	0.055	0.208	0
辽宁	1.076	0.022	0.016	0.747	0.102	0.208	0
吉林	1.272	0.022	0.017	0.643	0.112	0.208	0
黑龙江	0.995	0.034	0.029	0.466	0.129	0.208	0
江苏	0.687	0.030	0.025	0.870	0.089	0.208	0
浙江	0.047	0.044	0.048	0.599	0.116	0.208	0
安徽	0.507	0.043	0.045	0.862	0.090	0.208	0
福建	0.553	0.034	0.033	0.916	0.083	0.208	0
江西	0.228	0.043	0.058	0.990	0.066	0.208	0
山东	0.376	0.022	0.024	0.880	0.088	0.208	0
河南	0.969	0.017	0.015	0.340	0.143	0.208	0
湖北	0.134	0.060	0.080	0.965	0.074	0.208	0
湖南	0.143	0.048	0.076	0.966	0.074	0.208	0
广东	0.314	0.033	0.041	0.662	0.110	0.208	0
广西	0.323	0.027	0.037	0.881	0.088	0.208	0
重庆	0.080	0.038	0.053	0.684	0.108	0.208	0

地区	形状参数	尺度参数	位置参数	概率	KS 值	临界值	原假设
四川	0.008	0.030	0.049	0.962	0.075	0.208	0
贵州	0.147	0.025	0.042	0.931	0.081	0.208	0
云南	−0.122	0.023	0.035	0.557	0.120	0.208	0
西藏	0.672	0.017	0.014	0.576	0.118	0.208	0
陕西	0.407	0.027	0.041	0.285	0.150	0.208	0
甘肃	−0.032	0.019	0.034	0.962	0.075	0.208	0
青海	0.347	0.017	0.018	0.995	0.062	0.208	0
宁夏	0.585	0.013	0.011	0.657	0.111	0.208	0
新疆	0.611	0.008	0.007	0.932	0.081	0.208	0

资料来源：笔者根据《中国农村统计年鉴》数据计算得到。

表 3-14 的检验结果表明除西藏外，其他地区农业洪涝灾害受灾程度所有形状参数均小于 0，因此可以判断这些序列均服从 Weibull 型极值分布。西藏的相关数据不服从极值分布。

表 3-14　　　　　　　农业洪涝受灾程度的极值分布检验

地区	形状参数	尺度参数	位置参数	概率	KS 值	临界值	原假设
河北	−0.450	0.189	0.510	0.978	0.070	0.208	0
山西	−0.486	0.202	0.461	0.660	0.110	0.208	0
内蒙古	−0.558	0.236	0.562	0.398	0.136	0.208	0
辽宁	−0.555	0.241	0.444	0.700	0.107	0.208	0
吉林	−0.473	0.155	0.563	0.360	0.140	0.208	0
黑龙江	−0.579	0.207	0.458	0.597	0.116	0.208	0
江苏	−0.203	0.180	0.377	0.819	0.095	0.208	0
浙江	−0.432	0.171	0.444	0.539	0.122	0.208	0
安徽	−0.420	0.185	0.466	0.601	0.116	0.208	0
福建	−0.598	0.185	0.467	0.929	0.081	0.208	0

续表

地区	形状参数	尺度参数	位置参数	概率	KS值	临界值	原假设
江西	-0.482	0.142	0.560	0.495	0.126	0.208	0
山东	-0.722	0.159	0.480	0.935	0.080	0.208	0
河南	-0.432	0.173	0.490	0.974	0.072	0.208	0
湖北	-0.320	0.133	0.458	0.755	0.101	0.208	0
湖南	-0.789	0.145	0.535	0.865	0.090	0.208	0
广东	-0.381	0.172	0.414	0.626	0.113	0.208	0
广西	-0.221	0.187	0.417	0.840	0.093	0.208	0
重庆	-0.268	0.140	0.476	0.583	0.117	0.208	0
四川	-0.256	0.130	0.478	0.298	0.148	0.208	0
贵州	-0.632	0.147	0.454	0.427	0.133	0.208	0
云南	-0.648	0.172	0.468	0.830	0.094	0.208	0
西藏	-0.339	0.335	0.278	0.037	0.216	0.208	1
陕西	-0.688	0.145	0.506	0.916	0.083	0.208	0
甘肃	-0.307	0.184	0.519	0.327	0.144	0.208	0
青海	-0.544	0.317	0.470	0.857	0.091	0.208	0
宁夏	-0.645	0.278	0.491	0.698	0.107	0.208	0
新疆	-0.370	0.249	0.415	0.974	0.072	0.208	0

资料来源：笔者根据《中国农村统计年鉴》数据计算得到。

表 3-15 的检验结果表明浙江和西藏的农业旱灾受灾率数据不服从极值分布。河北、山西、内蒙古、湖南、广西、陕西、甘肃和宁夏少数地区的相关数据服从 Weibull 型极值分布，其他地区的相关数据服从 Frechet 型极值分布。

表 3-15　　　　　　　　农业旱灾受灾率的极值分布检验

地区	形状参数	尺度参数	位置参数	概率	KS值	临界值	原假设
河北	-0.426	0.099	0.147	0.824	0.094	0.208	0
山西	-0.290	0.174	0.265	0.800	0.097	0.208	0

地区	形状参数	尺度参数	位置参数	概率	KS 值	临界值	原假设
内蒙古	−0.319	0.150	0.244	0.978	0.070	0.208	0
辽宁	0.016	0.145	0.164	0.972	0.072	0.208	0
吉林	0.239	0.112	0.123	0.931	0.081	0.208	0
黑龙江	0.152	0.093	0.104	0.992	0.064	0.208	0
江苏	0.588	0.040	0.032	0.870	0.089	0.208	0
浙江	4.583	0.000	0.000	0.000	0.331	0.208	1
安徽	0.495	0.050	0.042	0.712	0.106	0.208	0
福建	1.079	0.020	0.013	0.422	0.133	0.208	0
江西	0.200	0.044	0.041	0.537	0.122	0.208	0
山东	0.134	0.090	0.101	0.552	0.120	0.208	0
河南	0.018	0.077	0.088	0.935	0.080	0.208	0
湖北	0.159	0.066	0.077	0.959	0.076	0.208	0
湖南	−0.135	0.072	0.080	0.498	0.126	0.208	0
广东	0.385	0.031	0.028	0.805	0.096	0.208	0
广西	−0.091	0.066	0.070	0.896	0.086	0.208	0
重庆	0.234	0.063	0.068	0.946	0.078	0.208	0
四川	0.181	0.056	0.064	0.770	0.100	0.208	0
贵州	0.364	0.062	0.061	0.854	0.091	0.208	0
云南	0.105	0.060	0.081	0.770	0.100	0.208	0
西藏	3.591	0.001	0.000	0.000	0.363	0.208	1
陕西	−0.159	0.110	0.178	0.573	0.118	0.208	0
甘肃	−0.221	0.120	0.200	0.545	0.121	0.208	0
青海	0.411	0.098	0.103	0.777	0.099	0.208	0
宁夏	−0.073	0.125	0.153	0.939	0.080	0.208	0
新疆	0.193	0.044	0.049	0.765	0.100	0.208	0

资料来源：笔者根据《中国农村统计年鉴》数据计算得到。

表 3-16 的检验结果表明浙江和西藏的农业旱灾受灾程度数据不服从极值分布。其他地区的相关数据均服从 Weibull 型极值分布。

表 3-16　　　　　　　　农业旱灾受灾程度的极值分布检验

地区	形状参数	尺度参数	位置参数	概率	KS 值	临界值	原假设
河北	−0.478	0.174	0.487	0.912	0.084	0.208	0
山西	−0.352	0.180	0.446	0.627	0.113	0.208	0
内蒙古	−0.553	0.192	0.516	0.974	0.072	0.208	0
辽宁	−0.527	0.256	0.438	0.456	0.130	0.208	0
吉林	−0.395	0.212	0.411	0.790	0.098	0.208	0
黑龙江	−0.560	0.239	0.377	0.986	0.067	0.208	0
江苏	−0.264	0.220	0.271	0.972	0.072	0.208	0
浙江	−0.031	0.224	0.176	0.024	0.228	0.208	1
安徽	−0.342	0.249	0.271	0.717	0.105	0.208	0
福建	−0.267	0.221	0.244	0.522	0.123	0.208	0
江西	−0.498	0.270	0.367	0.679	0.109	0.208	0
山东	−0.560	0.170	0.410	0.860	0.091	0.208	0
河南	−0.229	0.190	0.368	0.970	0.073	0.208	0
湖北	−0.342	0.158	0.417	0.935	0.080	0.208	0
湖南	−0.562	0.194	0.421	0.601	0.116	0.208	0
广东	−0.282	0.226	0.242	0.303	0.148	0.208	0
广西	−0.453	0.167	0.457	0.863	0.090	0.208	0
重庆	−0.565	0.190	0.400	0.495	0.126	0.208	0
四川	−0.283	0.155	0.387	0.967	0.074	0.208	0
贵州	−0.163	0.120	0.458	0.950	0.078	0.208	0
云南	−0.476	0.178	0.422	0.869	0.089	0.208	0
西藏	4.019	0.003	0.001	0.000	0.478	0.208	1
陕西	−0.214	0.163	0.476	0.983	0.069	0.208	0
甘肃	−0.596	0.211	0.514	0.899	0.086	0.208	0
青海	−0.480	0.279	0.387	0.853	0.091	0.208	0
宁夏	−0.581	0.260	0.470	0.842	0.093	0.208	0
新疆	−0.364	0.253	0.438	0.756	0.101	0.208	0

资料来源：笔者根据《中国农村统计年鉴》数据计算得到。

表 3-17 的检验结果表明广东的农业风雹灾害受灾率数据不服从极值分布。山西、内蒙古、云南、陕西、甘肃和青海少数地区的相关数据服从 Weibull 型极值分布，其他地区的相关数据服从 Frechet 型极值分布。

表 3-17　　　　　农业风雹灾害受灾率的极值分布检验

地区	形状参数	尺度参数	位置参数	概率	KS 值	临界值	原假设
河北	0.232	0.017	0.034	0.974	0.072	0.208	0
山西	−0.149	0.022	0.034	0.825	0.094	0.208	0
内蒙古	−0.046	0.021	0.034	0.891	0.087	0.208	0
辽宁	0.286	0.014	0.016	0.997	0.060	0.208	0
吉林	0.339	0.020	0.023	0.910	0.084	0.208	0
黑龙江	0.255	0.013	0.014	0.781	0.099	0.208	0
江苏	0.039	0.013	0.018	0.982	0.069	0.208	0
浙江	1.162	0.006	0.004	0.214	0.161	0.208	0
安徽	0.322	0.008	0.008	0.692	0.107	0.208	0
福建	0.881	0.006	0.004	0.372	0.139	0.208	0
江西	0.346	0.008	0.009	0.873	0.089	0.208	0
山东	0.309	0.014	0.021	0.957	0.076	0.208	0
河南	0.376	0.010	0.012	0.933	0.081	0.208	0
湖北	0.214	0.010	0.013	0.995	0.061	0.208	0
湖南	0.011	0.010	0.012	0.935	0.080	0.208	0
广东	4.799	0.004	0.001	0.001	0.299	0.208	1
广西	0.582	0.006	0.005	0.877	0.088	0.208	0
重庆	0.101	0.013	0.016	0.724	0.104	0.208	0
四川	0.238	0.011	0.013	0.785	0.098	0.208	0
贵州	0.281	0.015	0.023	0.983	0.069	0.208	0
云南	−0.058	0.012	0.020	0.786	0.098	0.208	0
西藏	0.554	0.015	0.011	0.195	0.164	0.208	0
陕西	−0.215	0.018	0.028	0.997	0.060	0.208	0
甘肃	−0.118	0.018	0.037	0.354	0.141	0.208	0

续表

地区	形状参数	尺度参数	位置参数	概率	KS 值	临界值	原假设
青海	−0.070	0.044	0.069	0.717	0.105	0.208	0
宁夏	0.174	0.020	0.026	0.996	0.061	0.208	0
新疆	0.224	0.023	0.034	0.977	0.071	0.208	0

资料来源：笔者根据《中国农村统计年鉴》数据计算得到。

　　表 3-18 的检验结果表明西藏的农业风雹灾害受灾程度数据不服从极值分布。其他地区的相关数据均服从 Weibull 型极值分布。

表 3-18　　　　　　　农业风雹灾害受灾程度的极值分布检验

地区	形状参数	尺度参数	位置参数	概率	KS 值	临界值	原假设
河北	−0.290	0.144	0.499	0.911	0.084	0.208	0
山西	−0.408	0.229	0.496	0.603	0.116	0.208	0
内蒙古	−0.437	0.249	0.496	0.974	0.072	0.208	0
辽宁	−0.553	0.269	0.529	0.772	0.100	0.208	0
吉林	−0.488	0.287	0.456	0.513	0.124	0.208	0
黑龙江	−0.691	0.258	0.442	0.916	0.083	0.208	0
江苏	−0.152	0.189	0.338	0.971	0.073	0.208	0
浙江	−0.224	0.246	0.318	0.880	0.088	0.208	0
安徽	−0.398	0.240	0.396	0.996	0.060	0.208	0
福建	−0.279	0.275	0.292	0.265	0.153	0.208	0
江西	−0.290	0.233	0.406	0.883	0.088	0.208	0
山东	−0.629	0.210	0.380	0.351	0.141	0.208	0
河南	−0.560	0.211	0.476	0.648	0.111	0.208	0
湖北	−0.410	0.204	0.420	0.552	0.120	0.208	0
湖南	−0.460	0.160	0.443	0.922	0.082	0.208	0
广东	−0.324	0.263	0.333	0.678	0.109	0.208	0
广西	−0.585	0.239	0.450	0.995	0.062	0.208	0
重庆	−0.189	0.157	0.426	0.392	0.137	0.208	0
四川	−0.521	0.167	0.460	0.509	0.125	0.208	0

续表

地区	形状参数	尺度参数	位置参数	概率	KS值	临界值	原假设
贵州	−0.413	0.163	0.490	0.420	0.134	0.208	0
云南	−0.610	0.178	0.438	0.870	0.089	0.208	0
西藏	5.141	0.065	0.013	0.000	0.362	0.208	1
陕西	−0.293	0.201	0.443	0.714	0.105	0.208	0
甘肃	−0.209	0.160	0.557	0.961	0.075	0.208	0
青海	−0.635	0.244	0.603	0.927	0.082	0.208	0
宁夏	−0.421	0.236	0.496	0.851	0.092	0.208	0
新疆	−0.500	0.204	0.499	0.980	0.070	0.208	0

资料来源：笔者根据《中国农村统计年鉴》数据计算得到。

表 3-19 的检验结果表明河北、辽宁等 14 个省份的农业冷冻灾害受灾率数据不服从极值分布。山西、内蒙古等 13 个省份的相关数据服从 Frechet 型极值分布。

表 3-19　　　　　农业冷冻灾害受灾率的极值分布检验

地区	形状参数	尺度参数	位置参数	概率	KS值	临界值	原假设
河北	4.815	0.002	0.000	0.001	0.300	0.208	1
山西	0.973	0.013	0.009	0.763	0.101	0.208	0
内蒙古	0.859	0.010	0.008	0.618	0.114	0.208	0
辽宁	4.029	0.000	0.000	0.000	0.434	0.208	1
吉林	5.214	0.005	0.001	0.000	0.337	0.208	1
黑龙江	1.483	0.005	0.003	0.189	0.166	0.208	0
江苏	4.116	0.000	0.000	0.000	0.347	0.208	1
浙江	5.189	0.001	0.000	0.000	0.314	0.208	1
安徽	4.982	0.003	0.001	0.001	0.295	0.208	1
福建	4.573	0.004	0.001	0.001	0.292	0.208	1
江西	4.841	0.007	0.001	0.000	0.312	0.208	1
山东	4.118	0.000	0.000	0.009	0.251	0.208	1
河南	4.511	0.001	0.000	0.013	0.242	0.208	1

续表

地区	形状参数	尺度参数	位置参数	概率	KS 值	临界值	原假设
湖北	0.651	0.015	0.012	0.503	0.125	0.208	0
湖南	0.899	0.008	0.006	0.617	0.114	0.208	0
广东	5.282	0.003	0.001	0.000	0.316	0.208	1
广西	5.141	0.001	0.000	0.005	0.266	0.208	1
重庆	0.797	0.004	0.003	0.513	0.124	0.208	0
四川	0.435	0.005	0.005	0.980	0.070	0.208	0
贵州	1.122	0.006	0.004	0.709	0.106	0.208	0
云南	0.481	0.015	0.015	0.753	0.102	0.208	0
西藏	5.079	0.000	0.000	0.000	0.435	0.208	1
陕西	0.682	0.011	0.009	0.707	0.106	0.208	0
甘肃	0.604	0.018	0.017	0.865	0.090	0.208	0
青海	4.501	0.013	0.003	0.000	0.335	0.208	1
宁夏	0.968	0.012	0.008	0.619	0.114	0.208	0
新疆	0.808	0.011	0.009	0.988	0.066	0.208	0

资料来源：笔者根据《中国农村统计年鉴》数据计算得到。

表 3-20 的检验结果表明辽宁、吉林、浙江、广东、广西、西藏和青海等少数地区的农业冷冻灾害受灾程度数据不服从极值分布。江苏、安徽和河南的相关数据服从 Frechet 型极值分布。其他地区的相关数据均服从 Weibull 型极值分布。

表 3-20　　　　农业风雹灾害受灾程度的极值分布检验

地区	形状参数	尺度参数	位置参数	概率	KS 值	临界值	原假设
河北	−0.333	0.292	0.314	0.549	0.121	0.208	0
山西	−0.474	0.307	0.413	0.885	0.087	0.208	0
内蒙古	−0.623	0.348	0.463	0.717	0.105	0.208	0
辽宁	3.509	0.000	0.000	0.000	0.516	0.208	1
吉林	5.061	0.057	0.011	0.000	0.337	0.208	1
黑龙江	−0.224	0.304	0.269	0.102	0.186	0.208	0

地区	形状参数	尺度参数	位置参数	概率	KS 值	临界值	原假设
江苏	0.005	0.221	0.196	0.172	0.169	0.208	0
浙江	−0.281	0.230	0.192	0.031	0.221	0.208	1
安徽	0.117	0.206	0.165	0.081	0.194	0.208	0
福建	−0.320	0.273	0.306	0.316	0.146	0.208	0
江西	−0.512	0.266	0.334	0.300	0.148	0.208	0
山东	−0.037	0.209	0.206	0.616	0.114	0.208	0
河南	0.189	0.191	0.162	0.371	0.139	0.208	0
湖北	−0.316	0.213	0.258	0.906	0.085	0.208	0
湖南	−0.236	0.240	0.349	0.986	0.067	0.208	0
广东	4.997	0.019	0.004	0.000	0.385	0.208	1
广西	3.988	0.027	0.007	0.000	0.332	0.208	1
重庆	−0.450	0.255	0.361	0.926	0.082	0.208	0
四川	−0.193	0.194	0.322	0.858	0.091	0.208	0
贵州	−0.423	0.252	0.300	0.755	0.101	0.208	0
云南	−0.452	0.201	0.355	0.710	0.106	0.208	0
西藏	3.740	0.001	0.000	0.000	0.473	0.208	1
陕西	−0.348	0.260	0.370	0.859	0.091	0.208	0
甘肃	−0.569	0.260	0.431	0.968	0.073	0.208	0
青海	3.652	0.002	0.000	0.000	0.417	0.208	1
宁夏	−0.366	0.318	0.361	0.625	0.114	0.208	0
新疆	−0.445	0.282	0.383	0.851	0.092	0.208	0

资料来源：笔者根据《中国农村统计年鉴》数据计算得到。

3.5　农业气象灾害风险的评估结果

从关键统计特征来评价农业气象灾害的风险。这些统计特征包括均值、方差、偏度、峰度、最大值和 0.95 分位数。除 0.95 分位数外，其他统计特征值在第一节数据的描述性统计中均已计算得到。

在计算 0.95 分位数时，根据分布检验结果，当数据服从广义极值分布时，根据已估计的广义极值分布计算 0.95 分位数；当数据不服从广义极值分布时，根据经验分布计算 0.95 分位数。表 3-21 报告了农业气象灾害数据的 0.95 分位数。

表 3-21　　　　　农业气象灾害风险的 0.95 分位数

地区	洪涝灾害		旱灾		风雹灾害		冷冻灾害	
	成灾率	程度	成灾率	程度	成灾率	程度	成灾率	程度
河北	0.087	0.820	0.314	0.763	0.107	0.786	0.041	0.865
山西	0.156	0.779	0.611	0.778	0.087	0.890	0.236	0.902
内蒙古	0.135	0.904	0.532	0.796	0.092	0.910	0.146	0.934
辽宁	0.495	0.795	0.605	0.822	0.082	0.921	0.056	0.833
吉林	0.756	0.810	0.607	0.782	0.125	0.906	0.083	0.948
黑龙江	0.651	0.751	0.453	0.723	0.072	0.767	0.276	0.928
江苏	0.317	0.779	0.354	0.724	0.059	0.790	0.128	0.857
浙江	0.188	0.730	0.166	0.846	0.162	0.852	0.119	0.650
安徽	0.343	0.780	0.380	0.735	0.048	0.814	0.075	0.897
福建	0.289	0.724	0.451	0.697	0.090	0.847	0.084	0.829
江西	0.241	0.784	0.219	0.786	0.050	0.870	0.097	0.740
山东	0.144	0.674	0.429	0.656	0.089	0.662	0.037	0.794
河南	0.309	0.779	0.323	0.777	0.067	0.781	0.043	0.923
湖北	0.299	0.713	0.328	0.712	0.055	0.770	0.148	0.668
湖南	0.254	0.701	0.256	0.701	0.042	0.702	0.126	0.861
广东	0.203	0.720	0.200	0.697	0.070	0.835	0.106	0.663
广西	0.172	0.824	0.242	0.730	0.053	0.787	0.094	0.842
重庆	0.180	0.763	0.338	0.673	0.061	0.783	0.052	0.779
四川	0.139	0.748	0.284	0.698	0.060	0.712	0.035	0.761
贵州	0.135	0.651	0.393	0.741	0.093	0.769	0.148	0.726
云南	0.092	0.695	0.290	0.705	0.053	0.682	0.114	0.684
西藏	0.175	0.867	0.367	0.922	0.124	0.845	0.134	1.000
陕西	0.197	0.689	0.438	0.834	0.068	0.842	0.115	0.851

续表

地区	洪涝灾害		旱灾		风雹灾害		冷冻灾害	
	成灾率	程度	成灾率	程度	成灾率	程度	成灾率	程度
甘肃	0.088	0.878	0.461	0.808	0.082	0.911	0.166	0.804
青海	0.106	0.937	0.673	0.829	0.187	0.929	0.131	0.908
宁夏	0.115	0.859	0.487	0.838	0.104	0.896	0.215	0.937
新疆	0.074	0.864	0.225	0.897	0.131	0.815	0.145	0.848

资料来源：笔者根据《中国农村统计年鉴》数据计算得到。

综合考虑气象灾害的受灾率和受灾强度两个指标的关键统计特征，采用熵权—TOPSIS 方法对 27 个地区的四种农业气象灾害风险作了综合评价和排名。受灾率和受灾强度的均值、方差、偏度、峰度、最大值和 0.95 分位数均为逆向指标。表 3-22 报告了评价结果。在 ArcGis10.2 平台上将测算所得的农业气象灾害风险指数根据 Jenks 最佳自然断点分级法按照类内差异最小、类间差异最大的原则进行空间聚类。

表 3-22　　农业气象灾害风险的熵权—TOPSIS 综合评价

地区	洪涝灾害		干旱灾害		风雹灾害		冷冻灾害		农业气象风险	
	得分	排名	得分	排名	得分	排名	得分	排名	得分	排名
河北	0.358	11	0.271	24	0.394	7	0.225	26	0.338	22
山西	0.308	18	0.475	6	0.271	21	0.363	17	0.400	16
内蒙古	0.357	12	0.336	22	0.326	14	0.315	22	0.358	21
辽宁	0.631	1	0.464	8	0.288	19	0.439	10	0.603	6
吉林	0.547	4	0.457	10	0.509	3	0.437	11	0.671	3
黑龙江	0.428	6	0.360	18	0.403	6	0.424	12	0.509	9
江苏	0.580	3	0.583	2	0.377	10	0.587	4	0.763	2
浙江	0.323	16	0.538	3	0.443	5	0.410	13	0.542	7
安徽	0.536	5	0.435	12	0.265	22	0.625	3	0.619	5
福建	0.347	13	0.529	4	0.391	9	0.229	25	0.449	11

地区	洪涝灾害		干旱灾害		风雹灾害		冷冻灾害		农业气象风险	
	得分	排名	得分	排名	得分	排名	得分	排名	得分	排名
江西	0.390	9	0.337	21	0.325	15	0.339	20	0.390	18
山东	0.237	24	0.262	25	0.290	18	0.358	18	0.255	26
河南	0.304	19	0.440	11	0.226	26	0.392	15	0.375	19
湖北	0.418	8	0.348	20	0.228	25	0.53	6	0.464	10
湖南	0.320	17	0.151	27	0.251	23	0.633	2	0.408	14
广东	0.342	14	0.422	13	0.536	1	0.384	16	0.531	8
广西	0.418	7	0.214	26	0.292	17	0.47	9	0.407	15
重庆	0.325	15	0.357	19	0.357	12	0.185	27	0.323	23
四川	0.295	20	0.380	15	0.236	24	0.328	21	0.308	25
贵州	0.165	27	0.461	9	0.295	16	0.518	7	0.417	13
云南	0.184	26	0.370	17	0.182	27	0.278	23	0.220	27
西藏	0.587	2	0.656	1	0.503	4	0.705	1	0.937	1
陕西	0.236	25	0.464	7	0.272	20	0.240	24	0.315	24
甘肃	0.293	21	0.311	23	0.371	11	0.393	14	0.373	20
青海	0.371	10	0.514	5	0.535	2	0.482	8	0.631	4
宁夏	0.263	23	0.378	16	0.327	13	0.531	5	0.440	12
新疆	0.269	22	0.396	14	0.393	8	0.356	19	0.397	17

资料来源：笔者根据《中国农村统计年鉴》数据计算得到。

表3-23报告了四种农业气象灾害风险的空间分布特征。结果显示，农业气象灾害风险存在较强的空间关联。结果表明农业洪涝灾害高风险地区主要分布在三个区域：一是东北地区的吉林、辽宁和黑龙江；二是长江下游流域的江苏和安徽等地；三是西藏。农业旱灾高风险地区主要分布在两个区域：一是沿海地区的江苏、浙江和福建；二是青藏高原的西藏和青海。另外，华北地区的山西，西南地区的贵州，西北地区的陕西以及东北地区的辽宁和吉林农业旱灾风险也较高。农业风雹灾害高风险地区主要分布在三个地区：一是

沿海地区的广东、浙江；二是东北地区的吉林；三是青藏高原的西藏和青海。另外，江苏、福建、黑龙江、河北、甘肃和新疆农业风雹灾害风险也偏高。农业冷冻灾害高风险地区主要分布在三个地区，包括西南地区的西藏和贵州；长江中下游的湖南、湖北、安徽和江苏；西北地区的宁夏。另外，广西、青海以及东北地区的吉林、辽宁和黑龙江的农业冷冻灾害风险也偏高。

表 3-23　　　　　　　　农业气象风险等级的区域分布

地区	洪涝风险等级	干旱风险等级	风雹风险等级	冷冻风险等级
河北	中风险地区	低风险地区	中风险地区	低风险地区
山西	低风险地区	中风险地区	低风险地区	中风险地区
内蒙古	中风险地区	低风险地区	中风险地区	低风险地区
辽宁	高风险地区	中风险地区	低风险地区	中风险地区
吉林	高风险地区	中风险地区	高风险地区	中风险地区
黑龙江	中风险地区	低风险地区	中风险地区	中风险地区
江苏	高风险地区	高风险地区	中风险地区	高风险地区
浙江	中风险地区	高风险地区	高风险地区	中风险地区
安徽	高风险地区	中风险地区	低风险地区	高风险地区
福建	中风险地区	高风险地区	中风险地区	低风险地区
江西	中风险地区	低风险地区	中风险地区	中风险地区
山东	低风险地区	低风险地区	低风险地区	中风险地区
河南	低风险地区	中风险地区	低风险地区	中风险地区
湖北	中风险地区	低风险地区	低风险地区	高风险地区
湖南	中风险地区	低风险地区	低风险地区	高风险地区
广东	中风险地区	中风险地区	高风险地区	中风险地区
广西	中风险地区	低风险地区	低风险地区	中风险地区
重庆	中风险地区	中风险地区	中风险地区	低风险地区
四川	低风险地区	低风险地区	低风险地区	中风险地区
贵州	低风险地区	中风险地区	低风险地区	高风险地区
云南	低风险地区	低风险地区	低风险地区	低风险地区
西藏	高风险地区	高风险地区	高风险地区	高风险地区

续表

地区	洪涝风险等级	干旱风险等级	风雹风险等级	冷冻风险等级
陕西	低风险地区	中风险地区	低风险地区	低风险地区
甘肃	低风险地区	低风险地区	中风险地区	中风险地区
青海	中风险地区	高风险地区	高风险地区	中风险地区
宁夏	低风险地区	低风险地区	中风险地区	高风险地区
新疆	低风险地区	中风险地区	中风险地区	中风险地区

资料来源：笔者根据《中国农村统计年鉴》数据计算得到。

综合来看，西藏、青海、江苏、安徽、浙江、吉林和辽宁等地属于各类农业气象灾害风险高发地区。农业气象灾害风险除与自然区位有关外，农业水利等基础设施建设落后也是导致农业气象灾害风险严重的一个重要因素。

第 4 章

产量风险特征与评估

本章收集了 1978～2018 年各地区早稻、晚稻、小麦和玉米四种主要粮食作物的产量数据，通过 HP 滤波方法将产量分解为趋势项和波动项。通过对波动项的统计分析，研究了产量波动的统计特征、时间特征、空间特征和分布特征，在此基础上采用熵权—TOPSIS 方法综合评估了四种粮食作物的产量风险。

4.1 产量数据描述和分解

4.1.1 产量分解及波动特征

对粮食产量风险进行计量与评估，首先要剔除产量数据中的趋势项，分解出波动项表征产量风险（不确定性），然后再进行下一步的计算。采用 HP 滤波方法对产量数据进行分解，以得到产量波动项并对其特征进行分析。限于篇幅，每种粮食作物仅展示四个省份的产量波动变化。

图 4-1 为 1978～2018 年浙江、安徽、福建和江西四个省份的早稻产量波动情况。对比发现，早稻产量存在明显的波动变化，波动幅度在 120 千克 / 亩以内。在四个省份中，安徽的早稻产量波动幅度最大，波动的极小值出现在 1991 年，每亩减产 77.33 千克，极大值出现在 1982 年，每亩增产 44.68 千克。浙江早稻产量也呈现出

较大幅度波动，波动的极小值出现在 1983 年，每亩减产 62.92 千克，极大值则出现在 1986 年，每亩增产 34.44 千克。福建早稻产量波动极小值出现在 1994 年，每亩减产 27.9 千克；极大值出现在 1996 年，每亩增产 34.72 千克。江西早稻产量波动的极小值出现在 1993 年，每亩减产 50.77 千克；极大值则在 1983 年，每亩增产 29.17 千克。

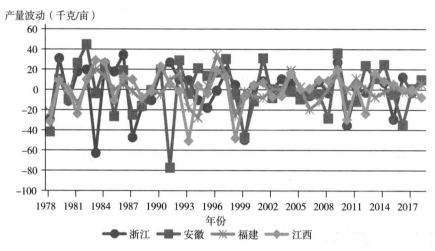

图 4-1　1978～2018 年四省份早稻产量波动特征

资料来源：笔者根据《全国农产品成本收益资料汇编》数据计算得到。

图 4-2 为 1978～2018 年浙江、安徽、福建和江西四省份的晚稻产量波动情况。在四个省份中，浙江的波动幅度最大，晚稻产量波动极小值出现在 1978 年，每亩减产 83.66 千克；极大值出现在 1979 年，每亩增产 109.28 千克。安徽的晚稻产量波动极小值出现在 1981 年，每亩减产 50.28 千克；极大值出现在 1984 年，每亩增产 87.86 千克。福建的晚稻产量波动极小值出现在 1978 年，每亩减产 80.92 千克；极大值出现在 1982 年，每亩增产 48.42 千克。江西晚稻产量波动极小值为出现在 1981 年，每亩减产 49.97 千克；极大值出现在 1982 年，每亩增产 32.81 千克。对比发现，晚稻产量较早稻产量存在更大幅度的波动变化。

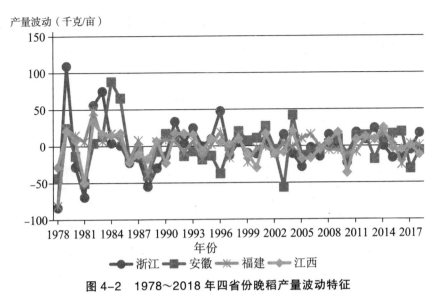

产量波动（千克/亩）

图 4-2 1978～2018 年四省份晚稻产量波动特征

资料来源：笔者根据《全国农产品成本收益资料汇编》数据计算得到。

图 4-3 为 1978～2018 年河北、山西、内蒙古和黑龙江四个省区的小麦产量波动情况。比较发现小麦产量存在明显的波动变化。河北小麦产量波动极小值出现在 2018 年，每亩减产 60.35 千克；极大值出现在 1995 年，每亩增产 48.23 千克。山西小麦产量波动极小值出现在 1980 年，每亩减产 58.62 千克；极大值出现在 1997 年，每亩增产 49.86 千克。内蒙古小麦产量波动极小值出现在 1980 年，每亩减产 55.66 千克，极大值出现在 1978 年，每亩增产 35.6 千克。黑龙江小麦产量波动极小值出现在 1993 年，每亩减产 65.67 千克；极大值出现在 1993 年，每亩增产 78.54 千克。

图 4-4 为 1978～2018 年河北、山西、内蒙古和辽宁四省区的玉米产量波动情况。河北玉米产量波动极小值出现在 2002 年，每亩减产 41.88 千克；极大值出现在 1998 年，每亩增产 36.69 千克。山西玉米产量波动极小值出现在 1999 年，每亩减产 55.32 千克；极大值出现在 2012 年，每亩增产 65.19 千克。内蒙古玉米产量波动极小值出现在 1980 年，每亩减产 93.42 千克；极大值出现在 1983 年，每

亩增产 80.94 千克。辽宁玉米产量波动极小值出现在 2000 年，每亩减产 120.47 千克；极大值出现在 1998 年，每亩增产 83.05 千克。

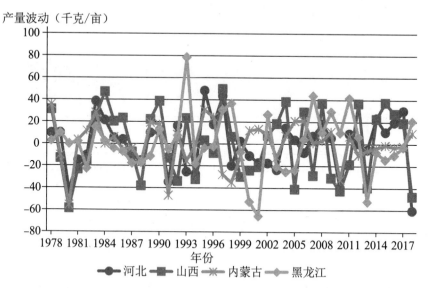

图 4-3 1978～2018 年四省区小麦产量波动特征

资料来源：笔者根据《全国农产品成本收益资料汇编》数据计算得到。

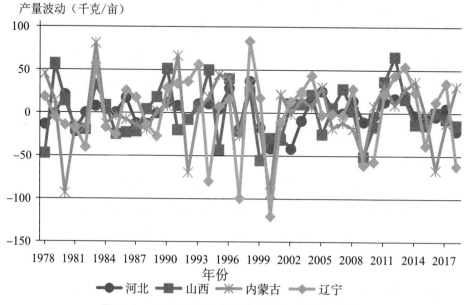

图 4-4 1978～2018 年四省区玉米产量波动特征

资料来源：笔者根据《全国农产品成本收益资料汇编》数据计算得到。

4.1.2　产量风险描述性统计

表4-1报告了浙江、安徽等9个省区早稻产量波动的数据描述性统计结果。首先从均值方面来看，反映的是各省区早稻产量的平均波动情况，各省区早稻产量波动接近于0。而方差反映了波动数据与总体均数的差异程度，从表中结果来看，各省区早稻产量风险的方差较大，说明产量不稳定性程度较高，即早稻产量存在较大的波动。偏度与峰度用于考察波动数据的分布情况。从结果来看，浙江、安徽、江西、湖北等6个省区的偏度小于0，表明早稻产量出现减产可能性偏高。而福建、广西和海南3个省区的偏度大于0，表明早稻风险数据的右端有更大可能出现极端值，增产的可能性更高。再结合各个省区的峰度都大于3的结果，安徽、江西等偏度小于0的省份早稻产量出现减产极端概率大于增产极端概率，而福建等3省出现增产极端概率更高。从雅克贝拉检验的结果来看，安徽、福建、湖北、湖南、广东、广西这6个省区的早稻产量波动序列服从正态分布，其余3个省份则不服从正态分布。

表4-1　　　　　　　各地区早稻产量波动数据描述性统计

地区	均值	方差	偏度	峰度	中位数	最大值	最小值	JB值	P值
浙江	-3.355×10^{-13}	491.912	-0.974	3.680	4.539	34.448	-62.929	7.278	0.025
安徽	-5.504×10^{-13}	621.759	-0.723	3.805	-1.933	44.690	-77.333	4.680	0.052
福建	-9.067×10^{-13}	164.127	0.026	3.425	0.232	34.723	-27.900	0.312	0.500
江西	-5.074×10^{-13}	316.533	-1.080	4.231	3.500	29.179	-50.774	10.559	0.013
湖北	-9.483×10^{-13}	587.696	-0.229	4.297	3.740	63.745	-72.939	3.235	0.090
湖南	-6.156×10^{-13}	360.081	-0.576	3.011	4.345	28.555	-53.496	2.268	0.162
广东	-8.942×10^{-13}	228.262	-0.253	3.003	-0.889	32.932	-35.156	0.437	0.500
广西	-8.180×10^{-13}	187.517	0.081	3.191	-0.048	33.848	-33.884	0.108	0.500
海南	-4.132×10^{-13}	260.690	0.784	4.832	-1.481	56.050	-29.345	9.939	0.015

资料来源：笔者根据《全国农产品成本收益资料汇编》数据计算得到。

表4-2报告了浙江、安徽等9个省区的晚稻产量波动的数据描述性统计结果。在均值方面，各省区均值都接近于0。在方差方面，各省区产量不稳定性都较高。浙江、安徽等4个省区偏度大于0，晚稻增产可能性较高；福建、江西等4个省区偏度小于0，晚稻减产可能性较高。浙江、安徽和福建的峰度大于3，其余省区的峰度值都小于3。结合偏度与峰度的分布特征来看，浙江与安徽晚稻出现增产极端概率大于减产极端概率，而福建出现减产极端概率更高。江西、湖北、湖南、广东、广西、海南这6个省区的波动序列服从正态分布。

表4-2　　　　　　　各地区晚稻产量波动数据描述性统计

地区	方差	偏度	峰度	中位数	最大值	最小值	JB值	P值
浙江	1167.486	0.564	5.171	−0.281	109.285	−83.666	10.224	0.014
安徽	779.868	0.632	4.572	−4.293	87.867	−56.272	6.952	0.027
福建	402.006	−1.490	8.338	4.211	48.426	−80.926	63.848	0.001
江西	338.793	−0.621	2.872	4.856	32.818	−49.972	2.663	0.123
湖北	693.837	0.264	2.672	−1.698	61.823	−48.846	0.660	0.500
湖南	453.312	0.001	2.739	−0.571	46.936	−50.309	0.117	0.500
广东	423.680	0.090	2.816	−1.501	40.889	−51.609	0.113	0.500
广西	390.133	−0.628	2.943	1.314	35.277	−50.912	2.697	0.120
海南	837.509	−0.461	2.412	3.360	55.831	−66.212	2.042	0.195

资料来源：笔者根据《全国农产品成本收益资料汇编》数据计算得到。

表4-3报告了河北、山西、内蒙古等15个省区小麦产量波动的数据描述性统计结果。首先各省区风险数据的均值都接近0。在方差方面，安徽和宁夏产量波动数据的方差大于其余省区，不稳定性更高。黑龙江、湖北、宁夏和新疆波动序列偏度大于0，呈右偏分布，其余省区风险数据偏度都小于0，呈左偏分布。峰度方面，河北、山西、山东、四川风险数据峰度小于3，其余省区风险数据峰度大于3。综合偏度与峰度的分布特征看，内蒙古、江苏、安徽、

河南、云南、陕西、甘肃这几个省区小麦产量出现减产极端概率高于出现增产极端概率。黑龙江、湖北、宁夏这 3 个省区小麦产量出现增产极端概率要更高。内蒙古、江苏、云南、宁夏 4 省区波动序列不服从正态分布，其余省区数据服从正态分布。

表 4-3 　　　　　　　各地区小麦产量波动数据描述性统计

地区	方差	偏度	峰度	中位数	最大值	最小值	JB 值	P 值
河北	546.909	-0.276	2.999	3.916	48.235	-60.352	0.520	0.500
山西	949.229	-0.096	1.668	3.257	49.862	-58.625	3.096	0.096
内蒙古	390.501	-0.774	3.700	0.792	35.606	-55.664	4.928	0.048
黑龙江	712.782	0.185	4.246	-2.550	78.547	-65.677	2.886	0.108
江苏	734.514	-1.011	5.325	-2.647	38.221	-97.838	16.223	0.005
安徽	1360.164	-0.620	3.469	2.452	76.572	-96.305	3.001	0.101
山东	435.365	-0.290	2.387	3.151	40.288	-46.648	1.215	0.404
河南	850.167	-0.535	3.073	1.893	52.125	-72.725	1.966	0.208
湖北	840.580	0.143	3.200	0.427	74.066	-62.199	0.208	0.500
四川	216.818	-0.028	2.232	3.848	30.282	-29.546	1.013	0.497
云南	681.126	-0.078	6.950	-0.269	87.164	-78.703	26.690	0.002
陕西	557.884	-0.007	3.570	2.969	66.760	-55.234	0.555	0.500
甘肃	563.886	-0.109	4.227	1.641	64.875	-67.563	2.653	0.124
宁夏	1012.330	0.693	4.688	-3.027	105.638	-72.342	8.153	0.021
新疆	255.773	0.501	3.799	0.206	43.883	-31.487	2.804	0.113

资料来源：笔者根据《全国农产品成本收益资料汇编》数据计算得到。

　　表 4-4 报告了河北、山西、内蒙古等 20 个省份玉米产量波动的数据描述性统计结果。各省份玉米产量波动序列均值接近于 0。在方差方面，大部分省份产量波动数据方差较大，表明玉米产量不稳定性较高。山西、山东等 6 个省份波动序列偏度大于 0，呈右偏分布，其余省份数据则呈左偏分布。山西、黑龙江等 6 个省份波动数据峰度小于 3，呈瘦尾分布，其余省份波动序列峰度大于 3。综合偏度与峰度的分布特征来看，河北、内蒙古等 10 个省份玉米产量出现

减产极端概率要大于增产概率，山东、广西等 4 个省份出现增产极端概率较高。除吉林、江苏、安徽等 7 个省份外，其余省份波动数据都服从正态分布。

表 4-4　　　　　　　　各地区玉米产量波动数据描述性统计

地区	方差	偏度	峰度	中位数	最大值	最小值	JB 值	P 值
河北	300.518	−0.378	3.118	−0.004	36.698	−41.886	0.998	0.500
山西	898.715	0.275	2.448	0.086	65.198	−55.321	1.037	0.481
内蒙古	1430.353	−0.549	3.560	1.727	80.940	−93.430	2.596	0.128
辽宁	1908.541	−0.775	3.414	12.521	83.056	−120.473	4.396	0.057
吉林	3113.387	−1.518	7.043	17.607	108.485	−218.673	43.677	0.001
黑龙江	915.133	−0.365	2.117	4.106	48.638	−53.440	2.241	0.165
江苏	1667.519	−1.624	8.353	2.749	84.566	−159.055	66.979	0.001
安徽	2248.803	−2.025	8.589	10.167	72.555	−194.502	81.386	0.001
山东	547.331	0.198	5.167	2.059	72.377	−69.405	8.290	0.020
河南	632.193	−0.441	4.430	−0.916	59.459	−80.849	4.824	0.049
湖北	668.865	−0.360	2.041	7.820	50.963	−52.271	2.456	0.141
广西	1416.338	1.010	4.438	−5.734	102.825	−78.723	10.498	0.013
重庆	316.314	−0.476	4.258	1.191	43.330	−47.454	4.251	0.060
四川	876.770	−0.179	3.542	−0.954	66.123	−75.784	0.721	0.500
贵州	1327.631	−0.530	4.691	4.843	88.128	−109.751	6.807	0.028
云南	213.988	−0.203	2.663	2.304	32.433	−34.500	0.475	0.500
陕西	625.243	−0.565	2.959	4.652	46.262	−60.110	2.186	0.173
甘肃	1501.558	0.048	2.795	0.993	90.096	−84.214	0.087	0.500
宁夏	1111.648	0.162	3.052	1.292	80.371	−65.831	0.185	0.500
新疆	1357.187	0.299	3.373	4.220	100.740	−75.562	0.848	0.500

资料来源：笔者根据《全国农产品成本收益资料汇编》数据计算得到。

4.2　产量波动的时间特征

图 4-5 报告了 1978～2018 年早稻产量波动项均值、方差、偏度和峰度的时间变化特征。从均值来看，各年份的早稻产量波动均值

随时间变化呈现出波动的特征。均值最小的年份为 1978 年，均值最
大的年份出现在 1984 年。早稻产量波动的方差也随着时间呈现出波
动变化。方差反映了产量数据的省域差异。在 1982 年和 1991 年，
早稻产量波动项的方差较其他年份偏高。近年来早稻产量波动项离
散化程度有逐渐降低的趋势。从波动项的偏度来看，大多数年份的
偏度值都小于 0，在这些年份减产的概率高于增产概率。从波动项
的峰度来看，大多数年份的峰度值都小于 3，呈现瘦尾的分布特征，
发生极值的概率较正态分布更低。

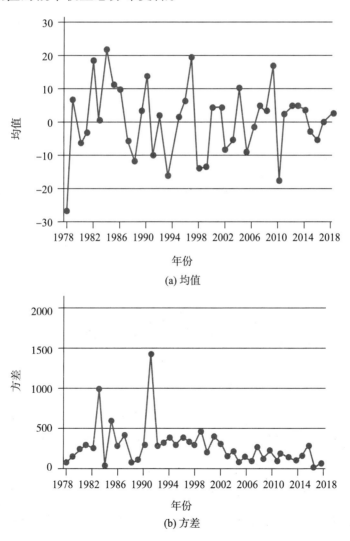

(a) 均值

(b) 方差

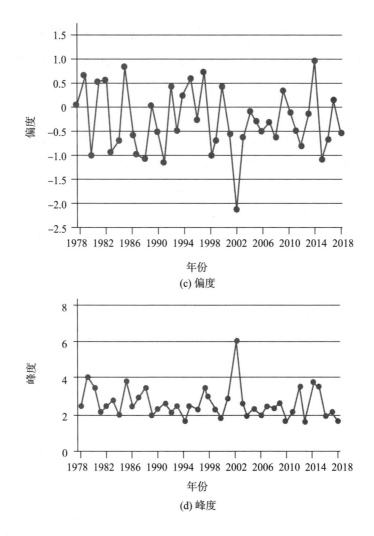

图 4-5　早稻产量波动时间特征

资料来源：笔者根据《全国农产品成本收益资料汇编》数据计算得到。

　　图 4-6 报告了 1978～2018 年晚稻产量波动项均值、方差、偏度和峰度的时间变化特征。对比早稻和晚稻产量波动项的均值，大多数年份晚稻产量波动均值呈现出更大的波动幅度。在 1978～1990 年期间，晚稻产量波动均值呈现出较大变化，而在此之后的年份均值波动变小。在晚稻产量波动的方差变化中，20 世纪八九十年代晚稻主产区产量波动差异较大，而在 20 世纪 90 年代末，晚稻主产区产

量波动差异逐渐变小。从晚稻产量波动项的偏度来看，大多数年份的晚稻产量波动偏度要大于0，呈右偏分布，即晚稻增产概率要大于减产概率。而从晚稻产量波动项的峰度变化情况来看，多数年份下峰度都小于3，表明出现极端高产和低产的概率较小。

图4-7报告了1978～2018年小麦产量波动项均值、方差、偏度和峰度的时间变化特征。与早稻和晚稻产量波动项的均值相比，在样本期内小麦产量波动项均值的变化幅度介于早稻和晚稻之间。与

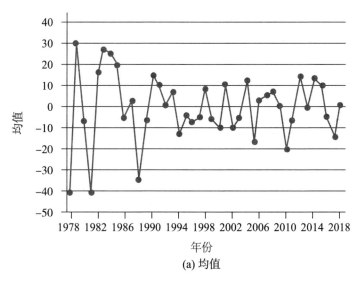

(a) 均值

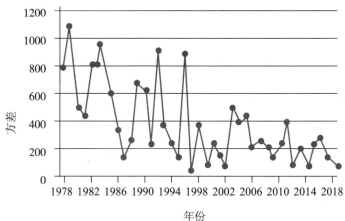

(b) 方差

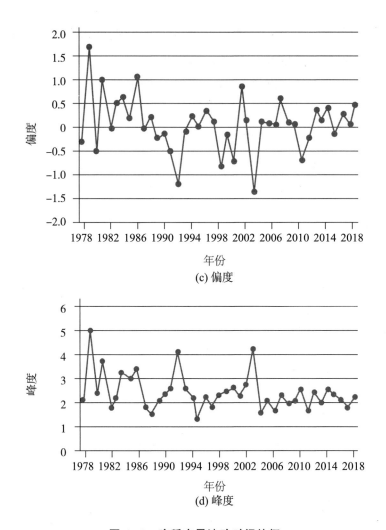

图 4-6　晚稻产量波动时间特征

资料来源：笔者根据《全国农产品成本收益资料汇编》数据计算得到。

早稻和晚稻产量波动项的方差相比，小麦产量波动项的方差明显偏高。1991～1998 年小麦产量的省域差异明显增大。从偏度来看，多数年份产量波动项的偏度小于 0，即产量波动呈现左偏分布，小麦减产概率大于增产概率。从峰度来看，在多数年份里小麦产量波动项的峰度值小于 3，在这些年份出现增产或减产极端值的概率低于正态分布的情况。

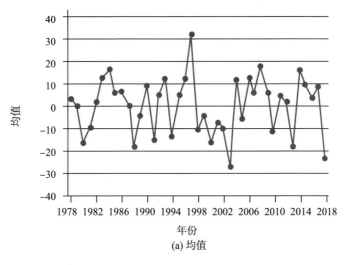

(a) 均值

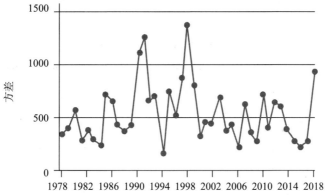

(b) 方差

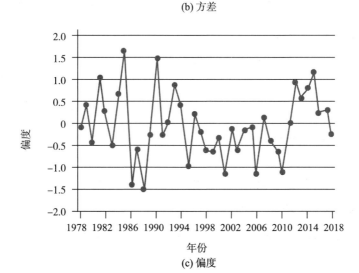

(c) 偏度

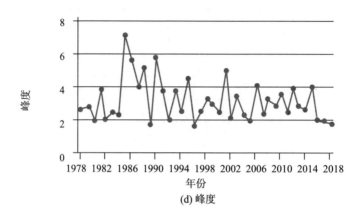

(d) 峰度

图 4-7 小麦产量波动时间特征

资料来源：笔者根据《全国农产品成本收益资料汇编》数据计算得到。

图 4-8 报告了 1978～2018 年玉米产量波动项均值、方差、偏度和峰度的时间变化特征。与晚稻和小麦产量波动项的均值相比，玉米产量波动项的均值变动幅度较小，与早稻水平相近。全国范围内的严重减产出现在 2003 年。与早稻、晚稻和小麦产量波动项的方差相比，玉米产量波动项的方差变化更大，而 1995～2003 年期间的方差出现了非常高的极端值，表明这段时间内玉米产量省域差异出现了扩大。从波动项的偏度来看，多数年份下玉米产量风险偏度要小于 0，并且负偏态的程度较高，说明玉米减产概率高于增产的概率。从波动项的峰度来看，多数年份玉米产量风险的峰度要大于 3，表明多数年份的产量波动数据分布呈厚尾特征，出现极端值的概率比正态分布更大。

4.3 产量波动的空间特征

首先根据产量波动数据和经纬度数据计算了省域周边地区的产量波动，然后绘制了 Moran 散点图（见图 4-9～图 4-12），并计算了产量波动项与周边地区产量波动项的相关系数（见图 4-13）。

图 4-9～图 4-12 分别报告了部分主产区早稻、晚稻、小麦和玉米产量波动的 Moran 散点图。大多数主产区的 Moran 散点图的拟合线斜率为正，1978～2018 年间大部分散点落入一或三象限内，仅有少部分点落入二或四象限，即当某一省域粮食减产时，周边省域减产的可能性非常高，而当某一省域增产时，周边省域增产的可能性也非常高。

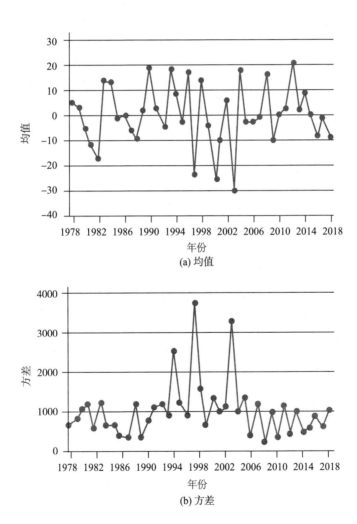

(a) 均值

(b) 方差

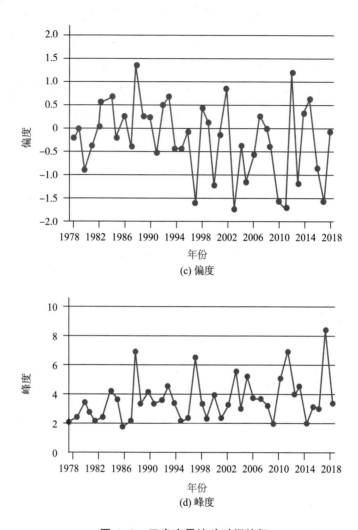

图 4-8　玉米产量波动时间特征

资料来源：笔者根据《全国农产品成本收益资料汇编》数据计算得到。

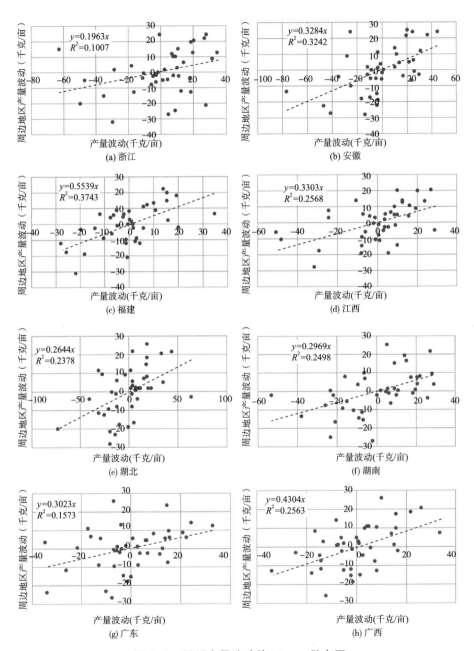

图 4-9 早稻产量波动的 Moran 散点图

资料来源：笔者根据《全国农产品成本收益资料汇编》数据计算得到。

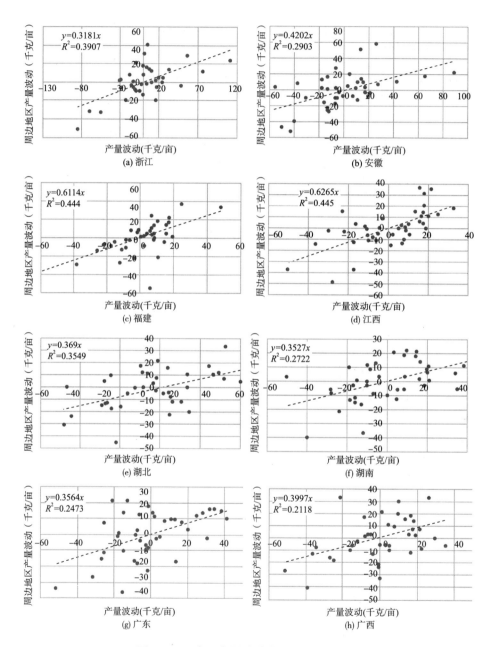

图 4-10　晚稻产量波动的 Moran 散点图

资料来源：笔者根据《全国农产品成本收益资料汇编》数据计算得到。

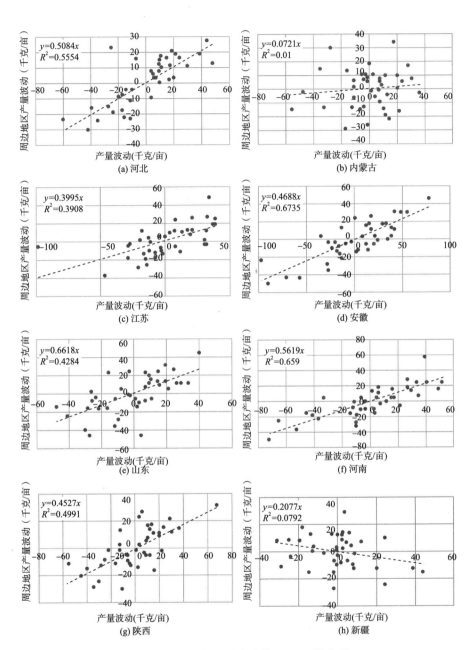

图 4-11 小麦产量波动的 Moran 散点图

资料来源：笔者根据《全国农产品成本收益资料汇编》数据计算得到。

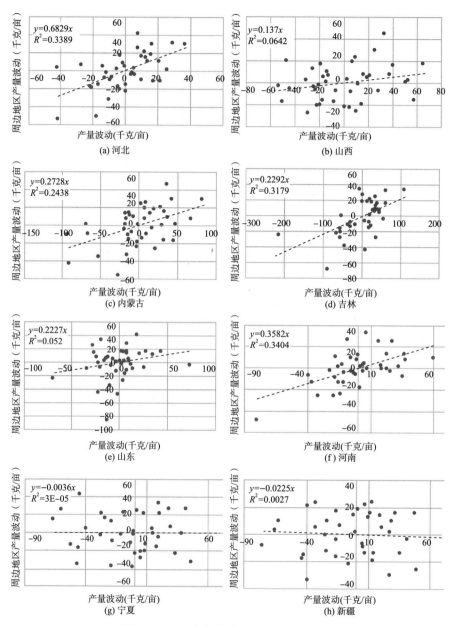

图 4-12　玉米产量波动的 Moran 散点图

资料来源：笔者根据《全国农产品成本收益资料汇编》数据计算得到。

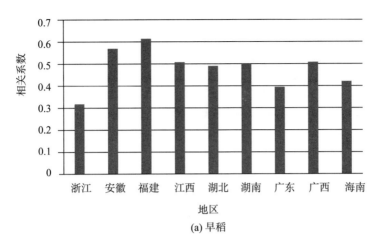

(a) 早稻

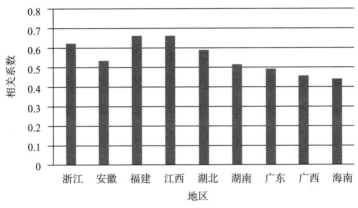

(b) 晚稻

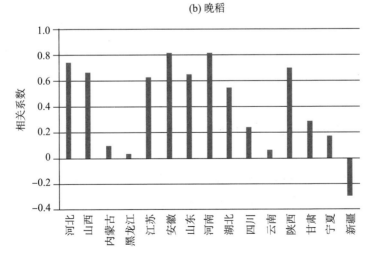

(c) 小麦

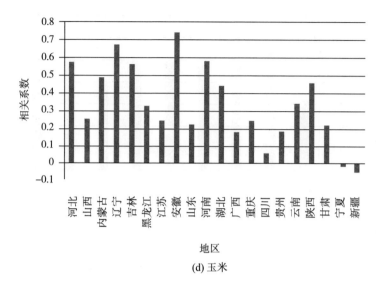

(d) 玉米

图 4-13　粮食产量波动的空间相关特征

资料来源：笔者根据《全国农产品成本收益资料汇编》数据计算得到。

　　尽管大部分地区粮食产量波动与其周边产量波动成正相关关系，但对于种植面积范围较广泛的小麦、玉米等粮食作物来说，部分地区粮食产量波动的空间正相关关系并不显著，如内蒙古、黑龙江、云南等地的小麦产量波动，四川、宁夏等地的玉米产量波动。而部分地区的粮食产量波动呈现空间负相关关系，如新疆的小麦和玉米产量波动。利用这种产量波动的空间异质性可以更好地优化相应的农业保险。

4.4　产量波动的分布特征

　　本节采用 Kolmogorov-Smirnov 检验方法，对各地区粮食产量波动项的分布函数做了估计和检验。研究发现，在众多分布中，广义极值分布可以较好地拟合粮食产量波动数据的分布，如式（4-1）所示。

$$y = f(x|k,\mu,\sigma) = \left(\frac{1}{\sigma}\right)\exp\left[-\left(1+k\frac{(x-\mu)}{\sigma}\right)^{\frac{1}{k}}\right]\left(1+k\frac{(x-\mu)}{\sigma}\right)^{-1-\frac{1}{k}} \quad （4-1）$$

以上参数和变量满足 $1+k\dfrac{(x-\mu)}{\sigma}>0$ 。当形状参数 k 等于 0 时，式（4-1）为 Gumbel 型极值分布，k 大于 0 时，式（4-1）为 Frechet 型极值分布，k 小于 0 时，式（4-1）为 Weibull 型极值分布。

表 4-5～ 表 4-8 报告了早稻、晚稻、小麦和玉米产量波动项分布函数参数的极大似然估计值以及 Kolmogorov-Smirnov 检验结果。结果表明，所有地区四种粮食作物产量波动项均服从广义极值分布。由于所有形状参数均小于 0，因此可以判断产量波动项均服从 Weibull 型极值分布。

表 4-5　　　　　早稻产量波动的广义极值分布检验结果

地区	形状参数	尺度参数	位置参数	概率	KS 值	临界值	原假设
浙江	-0.588	23.851	-4.346	0.944	0.079	0.208	0
安徽	-0.483	26.604	-6.250	0.628	0.113	0.208	0
福建	-0.240	12.669	-4.723	0.669	0.109	0.208	0
江西	-0.544	19.080	-3.875	0.465	0.129	0.208	0
湖北	-0.280	24.993	-8.497	0.645	0.112	0.208	0
湖南	-0.612	20.948	-3.490	0.848	0.092	0.208	0
广东	-0.343	15.497	-4.847	0.795	0.098	0.208	0
广西	-0.253	13.436	-4.943	0.985	0.068	0.208	0
海南	-0.096	14.041	-6.771	0.900	0.086	0.208	0

资料来源：笔者根据《全国农产品成本收益资料汇编》数据计算得到。

表 4-6　　　　　晚稻产量波动的广义极值分布检验结果

地区	形状参数	尺度参数	位置参数	概率	KS 值	临界值	原假设
浙江	-0.169	32.528	-13.291	0.390	0.137	0.208	0
安徽	-0.140	25.482	-11.232	0.528	0.123	0.208	0
福建	-0.371	22.316	-6.220	0.241	0.157	0.208	0
江西	-0.486	19.554	-4.602	0.961	0.075	0.208	0

续表

地区	形状参数	尺度参数	位置参数	概率	KS 值	临界值	原假设
湖北	-0.209	24.634	-10.006	0.958	0.076	0.208	0
湖南	-0.294	21.114	-7.294	0.956	0.076	0.208	0
广东	-0.292	20.236	-7.043	0.767	0.100	0.208	0
广西	-0.482	21.021	-4.965	0.991	0.065	0.208	0
海南	-0.431	30.364	-8.071	0.965	0.074	0.208	0

资料来源：笔者根据《全国农产品成本收益资料汇编》数据计算得到。

表 4-7　　　　　　　　　　小麦产量波动的广义极值分布检验结果

地区	形状参数	尺度参数	位置参数	概率	KS 值	临界值	原假设
河北	-0.358	24.105	-7.323	0.917	0.083	0.208	0
山西	-0.537	33.348	-6.893	0.417	0.134	0.208	0
内蒙古	-0.478	21.110	-4.996	0.917	0.083	0.208	0
黑龙江	-0.213	26.276	-10.074	0.717	0.105	0.208	0
江苏	-0.697	30.459	-3.774	0.344	0.142	0.208	0
安徽	-0.398	38.901	-10.882	0.801	0.097	0.208	0
山东	-0.409	21.694	-6.020	0.985	0.068	0.208	0
河南	-0.464	30.999	-7.571	0.560	0.120	0.208	0
湖北	-0.235	28.131	-10.700	0.675	0.109	0.208	0
四川	-0.326	14.690	-4.840	0.648	0.111	0.208	0
云南	-0.224	27.679	-9.779	0.064	0.200	0.208	0
陕西	-0.234	23.477	-8.800	0.912	0.084	0.208	0
甘肃	-0.259	24.195	-8.540	0.668	0.110	0.208	0
宁夏	-0.131	28.752	-12.873	0.976	0.071	0.208	0
新疆	-0.158	14.662	-6.354	0.220	0.160	0.208	0

资料来源：笔者根据《全国农产品成本收益资料汇编》数据计算得到。

表 4-8　　　　　　　　　　玉米产量波动的广义极值分布检验结果

地区	形状参数	尺度参数	位置参数	概率	KS 值	临界值	原假设
河北	-0.369	18.004	-5.352	1.000	0.052	0.208	0
山西	-0.205	27.775	-11.441	0.792	0.098	0.208	0

地区	形状参数	尺度参数	位置参数	概率	KS 值	临界值	原假设
内蒙古	−0.375	39.766	−11.563	0.304	0.147	0.208	0
辽宁	−0.452	46.418	−11.700	0.879	0.088	0.208	0
吉林	−0.459	60.246	−14.721	0.437	0.132	0.208	0
黑龙江	−0.539	32.672	−6.724	0.935	0.080	0.208	0
江苏	−0.431	44.815	−11.302	0.272	0.152	0.208	0
安徽	−0.585	49.460	−9.250	0.385	0.137	0.208	0
山东	−0.213	23.476	−8.784	0.572	0.119	0.208	0
河南	−0.331	26.324	−8.207	0.809	0.096	0.208	0
湖北	−0.413	26.909	−7.455	0.621	0.114	0.208	0
广西	−0.086	31.614	−15.426	0.455	0.130	0.208	0
重庆	−0.322	18.666	−5.906	0.575	0.118	0.208	0
四川	−0.315	30.231	−9.855	0.742	0.103	0.208	0
贵州	−0.324	38.515	−12.039	0.414	0.134	0.208	0
云南	−0.332	14.879	−4.780	0.976	0.071	0.208	0
陕西	−0.449	26.491	−6.709	0.955	0.077	0.208	0
甘肃	−0.268	38.022	−13.756	1.000	0.045	0.208	0
宁夏	−0.226	32.074	−12.452	0.622	0.114	0.208	0
新疆	−0.191	34.725	−14.268	0.950	0.078	0.208	0

资料来源：笔者根据《全国农产品成本收益资料汇编》数据计算得到。

4.5 产量风险的评估结果

使用第 2 章中主要的风险计量指标和熵权 –TOPSIS 方法评价各产区四种粮食的产量风险。表 4-9 至表 4-12 报告了产量风险各项风险指标值、风险综合得分及其排名的结果。在 ArcGis10.2 平台上将测算所得的产量风险指数根据 Jenks 最佳自然断点分级法按照类内差异最小、类间差异最大的原则进行空间聚类。表 4-9 报告了四种粮食作物产量风险的等级和空间分布特征。

表 4-9 粮食产量风险空间分布

分类	早稻	晚稻	小麦	玉米
低风险地区	福建、广东、广西、海南	安徽、湖北、湖南、广东	黑龙江、新疆、宁夏、陕西、四川、湖北	黑龙江、新疆、甘肃、宁夏、陕西、山西、河北、山东、河南、湖北、重庆、四川、云南、广西
中风险地区	湖北、湖南、江西	浙江、江西、广西、海南	河北、山西、山东、甘肃、云南	内蒙古、辽宁、贵州
高风险地区	浙江、安徽	福建	内蒙古、江苏、安徽、河南	吉林、江苏、安徽

资料来源：笔者根据《全国农产品成本收益资料汇编》数据计算得到。

从表 4-9 和表 4-10 早稻产量风险的评价结果来看，安徽和浙江属于高风险地区，其次是江西、湖北和湖南，沿海地区的福建、广东、广西和海南则属于低风险地区。从极小值和 0.05 分位数指标来看，安徽早稻潜在减产的数量大，而从减产概率、偏度和峰度等指标来看，安徽早稻潜在减产的可能性高。

表 4-10 早稻产量风险的评估结果

地区	方差	偏度	峰度	极小值	0.05 分位数	减产频率	得分	排名
浙江	491.912	−0.974	3.68	−62.929	−41.107	0.415	0.806	2
安徽	621.759	−0.723	3.805	−77.333	−44.742	0.561	0.826	1
福建	164.127	0.026	3.425	−27.900	−20.625	0.488	0.318	7
江西	316.533	−1.080	4.231	−50.774	−32.510	0.415	0.718	3
湖北	587.696	−0.229	4.297	−72.939	−40.598	0.415	0.623	5
湖南	360.081	−0.576	3.011	−53.496	−36.251	0.463	0.629	4
广东	228.262	−0.253	3.003	−35.156	−25.492	0.512	0.441	6
广西	187.517	0.081	3.191	−33.884	−21.934	0.512	0.308	8
海南	260.690	0.784	4.832	−29.345	−23.017	0.585	0.180	9

资料来源：笔者根据《全国农产品成本收益资料汇编》数据计算得到。

从表 4-9 和表 4-11 晚稻产量风险的评价结果来看，福建属于高风险地区，广西、海南、浙江和江西属于中等风险地区，广东、湖南、湖北和安徽属于低风险地区。从极小值指标来看，福建晚稻潜在减产的数量大，而从偏度和峰度等指标来看，福建晚稻潜在减产的可能性高。

表 4-11 晚稻产量风险的评估结果

地区	方差	偏度	峰度	极小值	0.05 分位数	减产频率	得分	排名
浙江	1167.486	0.564	5.171	−83.666	−52.504	0.561	0.354	5
安徽	779.868	0.632	4.572	−56.272	−41.452	0.537	0.221	7
福建	402.006	−1.490	8.338	−80.926	−36.439	0.415	0.731	1
江西	338.793	−0.621	2.872	−49.972	−32.945	0.439	0.429	4
湖北	693.837	0.264	2.672	−48.846	−40.384	0.537	0.210	9
湖南	453.312	0.001	2.739	−50.309	−34.633	0.512	0.247	6
广东	423.680	0.090	2.816	−51.609	−33.215	0.561	0.220	8
广西	390.133	−0.628	2.943	−50.912	−35.361	0.439	0.438	3
海南	837.509	−0.461	2.412	−66.212	−50.667	0.415	0.452	2

资料来源：笔者根据《全国农产品成本收益资料汇编》数据计算得到。

从表 4-9 和表 4-12 小麦产量风险的评价结果来看，江苏、安徽、河南和内蒙古属于高风险地区，云南、河北、山西、山东和甘肃属于中等风险地区，其他地区小麦产量风险较低。从极小值和 0.05 分位数指标来看，江苏小麦潜在减产的数量大，而从减产概率、偏度和峰度等指标来看，江苏小麦潜在减产的可能性高。

表 4-12 小麦产量风险的评估结果

地区	方差	偏度	峰度	极小值	0.05 分位数	减产频率	得分	排名
河北	546.909	−0.276	2.999	−60.352	−39.717	0.415	0.487	6
山西	949.229	−0.096	1.668	−58.625	−56.730	0.488	0.460	7
内蒙古	390.501	−0.774	3.700	−55.664	−35.448	0.488	0.627	4
黑龙江	712.782	0.185	4.246	−65.677	−42.551	0.512	0.360	12
江苏	734.514	−1.011	5.325	−97.838	−53.961	0.537	0.801	1
安徽	1360.164	−0.620	3.469	−96.305	−64.401	0.439	0.740	2
山东	435.365	−0.290	2.387	−46.648	−36.060	0.439	0.459	8

续表

地区	方差	偏度	峰度	极小值	0.05 分位数	减产频率	得分	排名
河南	850.167	−0.535	3.073	−72.725	−51.917	0.463	0.637	3
湖北	840.580	0.143	3.200	−62.199	−45.909	0.488	0.372	11
四川	216.818	−0.028	2.232	−29.546	−24.217	0.463	0.324	13
云南	681.126	−0.078	6.950	−78.703	−44.205	0.512	0.515	5
陕西	557.884	−0.007	3.570	−55.234	−38.167	0.439	0.387	10
甘肃	563.886	−0.109	4.227	−67.563	−39.243	0.488	0.452	9
宁夏	1012.33	0.693	4.688	−72.342	−46.799	0.512	0.300	14
新疆	255.773	0.501	3.799	−31.487	−23.920	0.488	0.153	15

资料来源：笔者根据《全国农产品成本收益资料汇编》数据计算得到。

从表 4-9 和表 4-13 玉米产量风险的评价结果来看，吉林、安徽和江苏属于高风险地区，其次是辽宁、贵州和内蒙古，其他地区玉米产量风险较低。从极小值和 0.05 分位数指标来看，吉林、安徽和江苏的玉米潜在减产的数量大，而从偏度和峰度等指标来看，吉林、安徽和江苏玉米潜在减产的可能性偏高。

表 4-13　　　　　　　　玉米产量风险的评估结果

地区	方差	偏度	峰度	极小值	0.05 分位数	减产频率	得分	排名
河北	300.518	−0.378	3.118	−41.886	−29.704	0.512	0.307	14
山西	898.715	0.275	2.448	−55.321	−45.615	0.488	0.220	20
内蒙古	1430.353	−0.549	3.560	−93.430	−65.538	0.488	0.447	6
辽宁	1908.541	−0.775	3.414	−120.473	−77.632	0.463	0.540	4
吉林	3113.387	−1.518	7.043	−218.673	−100.651	0.366	0.849	1
黑龙江	915.133	−0.365	2.117	−53.44	−55.610	0.463	0.340	9
江苏	1667.519	−1.624	8.353	−159.055	−74.170	0.415	0.732	3
安徽	2248.803	−2.025	8.589	−194.502	−85.343	0.366	0.846	2
山东	547.331	0.198	5.167	−69.405	−37.800	0.463	0.255	18
河南	632.193	−0.441	4.430	−80.849	−43.031	0.537	0.371	7
湖北	668.865	−0.36	2.041	−52.271	−44.805	0.415	0.317	13

地区	方差	偏度	峰度	极小值	0.05 分位数	减产频率	得分	排名
广西	1416.338	1.010	4.438	−78.723	−51.802	0.561	0.234	19
重庆	316.314	−0.476	4.258	−47.454	−30.470	0.488	0.337	10
四川	876.770	−0.179	3.542	−75.784	−49.478	0.561	0.329	12
贵州	1327.631	−0.530	4.691	−109.751	−62.784	0.463	0.461	5
云南	213.988	−0.203	2.663	−34.500	−24.475	0.488	0.264	17
陕西	625.243	−0.565	2.959	−60.110	−44.270	0.463	0.363	8
甘肃	1501.558	0.048	2.795	−84.214	−62.255	0.488	0.336	11
宁夏	1111.648	0.162	3.052	−65.831	−52.390	0.488	0.271	16
新疆	1357.187	0.299	3.373	−75.562	−56.654	0.463	0.280	15

资料来源：笔者根据《全国农产品成本收益资料汇编》数据计算得到。

第 5 章

价格风险计量与评估

本章收集了 1978~2018 年各地区早稻、晚稻、小麦和玉米四种主要粮食作物的生产价格数据，通过 HP 滤波方法将价格分解为趋势项和波动项。通过对波动项的统计分析，研究了价格波动的统计特征、时间特征、空间特征和分布特征，在此基础上采用熵权 –TOPSIS 方法综合评估了四种粮食作物的价格风险。

5.1 价格数据描述和分解

5.1.1 价格分解及波动特征

对粮食价格风险进行计量与评估，首先采用 1978 年的物价指数做定基处理剔除通胀因素，其次要剔除价格数据中的趋势项，分解出波动项表征价格风险（不确定性），然后再进行下一步的计算。采用 HP 滤波方法对价格数据进行分解，以得到价格波动项并对其特征进行分析。限于篇幅，每种粮食作物仅展示四个省份的价格波动变化。

图 5–1 为 1978~2018 年浙江、安徽、福建和江西四个省份的早稻价格波动情况。对比发现，早稻实际价格存在明显的波动变化，波动幅度在 0.2 元 / 千克以内。在四个省份中，安徽和福建的早稻价格波动幅度较大，波动的极小值均出现在 2000 年，每千克下降 0.08 元；极大值也都出现在 1995 年，每千克上涨 0.10 元。江西早稻价

格波动的极小值出现在 2000 年，每千克下降 0.07 元；极大值出现在 1996 年，每千克上涨 0.07 元。浙江早稻价格波动的极小值出现在 2002 年，每千克下降 0.05 元；极大值则出现在 1995 年，每千克上涨 0.06 元。

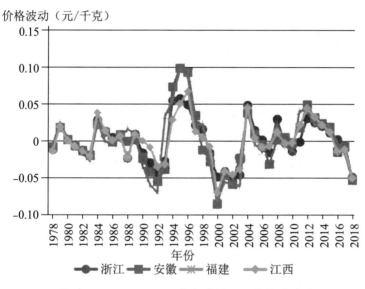

图 5-1 1978～2018 年四省份早稻价格波动特征

资料来源：笔者根据《全国农产品成本收益资料汇编》数据计算得到。

图 5-2 为 1978～2018 年浙江、安徽、福建和江西四个省份的晚稻价格波动情况。在四个省份中，福建的波动幅度最大，晚稻价格波动极小值出现在 1992 年，每千克下降 0.15 元；极大值出现在 1994 年，每千克上涨 0.15 元。浙江的晚稻价格波动极小值出现在 2002 年，每千克下降 0.07 元；极大值出现在 1994 年，每千克上涨 0.12 元。安徽的晚稻价格波动极小值出现在 1992 年，每千克下降 0.08 元；极大值出现在 1994 年，每千克上涨 0.08 元。江西晚稻价格波动极小值出现在 2002 年，每千克下降 0.06 元；极大值出现在 1995 年，每千克上涨 0.07 元。对比发现，晚稻价格较早稻价格存在更大幅度的波动变化。

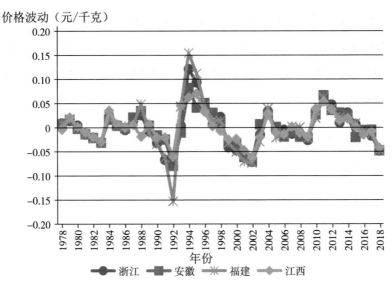

价格波动（元/千克）

图5-2　1978～2018年四省份晚稻价格波动特征

资料来源：笔者根据《全国农产品成本收益资料汇编》数据计算得到。

图5-3为1978～2018年河北、山西、内蒙古和黑龙江四个省区的小麦价格波动情况。比较发现小麦价格存在明显的波动变化。河北小麦价格波动极小值出现在2000年，每千克下降0.06元；极大值出现在1984年，每千克上涨0.09元。山西小麦价格波动极小值出现在2002年，每千克下降0.05元；极大值出现在1996年，每千克上涨0.09元。内蒙古小麦价格波动极小值出现在1993年，每千克下降0.06元；极大值出现在1989年，每千克上涨0.07元。黑龙江小麦价格波动极小值出现在2002年，每千克下降0.05元；极大值出现在1995年，每千克上涨0.08元。

图5-4为1978～2018年河北、山西、内蒙古和辽宁四个省区的玉米价格波动情况。河北玉米价格波动极小值出现在2016年，每千克下降0.06元；极大值出现在1995年，每千克上涨0.10元。山西玉米价格波动极小值出现在2016年，每千克下降0.05元；极大值出现在1995年，每千克上涨0.13元。内蒙古玉米价格波动极小值出现在2016年，每千克下降0.06元；极大值出现在1995年，每千

克上涨 0.08 元。辽宁玉米价格波动极小值出现在 2016 年，每千克下降 0.08 元；极大值出现在 1995 年，每千克上涨 0.08 元。

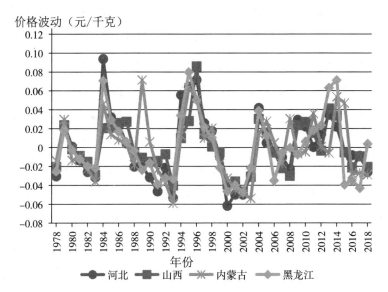

图 5-3　1978～2018 年四省区小麦价格波动特征

资料来源：笔者根据《全国农产品成本收益资料汇编》数据计算得到。

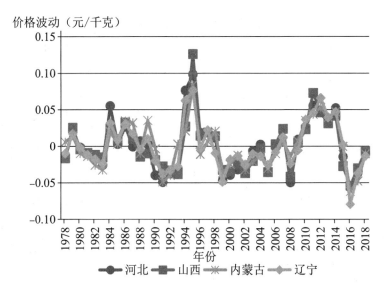

图 5-4　1978～2018 年四省区玉米价格波动特征

资料来源：笔者根据《全国农产品成本收益资料汇编》数据计算得到。

5.1.2 价格风险描述性统计

表 5-1 报告了浙江、安徽等 9 个省区早稻价格波动的数据描述性统计结果。首先从均值方面来看，反映的是各省区早稻价格的平均波动情况，各省区早稻价格波动接近于 0。而方差反映了波动数据与总体平均的差异程度，从表中结果来看，各省区的早稻价格风险的方差较小且较为接近，说明价格的稳定性程度较高，即早稻价格波动较小。偏度与峰度用于考察波动数据的分布情况。从结果来看，江西和湖北两个省份的偏度小于 0，表明早稻价格出现下降可能性偏高。而浙江、安徽、福建、湖南等 6 个省区的偏度大于 0，表明早稻价格风险数据的右端有更大可能出现极端值，价格上升的可能性更高。再结合大部分省区峰度都大于 3 的结果，安徽、福建等 6 个省区早稻价格出现上涨极端的概率大于出现下降极端的概率，而江西省则是出现价格下降极端概率更高。从雅克贝拉检验的结果看，浙江、安徽、福建、江西、湖北、湖南 6 个省份的早稻价格波动序列服从正态分布，其余三个省区则不服从正态分布。

表 5-1 　　　　　　　各地区早稻价格波动数据描述性统计

地区	方差	偏度	峰度	中位数	最大值	最小值	JB 值	P 值
浙江	0.001	0.026	2.439	0.002	0.059	−0.055	0.542	0.500
安徽	0.002	0.480	3.711	−0.001	0.101	−0.087	2.440	0.143
福建	0.002	0.085	3.110	−0.003	0.100	−0.084	0.070	0.500
江西	0.001	−0.022	3.031	0.001	0.068	−0.071	0.005	0.500
湖北	0.001	−0.130	2.602	0.003	0.066	−0.066	0.387	0.500
湖南	0.001	0.074	3.100	−0.004	0.082	−0.071	0.055	0.500
广东	0.002	0.900	4.506	−0.003	0.132	−0.071	9.410	0.016
广西	0.002	0.989	4.522	−0.004	0.119	−0.068	10.644	0.013
海南	0.002	0.720	4.290	−0.009	0.126	−0.072	6.382	0.032

资料来源：笔者根据《全国农产品成本收益资料汇编》数据计算得到。

表 5-2 报告了浙江、安徽等 9 个省区晚稻价格波动的数据描述性统计结果。在均值部分，各省区晚稻价格波动接近于 0。在方差方面，各省区价格波动没有较大幅度变化，价格稳定性较高。除安徽外的 8 个省区偏度都大于 0，晚稻价格上涨的可能性较高，安徽的偏度小于 0，晚稻价格下降可能性较高。江西的峰度小于 0，其余 8 个省区的峰度都大于 0。结合偏度与峰度的分布特征来看，8 个峰度大于 0 的省区中，安徽晚稻出现价格下降的极端概率大于价格上涨的极端概率，其余 7 个省区晚稻出现价格上涨的极端概率大于出现下降的极端概率。浙江、安徽、江西、湖北、海南这 5 个省份的晚稻价格波动序列服从正态分布。

表 5-2　　　　　　　各地区晚稻价格波动数据描述性统计

地区	方差	偏度	峰度	中位数	最大值	最小值	JB 值	P 值
浙江	0.002	0.657	4.006	−0.005	0.121	−0.071	4.682	0.051
安徽	0.001	−0.050	3.180	−0.001	0.082	−0.079	0.072	0.500
福建	0.003	0.163	5.598	0.002	0.154	−0.153	11.716	0.011
江西	0.001	0.290	2.859	−0.004	0.070	−0.062	0.610	0.500
湖北	0.001	0.421	3.230	0.000	0.099	−0.072	1.302	0.376
湖南	0.001	0.763	4.288	−0.006	0.113	−0.081	6.808	0.028
广东	0.003	0.990	4.428	−0.008	0.170	−0.098	10.183	0.014
广西	0.002	0.831	3.702	−0.006	0.131	−0.074	5.555	0.040
海南	0.001	0.622	3.619	−0.003	0.104	−0.069	3.295	0.088

资料来源：笔者根据《全国农产品成本收益资料汇编》数据计算得到。

表 5-3 报告了河北、山西等 15 个省区小麦价格波动的数据描述性统计结果。首先各省区价格风险数据均值都接近 0。在方差方面，各省区波动数据的方差均为 0.001，没有出现明显的变化，稳定性很高。湖北、四川、云南波动序列偏度小于 0，呈左偏分布，其余省区风险数据偏度都大于 0，呈右偏分布。峰度方面，山西、江苏、河南、湖北、云南风险数据峰度大于 3，其余 9 个省区风险数据峰度小于 3。

综合偏度与峰度的分布特征看，山西、江苏、山东、河南这四个省份小麦价格出现上涨极端概率大于出现下降极端的概率，而湖北和云南两个省份小麦价格出现下降极端概率大于上涨极端概率。

表 5-3　　　　　　　　各地区小麦价格波动数据描述性统计

地区	方差	偏度	峰度	中位数	最大值	最小值	JB 值	P 值
河北	0.001	0.528	2.933	−0.005	0.094	−0.062	1.913	0.218
山西	0.001	0.643	3.764	−0.005	0.086	−0.047	3.827	0.071
内蒙古	0.001	0.303	2.354	−0.005	0.071	−0.059	1.341	0.364
黑龙江	0.001	0.648	2.612	−0.004	0.080	−0.048	3.128	0.095
江苏	0.001	0.195	3.052	−0.001	0.073	−0.074	0.265	0.500
安徽	0.001	0.140	2.474	0.001	0.068	−0.061	0.607	0.500
山东	0.001	0.760	3.695	−0.005	0.088	−0.051	4.771	0.050
河南	0.001	0.471	3.325	−0.006	0.078	−0.059	1.694	0.267
湖北	0.001	−0.129	3.336	−0.003	0.090	−0.083	0.307	0.500
四川	0.001	−0.085	2.389	0.004	0.057	−0.057	0.686	0.500
云南	0.001	−0.446	3.720	0.002	0.081	−0.105	2.243	0.165
陕西	0.001	0.382	2.870	−0.001	0.081	−0.052	1.027	0.487
甘肃	0.001	0.418	2.515	−0.005	0.071	−0.050	1.595	0.293
宁夏	0.001	0.445	2.475	−0.003	0.076	−0.053	1.823	0.236
新疆	0.001	0.563	2.979	−0.003	0.096	−0.058	2.164	0.176

资料来源：笔者根据《全国农产品成本收益资料汇编》数据计算得到。

表 5-4 报告了河北、山西、内蒙古等 20 个省份玉米价格波动的数据描述性统计结果。各省份玉米价格波动序列均值接近于 0。在方差方面，各省份价格波动数据方差较少，波动幅度较小，表明玉米价格稳定性较高。各省份波动序列偏度都大于 0，呈右偏分布。山西、辽宁等 14 个省份波动数据峰度大于 3，呈肥尾分布，其余省份波动序列峰度小于 3。综合偏度与峰度的分布特征来看，山西、辽宁等 14 个省份玉米价格出现价格上涨极端概率要大于出现价格下

降极端概率。除山西、河南、广西、陕西、宁夏这 5 个省区外，其余省份波动数据都服从正态分布。

表 5-4　　　　　各地区玉米价格波动数据描述性统计

地区	方差	偏度	峰度	中位数	最大值	最小值	JB 值	P 值
河北	0.001	0.620	2.971	−0.001	0.098	−0.057	2.627	0.126
山西	0.001	1.275	5.592	−0.007	0.126	−0.054	22.582	0.003
内蒙古	0.001	0.371	2.880	−0.003	0.084	−0.062	0.963	0.500
辽宁	0.001	0.357	3.097	−0.008	0.076	−0.079	0.887	0.500
吉林	0.001	0.078	3.878	−0.007	0.069	−0.088	1.358	0.359
黑龙江	0.001	0.168	3.176	−0.006	0.066	−0.081	0.247	0.500
江苏	0.001	0.483	3.328	0.002	0.104	−0.067	1.780	0.246
安徽	0.001	0.539	3.411	0.001	0.111	−0.061	2.276	0.161
山东	0.001	0.187	1.862	−0.004	0.060	−0.054	2.450	0.142
河南	0.001	1.058	4.783	−0.003	0.122	−0.053	13.083	0.009
湖北	0.001	0.412	2.782	−0.003	0.092	−0.054	1.244	0.395
广西	0.002	0.851	4.328	−0.007	0.141	−0.071	7.961	0.022
重庆	0.001	0.372	2.617	−0.007	0.086	−0.061	1.194	0.412
四川	0.001	0.221	2.541	−0.001	0.084	−0.073	0.695	0.500
贵州	0.001	0.796	3.166	−0.007	0.100	−0.055	4.375	0.057
云南	0.001	0.293	3.028	−0.001	0.085	−0.076	0.589	0.500
陕西	0.001	1.258	5.353	−0.007	0.129	−0.050	20.281	0.003
甘肃	0.001	0.472	3.066	−0.002	0.087	−0.057	1.532	0.310
宁夏	0.001	1.089	4.451	−0.009	0.113	−0.054	11.694	0.011
新疆	0.001	0.453	3.330	−0.004	0.085	−0.061	1.586	0.295

资料来源：笔者根据《全国农产品成本收益资料汇编》数据计算得到。

5.2　价格波动的时间特征

图 5-5 报告了 1978～2018 年早稻价格波动项均值、方差、偏度和峰度的时间变化特征。从均值来看，各年份的早稻价格波动均值随时间变化呈现出波动的特征。均值最小的年份为 2000 年，均值最

大的年份出现在 1995 年。早稻价格波动的方差也随着时间呈现出波动变化。方差反映了价格数据的省域差异。1995 年早稻价格波动项的方差较其他年份偏高。近年来早稻价格波动项离散化程度有逐渐降低的趋势。从波动项的偏度来看，大多数年份的偏度值都小于 0，在这些年份价格下降的概率高于价格上涨概率。从波动项的峰度来看，大多数年份的峰度值都小于 3，呈现瘦尾的分布特征，发生极值的概率较正态分布更低。

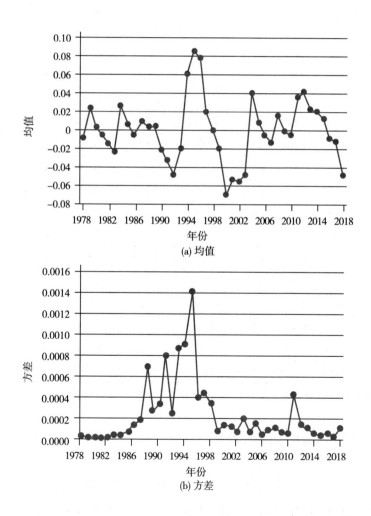

(a) 均值

(b) 方差

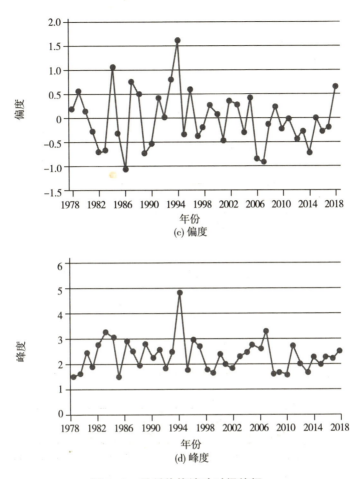

图 5-5　早稻价格波动时间特征

资料来源：笔者根据《全国农产品成本收益资料汇编》数据计算得到。

　　图 5-6 报告了 1978~2018 年晚稻价格波动项均值、方差、偏度和峰度的时间变化特征。与早稻价格波动项的均值相比，大多数年份晚稻价格波动均值变化不大。在晚稻价格波动的方差变化中，1987~1994 年期间的晚稻价格波动差异较大，而在 20 世纪 90 年代末，晚稻价格波动差异逐渐变小。从晚稻价格波动项的偏度来看，大多数年份的晚稻价格波动偏度要大于 0，呈右偏分布，即晚稻价格上涨概率要大于价格下降概率。而从晚稻价格波动项的峰度变化情况来看，多数年份下峰度都小于 3，表明出现极端高价和低价的概率较小。

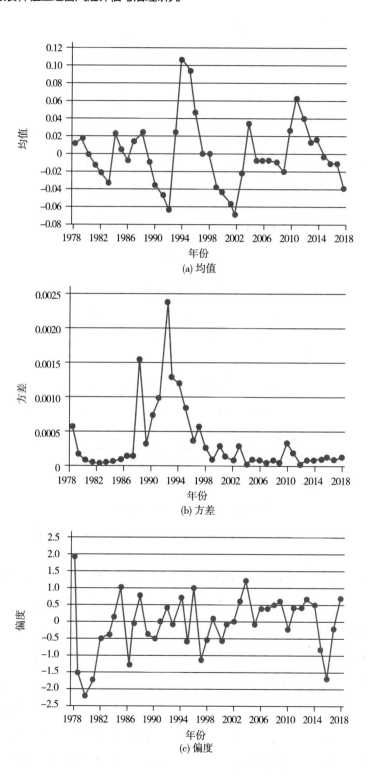

(a) 均值

(b) 方差

(c) 偏度

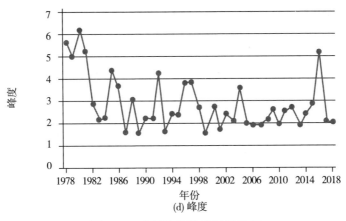

图 5-6　晚稻价格波动时间特征

资料来源：笔者根据《全国农产品成本收益资料汇编》数据计算得到。

图 5-7 报告了 1978～2018 年小麦价格波动项均值、方差、偏度和峰度的时间变化特征。与早稻和晚稻价格波动项的均值相比，在样本期内小麦价格波动项均值的变化幅度介于早稻和晚稻之间。与早稻和晚稻价格波动项的方差相比，1985 年小麦价格波动项的方差明显偏高，其他年份价格波动项的方差偏小。从偏度来看，多数年份价格波动项的偏度大于 0，即价格波动呈现右偏分布，小麦价格上涨概率大于价格下降概率。从峰度来看，在多数年份里小麦价格波动项的峰度值小于 3，在这些年份出现涨价或降价极端值的概率要低于正态分布的情况。

图 5-8 报告了 1978～2018 年玉米价格波动项均值、方差、偏度和峰度的时间变化特征。与晚稻和小麦价格波动项的均值相比，玉米价格波动项的均值变化幅度较小，与早稻水平相近。全国范围内的价格上涨出现在 1995 年。与小麦价格波动项的方差相比，玉米价格波动项在 1990～1998 年期间出现了非常高的极端值，与早稻和晚稻水平接近，表明这段时间内玉米价格省域差异出现了扩大。从波动项的偏度来看，多数年份下玉米价格波动项的偏度大于 0，说明玉米价格上涨概率大于价格下降概率。从波动项的峰度来看，多数年份玉米价格波动项的峰度要大于 3，表明多数年份的价格波动数

据分布呈厚尾特征，出现极端值的概率比正态分布更大。

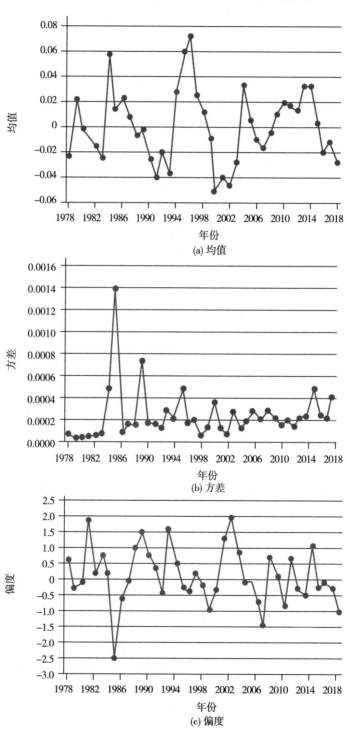

(a) 均值

(b) 方差

(c) 偏度

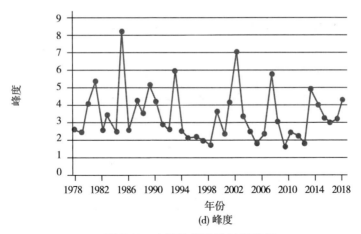

(d) 峰度

图 5-7　小麦价格波动时间特征

资料来源：笔者根据《全国农产品成本收益资料汇编》数据计算得到。

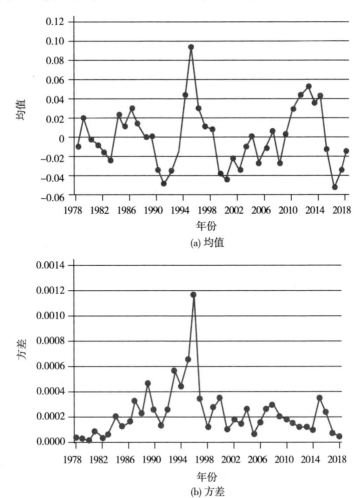

(a) 均值

(b) 方差

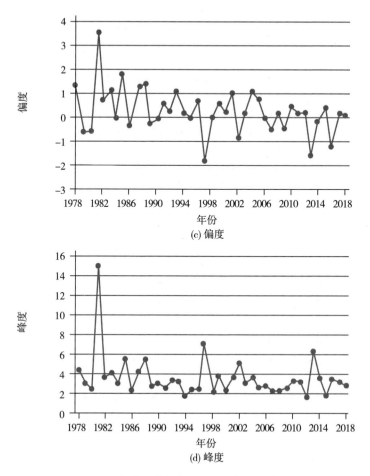

图 5-8　玉米价格波动时间特征

资料来源：笔者根据《全国农产品成本收益资料汇编》数据计算得到。

5.3　价格波动的空间特征

首先根据价格波动数据和经纬度数据计算了省域周边地区的价格波动，然后绘制了 Moran 散点图（见图 5-9～图 5-12），并计算了价格波动项与周边地区的相关系数（见图 5-13）。

图 5-9～图 5-12 分别报告了部分主产区早稻、晚稻、小麦和玉米价格波动的 Moran 散点图。大多数主产区的 Moran 散点图的拟合线斜率为正，1978～2018 年间大部分散点落入一或三象限内，仅有

少部分点落入二或四象限，即当某一省域粮食价格下降时，周边省域价格下降的可能性非常高，而当某一省域价格上涨时，周边省域价格上涨的可能性也非常高。

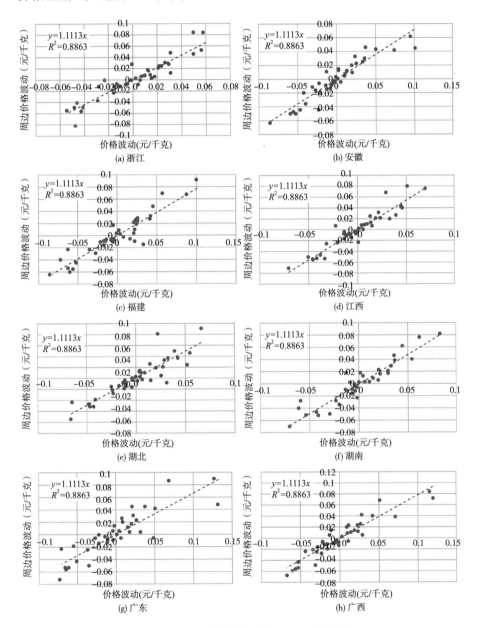

图 5-9 早稻价格波动的 Moran 散点图

资料来源：笔者根据《全国农产品成本收益资料汇编》数据计算得到。

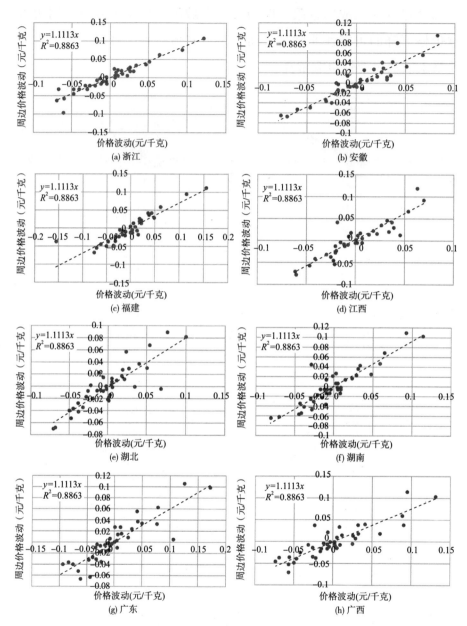

图 5-10 晚稻价格波动的 Moran 散点图

资料来源：笔者根据《全国农产品成本收益资料汇编》数据计算得到。

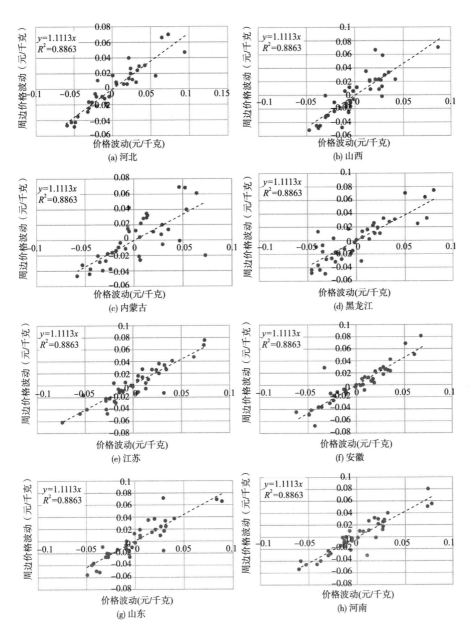

图 5-11　小麦价格波动的 Moran 散点图

资料来源：笔者根据《全国农产品成本收益资料汇编》数据计算得到。

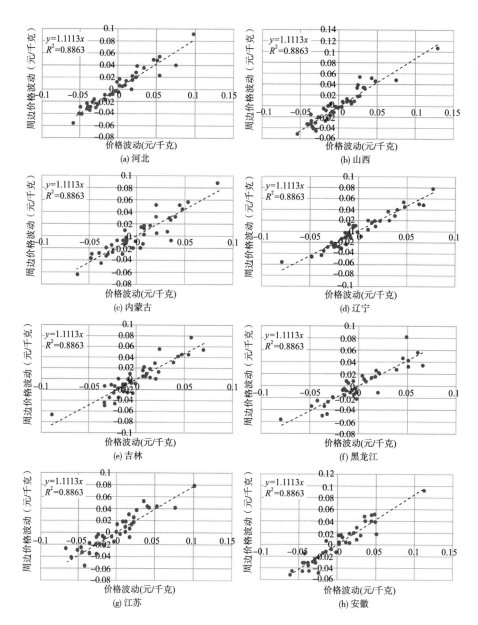

图 5-12　玉米价格波动的 Moran 散点图

资料来源：笔者根据《全国农产品成本收益资料汇编》数据计算得到。

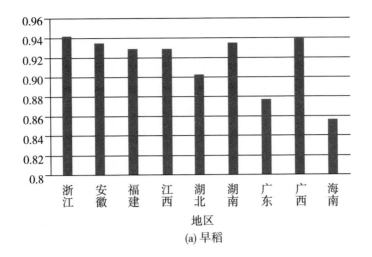

(a) 早稻

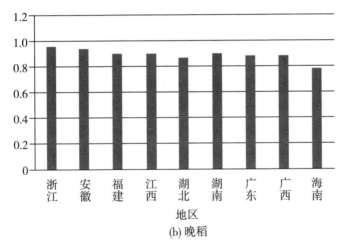

(b) 晚稻

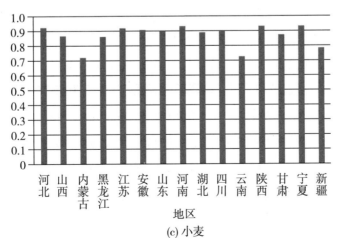

(c) 小麦

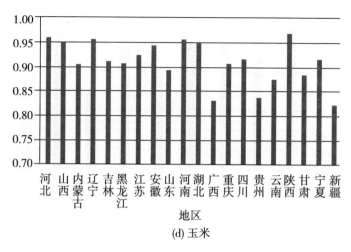

图 5-13 粮食价格波动的空间相关特征

资料来源：笔者根据《全国农产品成本收益资料汇编》数据计算得到。

图 5-13 报告了主产区早稻、晚稻、小麦和玉米价格波动与其周边地区价格波动的关系。结果表明，所有地区粮食价格波动与其周边价格波动成正相关关系，并且空间正相关关系非常显著。

5.4 价格波动的分布特征

本节采用了 Kolmogorov-Smirnov 检验方法，对各地区粮食价格波动项的分布函数做了估计和检验。研究发现，在众多分布中，广义极值分布同时考虑数据的偏度、峰度和位置等信息，可以较好地拟合粮食价格波动数据的分布，具体公式参照第 4 章 4.4 节式（4-1）。

表 5-5～表 5-8 报告了早稻、晚稻、小麦和玉米价格波动项分布函数参数的极大似然估计值以及 Kolmogorov-Smirnov 检验结果。结果表明，所有地区四种粮食作物价格波动项均服从广义极值分布。其中，在早稻、晚稻和小麦价格波动的广义极值分布检验结果中大部分地区的形状参数均小于 0，可以判断这三种粮食价格波动项服从 Weibull 型极值分布。而在玉米价格波动的广义极值分布检验结

果中，山西、河南、贵州、陕西、宁夏这 5 个省区的形状参数大于 0，可以判断其服从 Frechet 型极值分布，而其他 15 个省份的形状参数小于 0，服从 Weibull 型极值分布。

表 5-5　　　　　早稻价格波动的广义极值分布检验结果

地区	形状参数	尺度参数	位置参数	概率	KS 值	临界值	原假设
浙江	−0.302	0.029	−0.010	0.975	0.072	0.208	0
安徽	−0.168	0.036	−0.015	0.915	0.083	0.208	0
福建	−0.241	0.039	−0.015	0.828	0.094	0.208	0
江西	−0.284	0.029	−0.010	0.792	0.098	0.208	0
湖北	−0.338	0.032	−0.010	0.973	0.072	0.208	0
湖南	−0.251	0.032	−0.012	0.633	0.113	0.208	0
广东	−0.071	0.038	−0.019	0.397	0.136	0.208	0
广西	−0.046	0.033	−0.017	0.913	0.084	0.208	0
海南	−0.113	0.035	−0.016	0.563	0.119	0.208	0

资料来源：笔者根据《全国农产品成本收益资料汇编》数据计算得到。

表 5-6　　　　　晚稻价格波动的广义极值分布检验结果

地区	形状参数	尺度参数	位置参数	概率	KS 值	临界值	原假设
浙江	−0.118	0.036	−0.017	0.841	0.093	0.208	0
安徽	−0.279	0.034	−0.012	0.923	0.082	0.208	0
福建	−0.219	0.051	−0.019	0.319	0.145	0.208	0
江西	−0.211	0.029	−0.012	0.783	0.099	0.208	0
湖北	−0.167	0.034	−0.015	0.851	0.092	0.208	0
湖南	−0.122	0.034	−0.015	0.447	0.131	0.208	0
广东	−0.055	0.044	−0.023	0.757	0.101	0.208	0
广西	−0.050	0.037	−0.020	0.841	0.093	0.208	0
海南	−0.114	0.033	−0.016	0.968	0.074	0.208	0

资料来源：笔者根据《全国农产品成本收益资料汇编》数据计算得到。

表 5-7   小麦价格波动的广义极值分布检验结果

地区	形状参数	尺度参数	位置参数	概率	KS 值	临界值	原假设
河北	−0.109	0.031	−0.015	0.965	0.074	0.208	0
山西	−0.092	0.023	−0.011	0.793	0.098	0.208	0
内蒙古	−0.188	0.030	−0.013	0.995	0.062	0.208	0
黑龙江	0.039	0.026	−0.016	0.913	0.084	0.208	0
江苏	−0.234	0.031	−0.012	0.814	0.096	0.208	0
安徽	−0.247	0.029	−0.011	0.958	0.076	0.208	0
山东	−0.055	0.026	−0.014	0.713	0.105	0.208	0
河南	−0.157	0.029	−0.013	0.708	0.106	0.208	0
湖北	−0.273	0.035	−0.012	0.705	0.106	0.208	0
四川	−0.339	0.028	−0.009	0.995	0.061	0.208	0
云南	−0.350	0.039	−0.012	0.819	0.095	0.208	0
陕西	−0.158	0.028	−0.012	0.956	0.076	0.208	0
甘肃	−0.114	0.026	−0.012	0.740	0.103	0.208	0
宁夏	−0.110	0.027	−0.013	0.994	0.063	0.208	0
新疆	−0.086	0.032	−0.016	0.979	0.070	0.208	0

资料来源：笔者根据《全国农产品成本收益资料汇编》数据计算得到。

表 5-8   玉米价格波动的广义极值分布检验结果

地区	形状参数	尺度参数	位置参数	概率	KS 值	临界值	原假设
河北	−0.052	0.030	−0.016	0.947	0.078	0.208	0
山西	0.047	0.025	−0.016	0.949	0.078	0.208	0
内蒙古	−0.166	0.029	−0.012	0.886	0.087	0.208	0
辽宁	−0.203	0.030	−0.012	0.614	0.115	0.208	0
吉林	−0.274	0.030	−0.010	0.657	0.111	0.208	0
黑龙江	−0.261	0.030	−0.011	0.515	0.124	0.208	0
江苏	−0.137	0.033	−0.015	0.719	0.105	0.208	0
安徽	−0.108	0.032	−0.015	0.667	0.110	0.208	0
山东	−0.263	0.030	−0.011	0.545	0.121	0.208	0
河南	0.013	0.027	−0.016	0.937	0.080	0.208	0
湖北	−0.137	0.030	−0.014	0.986	0.067	0.208	0
广西	−0.067	0.036	−0.019	0.982	0.069	0.208	0

续表

地区	形状参数	尺度参数	位置参数	概率	KS 值	临界值	原假设
重庆	−0.148	0.029	−0.013	0.824	0.094	0.208	0
四川	−0.221	0.034	−0.014	0.991	0.065	0.208	0
贵州	0.032	0.029	−0.018	0.998	0.058	0.208	0
云南	−0.206	0.034	−0.014	0.989	0.066	0.208	0
陕西	0.067	0.026	−0.017	0.991	0.065	0.208	0
甘肃	−0.140	0.028	−0.013	0.999	0.054	0.208	0
宁夏	0.031	0.026	−0.016	0.999	0.054	0.208	0
新疆	−0.157	0.028	−0.012	0.924	0.082	0.208	0

资料来源：笔者根据《全国农产品成本收益资料汇编》数据计算得到。

5.5 价格风险的评估结果

使用第 2 章主要的风险计量指标和熵权 –TOPSIS 方法评价各产区四种粮食的价格风险。在 ArcGis10.2 平台上将测算所得的价格风险指数根据 Jenks 最佳自然断点分级法按照类内差异最小、类间差异最大的原则进行空间聚类。表 5–9～ 表 5–12 报告了价格风险各项风险指标值、风险综合得分及其排名的结果。表 5–9 报告了粮食价格风险的等级和地域分布。

表 5–9　　　　　　　　　　粮食价格风险空间分布

分类	早稻	晚稻	小麦	玉米
低风险地区	广东、广西、海南	浙江、湖北、湖南、江西、广西、海南	黑龙江、河北、山西、陕西、宁夏、甘肃、新疆、山东、河南	陕西、宁夏、山西、河南、贵州
中风险地区	浙江、安徽	安徽、广东	内蒙古、四川、江苏、安徽	内蒙古、新疆、甘肃、河北、山东、江苏、安徽、湖北、重庆、广西
高风险地区	湖南、湖北、江西、福建	福建	云南、湖北	黑龙江、吉林、辽宁、四川、云南

资料来源：笔者根据《全国农产品成本收益资料汇编》数据计算得到。

综合表 5-9 和表 5-10 的早稻价格风险评估结果来看，福建、江西、湖北和湖南属于高风险地区，其次是浙江和安徽，沿海地区的海南、广东和广西则属于低风险地区。从极小值和 0.05 分位数指标来看，福建早稻价格潜在跌价的幅度大，而从偏度和峰度等指标来看，江西早稻潜在跌价的可能性高。

表 5-10　　　　　　　　　早稻价格风险的评估结果

地区	方差	偏度	峰度	极小值	0.05 分位数	跌价概率	得分	排名
浙江	0.001	0.026	2.439	−0.055	−0.048	0.488	0.619	5
安徽	0.002	0.480	3.711	−0.087	−0.058	0.537	0.530	6
福建	0.002	0.085	3.110	−0.084	−0.064	0.537	0.767	1
江西	0.001	−0.022	3.031	−0.071	−0.047	0.488	0.670	3
湖北	0.001	−0.130	2.602	−0.066	−0.053	0.488	0.684	2
湖南	0.001	0.074	3.100	−0.071	−0.052	0.561	0.649	4
广东	0.002	0.900	4.506	−0.071	−0.062	0.561	0.341	8
广西	0.002	0.989	4.522	−0.068	−0.054	0.561	0.311	9
海南	0.002	0.720	4.290	−0.072	−0.057	0.585	0.399	7

资料来源：笔者根据《全国农产品成本收益资料汇编》数据计算得到。

综合表 5-9 和表 5-11 的晚稻价格风险评估结果来看，福建属于高风险地区，其次是安徽和广东，江西和浙江，湖北、湖南、广西和海南属于低风险地区。从极小值和 0.05 分位数指标来看，福建晚稻潜在跌价的幅度大，而从偏度和峰度等指标来看，安徽晚稻潜在跌价的可能性更高。

表 5-11　　　　　　　　　晚稻价格风险的评估结果

地区	方差	偏度	峰度	极小值	0.05 分位数	跌价概率	得分	排名
浙江	0.002	0.657	4.006	−0.071	−0.059	0.512	0.348	5
安徽	0.001	−0.050	3.180	−0.079	−0.056	0.512	0.488	2
福建	0.003	0.163	5.598	−0.153	−0.082	0.439	0.854	1
江西	0.001	0.290	2.859	−0.062	−0.048	0.537	0.359	4

续表

地区	方差	偏度	峰度	极小值	0.05 分位数	跌价概率	得分	排名
湖北	0.001	0.421	3.230	−0.072	−0.056	0.488	0.323	6
湖南	0.001	0.763	4.288	−0.081	−0.055	0.561	0.223	9
广东	0.003	0.990	4.428	−0.098	−0.073	0.561	0.455	3
广西	0.002	0.831	3.702	−0.074	−0.062	0.537	0.295	7
海南	0.001	0.622	3.619	−0.069	−0.055	0.561	0.242	8

资料来源：笔者根据《全国农产品成本收益资料汇编》数据计算得到。

综合表 5-9 和表 5-12 的小麦价格风险评价结果来看，云南和湖北属于高风险地区，四川、江苏、安徽、内蒙古属于中等风险地区，陕西、河南、河北和宁夏等其他小麦产区的小麦价格风险较低，属于低风险地区。从极小值和 0.05 分位数指标来看，云南小麦潜在跌价的幅度较大，而从偏度和峰度等指标来看，云南小麦潜在跌价的可能性较高。

表 5-12　　　　　　　　　小麦价格风险的评估结果

地区	方差	偏度	峰度	极小值	0.05 分位数	跌价概率	得分	排名
河北	1.265×10^{-3}	0.528	2.933	−0.062	−0.051	0.537	0.267	9
山西	7.271×10^{-4}	0.643	3.764	−0.047	−0.038	0.585	0.184	13
内蒙古	1.087×10^{-3}	0.303	2.354	−0.059	−0.050	0.512	0.365	6
黑龙江	1.194×10^{-3}	0.648	2.612	−0.048	−0.044	0.561	0.173	14
江苏	1.062×10^{-3}	0.195	3.052	−0.074	−0.051	0.512	0.472	4
安徽	9.034×10^{-4}	0.140	2.474	−0.061	−0.048	0.463	0.458	5
山东	9.930×10^{-4}	0.760	3.695	−0.051	−0.043	0.561	0.168	15
河南	1.031×10^{-3}	0.471	3.325	−0.059	−0.048	0.561	0.277	8
湖北	1.223×10^{-3}	−0.129	3.336	−0.083	−0.057	0.537	0.722	2
四川	7.836×10^{-4}	−0.085	2.389	−0.057	−0.046	0.463	0.569	3
云南	1.380×10^{-3}	−0.446	3.720	−0.105	−0.064	0.439	0.919	1
陕西	9.677×10^{-4}	0.382	2.870	−0.052	−0.046	0.561	0.303	7
甘肃	8.792×10^{-4}	0.418	2.515	−0.050	−0.042	0.512	0.257	11

续表

地区	方差	偏度	峰度	极小值	0.05 分位数	跌价概率	得分	排名
宁夏	1.002×10^{-3}	0.445	2.475	−0.053	−0.044	0.561	0.258	10
新疆	1.441×10^{-3}	0.563	2.979	−0.058	−0.053	0.512	0.215	12

资料来源：笔者根据《全国农产品成本收益资料汇编》数据计算得到。

综合表 5-9 和表 5-13 的玉米价格风险评价结果来看，黑龙江、吉林、辽宁、云南和四川属于高风险地区，江苏、山东、广西、重庆、安徽、湖北、河北、内蒙古、新疆和甘肃属于中等风险地区，其他地区玉米价格风险较低。从极小值和 0.05 分位数指标来看，吉林、黑龙江、云南玉米潜在跌价的幅度较大。

表 5-13　　　　　　　　　　玉米价格风险的评估结果

地区	方差	偏度	峰度	极小值	0.05 分位数	跌价概率	得分	排名
河北	1.322×10^{-3}	0.620	2.971	−0.057	−0.050	0.537	0.458	15
山西	1.207×10^{-3}	1.275	5.592	−0.054	−0.043	0.561	0.353	18
内蒙古	9.840×10^{-4}	0.371	2.880	−0.062	−0.047	0.537	0.523	8
辽宁	1.061×10^{-3}	0.357	3.097	−0.079	−0.049	0.610	0.581	5
吉林	8.966×10^{-4}	0.078	3.878	−0.088	−0.048	0.585	0.666	1
黑龙江	9.775×10^{-4}	0.168	3.176	−0.081	−0.049	0.610	0.629	2
江苏	1.331×10^{-3}	0.483	3.328	−0.067	−0.054	0.463	0.552	6
安徽	1.315×10^{-3}	0.539	3.411	−0.061	−0.052	0.439	0.513	11
山东	1.018×10^{-3}	0.187	1.862	−0.054	−0.049	0.561	0.536	7
河南	1.246×10^{-3}	1.058	4.783	−0.053	−0.045	0.512	0.351	19
湖北	1.132×10^{-3}	0.412	2.782	−0.054	−0.050	0.537	0.511	12
广西	1.878×10^{-3}	0.851	4.328	−0.071	−0.060	0.537	0.521	9
重庆	1.031×10^{-3}	0.372	2.617	−0.061	−0.048	0.512	0.515	10
四川	1.324×10^{-3}	0.221	2.541	−0.073	−0.056	0.537	0.620	4
贵州	1.440×10^{-3}	0.796	3.166	−0.055	−0.049	0.561	0.398	16
云南	1.309×10^{-3}	0.293	3.028	−0.076	−0.056	0.512	0.627	3
陕西	1.285×10^{-3}	1.258	5.353	−0.050	−0.045	0.634	0.354	17

地区	方差	偏度	峰度	极小值	0.05 分位数	跌价概率	得分	排名
甘肃	1.004×10^{-3}	0.472	3.066	−0.057	−0.046	0.561	0.489	14
宁夏	1.197×10^{-3}	1.089	4.451	−0.054	−0.044	0.561	0.321	20
新疆	9.515×10^{-4}	0.453	3.330	−0.061	−0.046	0.512	0.504	13

资料来源：笔者根据《全国农产品成本收益资料汇编》数据计算得到。

第 6 章

成本风险计量与评估

本章收集了 1978～2018 年各地区早稻、晚稻、小麦和玉米四种主要粮食作物的成本数据，通过 HP 滤波方法将成本分解为趋势项和波动项。通过对波动项的统计分析，研究了成本波动的统计特征、时间特征、空间特征和分布特征，在此基础上采用熵权 –TOPSIS 方法综合评估了四种粮食作物的成本风险。

6.1　成本数据描述和分解

6.1.1　成本波动分解及特征

对粮食成本风险进行计量与评估，首先采用 1978 年的物价指数做定基处理剔除通胀因素，其次要剔除成本数据中的趋势项，分解出波动项表征成本风险（不确定性），然后再进行下一步的计算。采用 HP 滤波方法对成本数据进行分解，以得到成本波动项并对其特征进行分析。限于篇幅，每种粮食作物仅展示四个省份的成本波动变化。

图 6–1 为 1978～2018 年浙江、安徽、福建和江西四个省份的早稻成本波动情况。对比发现，早稻成本存在明显的波动变化，波动幅度在 40 元 / 亩以内。在四个省份中，浙江和安徽的早稻成本波动幅度最大。浙江早稻成本波动的极小值出现在 2001 年，每亩成本下

降 26.71 元，极大值则出现在 1996 年，每亩成本上涨 13.35 元。安徽早稻成本波动的极小值出现在 2018 年，每亩成本下降 18.6 元，极大值则出现在 1996 年，每亩成本上涨 21.82 元。福建早稻成本也呈现出较大幅度波动，波动的极小值出现在 2010 年，每亩成本下降 14.74 元，极大值则出现在 2012 年，每亩成本上涨 18.73 元。江西早稻成本波动的极小值出现在 2003 年，每亩成本下降 9.68 元，极大值则在 1996 年，每亩成本上涨 14.15 元。

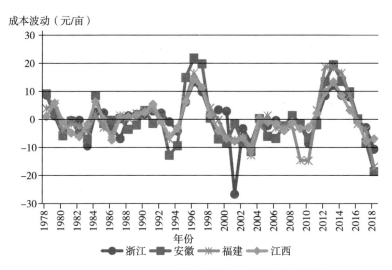

图 6-1　1978～2018 年四省份早稻成本波动特征

资料来源：笔者根据《全国农产品成本收益资料汇编》数据计算得到。

图 6-2 为 1978～2018 年浙江、安徽、福建和江西四个省份的晚稻成本波动情况。在四个省份中，福建的晚稻成本波动幅度最大，晚稻成本波动的极小值出现在 2018 年，每亩成本下降 18.96 元；极大值出现在 2013 年，每亩成本上涨 25.36 元。安徽晚稻成本波动的极小值出现在 2018 年，每亩成本下降 17.99 元；极大值出现在 2013 年，每亩上成本涨 14.98 元。浙江晚稻成本波动的极小值出现在 2002 年，每亩成本下降 12.97 元；极大值出现在 2013 年，每亩成本上涨 16.04 元。江西晚稻成本波动的极小值出现在 2003 年，每亩成本下降 8.73 元；极大值出现在 2013 年，每亩成本上涨 15.01 元。

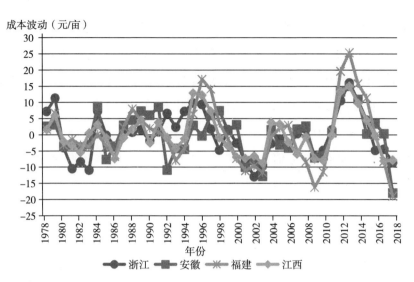

成本波动（元/亩）

图 6-2　1978～2018 年四省份晚稻成本波动特征

资料来源：笔者根据《全国农产品成本收益资料汇编》数据计算得到。

图 6-3 为 1978～2018 年河北、山西、内蒙古和黑龙江四个省区的小麦成本波动情况。比较发现，小麦成本存在明显的波动变化。在四个省区中，黑龙江的小麦成本波动幅度最大，波动的极小值出现在 2017 年，每亩成本下降 21.29 元；极大值出现在 2018 年，每亩成本上涨 46.12 元。山西小麦成本波动的极小值出现在 2018 年，每亩成本下降 15.31 元；极大值出现在 2013 年，每亩成本上涨 17.99 元。内蒙古小麦成本波动的极小值出现在 2003 年，每亩成本下降 12.8 元；极大值出现在 2013 年，每亩成本上涨 17.68 元。河北小麦成本波动的极小值出现在 2018 年，每亩成本下降 9.99 元；极大值出现在 2013 年，每亩成本上涨 15.14 元。

图 6-4 为 1978～2018 年河北、山西、内蒙古和辽宁四个省区的玉米成本波动情况。在四个省区中，辽宁的玉米成本波动幅度最大，波动的极小值出现在 2018 年，每亩成本下降 12.01 元；极大值出现在 2013 年，每亩成本上涨 19.91 元。山西玉米成本波动的极小值出现在 2018 年，每亩成本下降 13.98 元；极大值出现在 2013 年，

每亩成本上涨 17.92 元。内蒙古玉米成本波动的极小值出现在 1992年，每亩成本下降 12.86 元；极大值出现在 1998 年，每亩成本上涨16.99 元。河北玉米成本波动的极小值出现在 2018 年，每亩成本下降 11.81 元；极大值出现在 2014 年，每亩成本上涨 12.3 元。

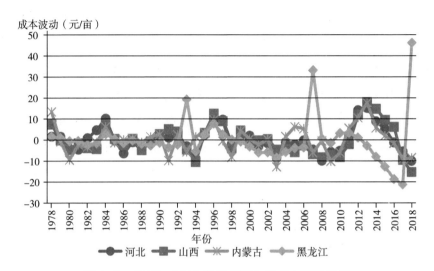

图 6-3　1978～2018 年四省区小麦成本波动特征

资料来源：笔者根据《全国农产品成本收益资料汇编》数据计算得到。

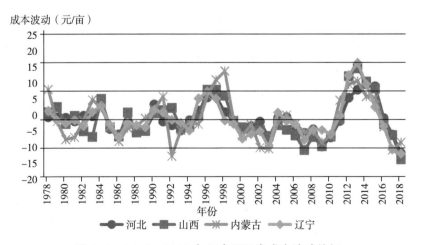

图 6-4　1978～2018 年四省区玉米成本波动特征

资料来源：笔者根据《全国农产品成本收益资料汇编》数据计算得到。

6.1.2 成本风险描述性统计

表6-1报告了浙江、安徽等9个省区早稻成本波动的数据描述性统计结果。首先从均值方面来看，反映的是各省区早稻成本的平均波动情况，各省区早稻成本波动接近于0。而方差反映了波动数据与总体均数的差异程度，从表中结果来看，广西早稻成本风险的方差较大，说明该地区成本波动序列的不稳定性程度较高；而江西早稻成本风险的方差较小，说明该省成本波动序列的不稳定性程度较低。偏度与峰度用于考察波动数据的分布情况。从结果上来看，安徽、福建、江西、湖北等7个省区的偏度大于0，说明这些省区早稻成本出现上涨的可能性偏高。而浙江的偏度小于0，说明该省早稻成本出现下降的可能性偏高。结合峰度来看，浙江、安徽、福建、广东、海南5省的峰度大于3，而浙江偏度小于0，安徽、福建、广东、海南4省偏度大于0，说明浙江早稻成本出现下降极端概率较高，而安徽、福建、广东、海南4省早稻成本出现上涨极端概率较高。从雅克贝拉检验的结果来看，除浙江外，其余省区的早稻成本波动序列都服从正态分布。

表6-1 各地区早稻成本波动数据描述性统计

地区	方差	偏度	峰度	中位数	最大值	最小值	JB值	P值
浙江	50.220	−1.079	6.391	0.125	13.353	−26.710	27.600	0.002
安徽	83.809	0.710	3.125	−1.501	21.817	−18.605	3.475	0.081
福建	69.818	0.422	3.295	−1.442	18.728	−16.931	1.363	0.357
江西	35.427	0.616	2.798	−0.830	14.155	−9.677	2.665	0.123
湖北	71.530	0.741	2.929	−2.484	21.519	−13.927	3.759	0.073
湖南	38.413	0.499	2.844	−0.285	14.809	−12.554	1.740	0.256
广东	53.097	0.552	3.122	−0.989	17.619	−14.715	2.106	0.185
广西	101.323	0.310	2.673	−1.604	23.289	−19.224	0.841	0.500
海南	49.498	0.504	3.664	−1.628	17.946	−17.159	2.489	0.138

资料来源：笔者根据《全国农产品成本收益资料汇编》数据计算得到。

表6-2报告了浙江、安徽等9个省区晚稻成本波动的数据描述性统计结果。在均值方面，各省区均值接近于0。在方差方面，福建晚稻成本风险的方差较大，表明该省晚稻成本波动序列的不稳定性较高；而海南晚稻成本风险的方差较小，说明该省晚稻成本波动序列的不稳定性程度较低。在偏度方面，除安徽外的其余省区偏度都大于0，说明安徽晚稻成本下降概率较高，而其他省区晚稻成本上涨概率较高。在峰度方面，福建、湖南和海南三省峰度大于3，其余省份波动序列峰度小于3。综合偏度与峰度的分布特征来看，福建、湖南和海南晚稻成本出现上涨极端概率大于下降极端概率。从雅克贝拉检验的结果来看，这9个省区的晚稻成本波动序列都服从正态分布。

表6-2　　　　　　　　各地区晚稻成本波动数据描述性统计

地区	方差	偏度	峰度	中位数	最大值	最小值	JB 值	P 值
浙江	47.996	0.233	2.405	0.348	16.042	−12.975	0.976	0.500
安徽	49.622	−0.180	2.975	0.686	14.987	−17.995	0.224	0.500
福建	90.380	0.565	3.310	−0.666	25.358	−18.956	2.347	0.153
江西	41.077	0.676	2.743	−0.881	15.013	−8.735	3.239	0.090
湖北	65.358	0.718	2.931	−1.057	19.679	−11.741	3.528	0.080
湖南	54.894	0.588	3.185	−0.735	18.876	−14.426	2.419	0.145
广东	53.088	0.443	2.788	−1.158	16.567	−14.865	1.415	0.342
广西	76.324	0.596	2.969	−1.149	20.015	−16.935	2.428	0.144
海南	36.192	0.350	3.112	−0.784	15.758	−13.243	0.858	0.500

资料来源：笔者根据《全国农产品成本收益资料汇编》数据计算得到。

表6-3报告了河北、山西等15个省区小麦成本波动的数据描述性统计结果。在均值方面，各省区风险数据的均值都接近于0。在方差方面，黑龙江成本波动数据的方差大于其余省区，不稳定性更高。在偏度方面，各省区波动序列偏度都大于0，呈现右偏分布。在峰度方面，除山西、江苏、安徽、云南、甘肃5省外，其余省区

风险数据峰度都大于 3。综合偏度与峰度的分布特征看，除山西、江苏、安徽、云南、甘肃 5 省外的其他省区小麦成本出现上涨极端概率要高于出现下降极端概率。从雅克贝拉检验的结果来看，除黑龙江、宁夏和新疆以外，其他省区的小麦成本波动序列都服从正态分布。

表 6-3 各地区小麦成本波动数据描述性统计

地区	方差	偏度	峰度	中位数	最大值	最小值	JB 值	P 值
河北	36.669	0.645	3.125	-1.072	15.147	-9.996	2.866	0.109
山西	52.885	0.483	2.870	-1.535	17.989	-15.309	1.622	0.286
内蒙古	43.239	0.311	3.187	0.121	17.683	-12.805	0.720	0.500
黑龙江	125.586	2.194	10.141	-1.435	46.123	-21.297	119.988	0.001
江苏	28.227	0.512	2.802	-1.064	12.632	-10.002	1.858	0.229
安徽	29.102	0.033	2.734	-0.189	12.653	-12.830	0.129	0.500
山东	35.339	0.575	3.113	-0.845	15.699	-11.685	2.280	0.160
河南	34.663	0.519	3.058	-1.064	16.017	-10.983	1.849	0.230
湖北	28.497	0.581	3.252	-0.460	13.163	-9.907	2.412	0.146
四川	61.137	0.334	3.512	-0.160	22.060	-16.585	1.212	0.406
云南	53.446	0.457	2.637	-1.889	16.855	-12.499	1.653	0.278
陕西	56.922	0.493	3.053	-1.827	17.556	-15.394	1.666	0.275
甘肃	75.123	0.717	2.875	-2.196	20.971	-14.976	3.542	0.079
宁夏	64.731	1.420	6.261	-1.375	30.391	-11.536	31.947	0.001
新疆	30.640	0.881	3.405	-0.500	14.157	-8.802	5.583	0.039

资料来源：笔者根据《全国农产品成本收益资料汇编》数据计算得到。

表 6-4 报告了河北、山西等 20 个省份玉米成本波动的数据描述性统计结果。在均值方面，各省份风险数据的均值都接近于 0。在方差方面，广西、重庆、贵州、云南、甘肃 5 省份成本波动数据方差较大，表明这些地区玉米成本波动序列的不稳定性较高。在偏度方面，各省份玉米成本波动序列偏度都大于 0，呈右偏分布。在峰

度方面，除内蒙古、江苏、山东、宁夏4省区外，其余地区玉米成本波动序列的峰度都大于3。综合偏度与峰度的分布特征来看，除内蒙古、江苏、山东、宁夏外的16个省份玉米成本出现上涨极端概率要大于下降概率。从雅克贝拉检验的结果来看，河北、山西、内蒙古等11个省份的玉米成本波动数据服从正态分布。

表 6-4　　　　　各地区玉米成本波动数据描述性统计

地区	方差	偏度	峰度	中位数	最大值	最小值	JB 值	P 值
河北	28.224	0.443	3.202	−0.528	12.302	−11.811	1.412	0.343
山西	50.880	0.676	3.005	−2.021	17.924	−13.976	3.122	0.095
内蒙古	55.748	0.475	2.405	−1.402	16.992	−12.862	2.144	0.179
辽宁	42.713	0.929	4.274	−1.069	19.909	−12.016	8.675	0.019
吉林	69.285	0.522	3.020	−1.350	20.328	−18.575	1.863	0.228
黑龙江	31.142	1.118	3.514	−1.792	14.474	−7.734	8.997	0.018
江苏	41.028	0.612	2.723	−0.770	14.102	−10.345	2.689	0.121
安徽	53.354	0.661	3.054	−1.924	18.778	−13.965	2.994	0.101
山东	48.422	0.513	2.966	−1.222	15.393	−13.752	1.801	0.241
河南	42.937	0.997	4.189	−0.834	19.877	−11.027	9.211	0.017
湖北	81.765	0.776	4.243	−1.020	27.731	−19.482	6.755	0.029
广西	117.086	0.717	4.549	−1.236	34.726	−24.446	7.614	0.023
重庆	110.415	0.784	4.654	−0.900	29.786	−24.580	8.875	0.018
四川	72.262	0.391	3.053	−1.427	19.614	−17.946	1.052	0.473
贵州	155.779	0.781	3.373	−1.977	30.675	−23.013	4.404	0.056
云南	124.032	0.694	3.398	−2.057	27.686	−24.179	3.566	0.078
陕西	94.963	0.764	3.977	−0.686	27.638	−18.195	5.624	0.039
甘肃	325.590	1.405	5.486	−2.606	63.090	−28.113	24.039	0.002
宁夏	65.984	0.543	2.793	−1.432	18.267	−15.627	2.092	0.187
新疆	81.521	1.130	3.630	−2.215	25.759	−12.437	9.407	0.016

资料来源：笔者根据《全国农产品成本收益资料汇编》数据计算得到。

6.2 成本波动的时间特征

图 6-5 报告了 1978～2018 年早稻成本波动项均值、方差、偏度和峰度的时间变化特征。从均值来看，各年份的早稻成本波动均值随时间变化呈现出波动的特征。均值最小的年份为 2018 年，均值最大的年份出现在 2013 年。早稻成本波动的方差也随着时间呈现出波动变化。方差反映了成本数据的省域差异。在 2001 年，早稻成本波动项的方差较其他年份偏高。从波动项的偏度来看，大多数年份的偏度值都小于 0，这些年份出现成本下降的概率较高。从波动项的峰度来看，大多数年份的峰度值都小于 3，呈现瘦尾的分布特征，发生极值的概率较正态分布更低。

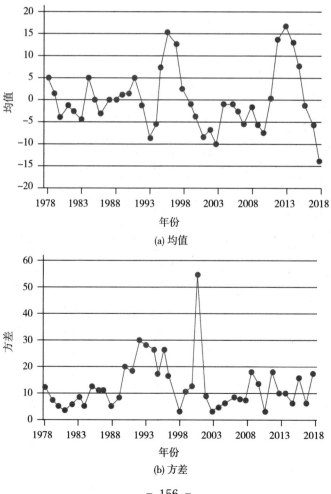

(a) 均值

(b) 方差

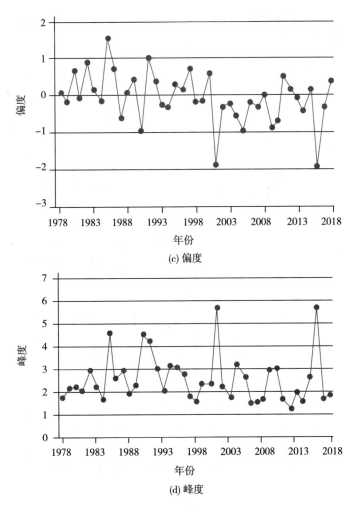

(c) 偏度

(d) 峰度

图 6-5 早稻成本波动时间特征

资料来源：笔者根据《全国农产品成本收益资料汇编》数据计算得到。

图 6-6 报告了 1978～2018 年晚稻成本波动项均值、方差、偏度和峰度的时间变化特征。从均值来看，均值最小的年份为 2018 年，均值最大的年份出现在 2013 年。从方差来看，在 1992 年和 1996 年，晚稻成本波动项的方差较其他年份偏高。从晚稻成本波动项的偏度来看，大多数年份的偏度值都大于 0，呈右偏分布，即晚稻成本上涨的概率要大于成本下降的概率。从晚稻成本波动项的峰度来

看，大多数年份的峰度值都小于3，表明这些年份出现成本极端上涨和下跌的概率低于正态分布的情况。

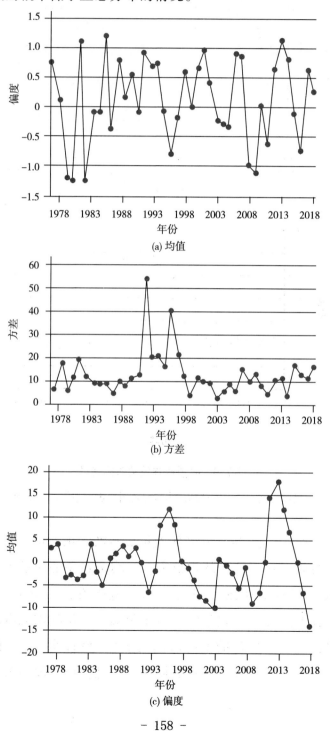

(a) 均值

(b) 方差

(c) 偏度

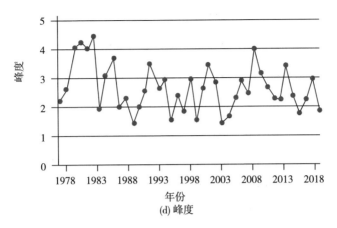

图 6-6 晚稻成本波动时间特征

资料来源：笔者根据《全国农产品成本收益资料汇编》数据计算得到。

图 6-7 报告了 1978～2018 年小麦成本波动项均值、方差、偏度和峰度的时间变化特征。与早稻和晚稻成本波动项的均值相比，在样本期内小麦成本波动项均值的变化幅度比早稻和晚稻要小。从方差来看，在 2007 年和 2018 年，小麦成本波动项的方差较其他年份偏高。从波动项的偏度来看，多数年份成本波动项的偏度值小于 0，即成本波动呈右偏分布，小麦出现成本上涨的概率大于成本下降的概率。从波动项的峰度来看，多数年份小麦成本波动项的峰度值大于 3，表明这些年份出现成本极端上涨和下跌的概率高于正态分布的情况。

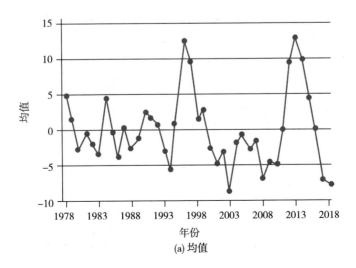

(a) 均值

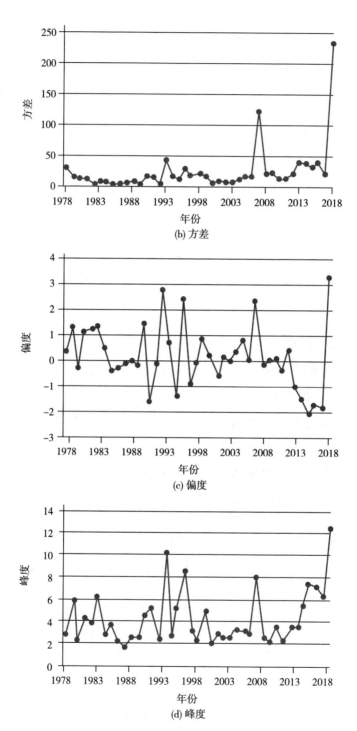

图 6-7　小麦成本波动时间特征

资料来源：笔者根据《全国农产品成本收益资料汇编》数据计算得到。

图 6-8 报告了 1978～2018 年小麦成本波动项均值、方差、偏度和峰度的时间变化特征。与小麦成本波动项的均值相比，在样本期内玉米成本波动项均值的变化幅度较大，与早稻、晚稻水平相近。成本波动均值最小的年份为 2018 年，最大的年份出现在 2013 年。从方差来看，1992 年小麦成本波动项的方差较其他年份偏高。从波动项的偏度来看，多数年份下玉米成本风险偏度要大于 0，说明玉米成本出现上涨的概率高于成本下降的概率。从波动项的峰度来看，多数年份玉米成本风险的峰度要大于 3，表明多数年份的成本波动数据分布呈厚尾特征，出现极端值的概率比正态分布更大。

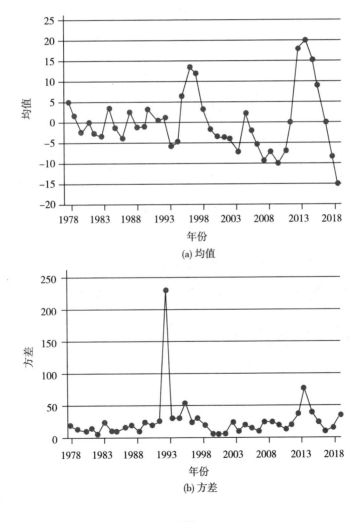

(a) 均值

(b) 方差

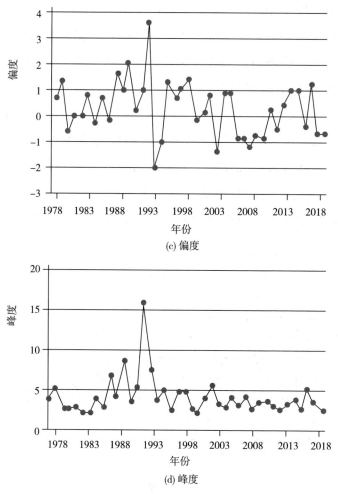

(c) 偏度

(d) 峰度

图 6-8　玉米成本波动时间特征

资料来源：笔者根据《全国农产品成本收益资料汇编》数据计算得到。

6.3　成本波动的空间特征

首先根据成本波动数据和经纬度数据计算了省域周边地区的成本波动，然后绘制了 Moran 散点图（见图 6-9 至图 6-12），并计算了成本波动项与周边地区成本波动项的相关系数（见图 6-13）。

图 6-9 至图 6-12 分别报告了部分主产区早稻、晚稻、小麦和玉米成本波动的 Moran 散点图。大多数主产区的 Moran 散点图的拟合

线斜率为正，1978～2018 年间大部分散点落入第一或第三象限内，仅有少部分点落入第二或第四象限，即当某一省域粮食成本上涨时，周边省域粮食成本上涨的可能性非常高，而当某一省域粮食成本下降时，周边省域粮食成本下降的可能性也非常高。

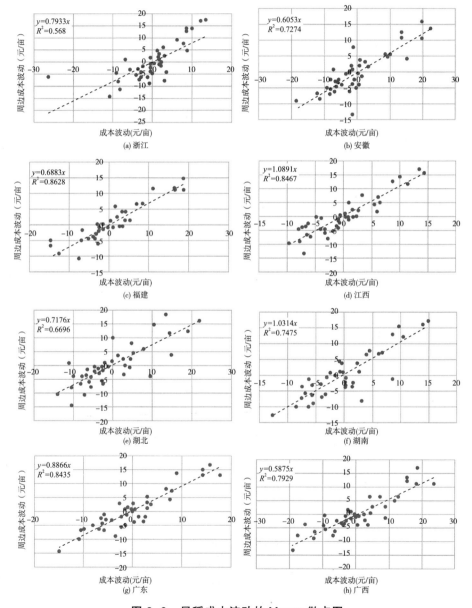

图 6-9 早稻成本波动的 Moran 散点图

资料来源：笔者根据《全国农产品成本收益资料汇编》数据计算得到。

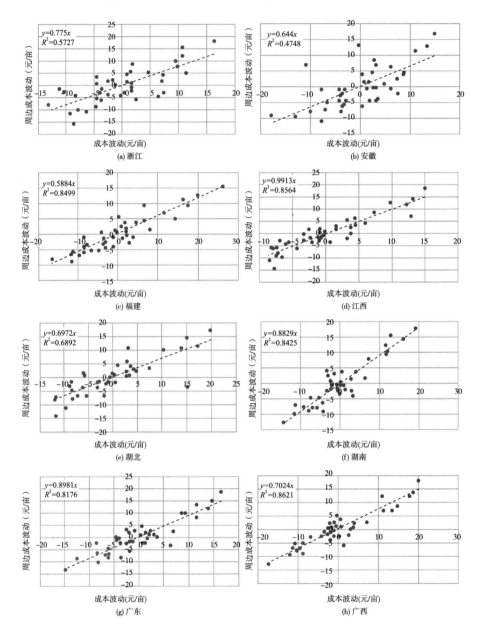

图 6-10 晚稻成本波动的 Moran 散点图

资料来源：笔者根据《全国农产品成本收益资料汇编》数据计算得到。

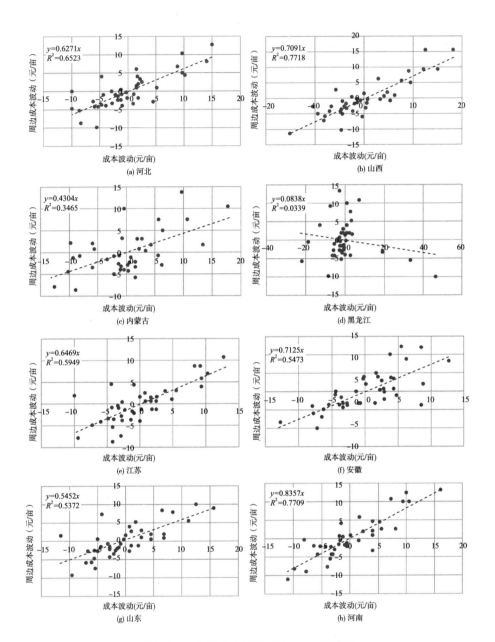

图 6-11　小麦成本波动的 Moran 散点图

资料来源：笔者根据《全国农产品成本收益资料汇编》数据计算得到。

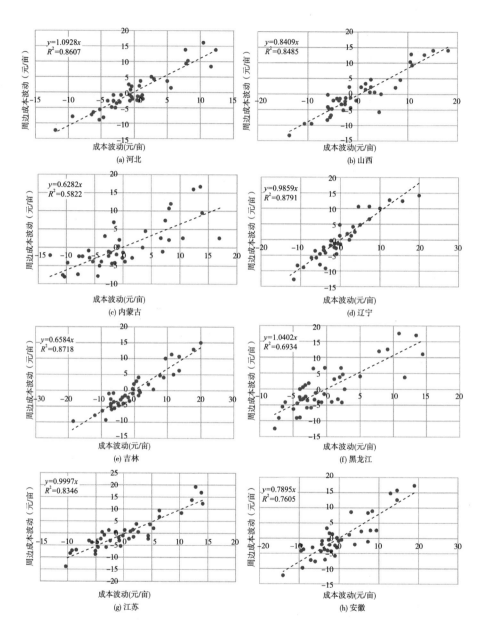

图 6-12　玉米成本波动的 Moran 散点图

资料来源：笔者根据《全国农产品成本收益资料汇编》数据计算得到。

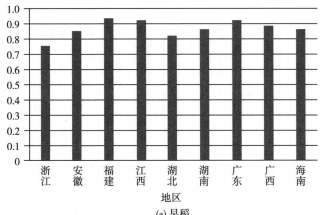

(a) 早稻

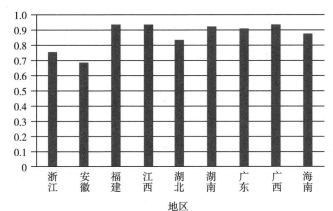

(b) 晚稻

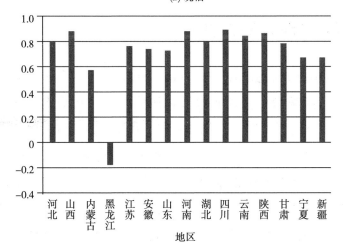

(c) 小麦

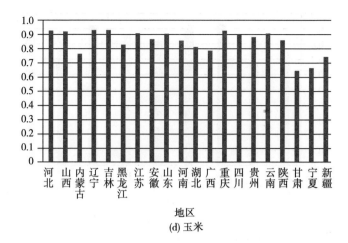

图 6-13　粮食成本波动的空间相关特征

资料来源：笔者根据《全国农产品成本收益资料汇编》数据计算得到。

图 6-13 报告了主产区早稻、晚稻、小麦和玉米成本波动与其周边地区成本的波动关系。结果表明，大部分地区粮食成本波动与其周边成本波动成正相关关系，仅部分地区的粮食成本波动呈现空间负相关关系，如黑龙江的小麦成本波动。利用这种成本波动的空间异质性可以更好地优化相应的农业保险。

6.4　成本波动的分布特征

本节采用 Kolmogorov-Smirnov 检验方法，对各地区粮食成本波动项的分布函数做了估计和检验。研究发现，在众多分布中，广义极值分布（公式详见第 4 章第 4.4 节，式（4-1））同时考虑了数据的偏度、峰度和位置信息，可以较好地拟合粮食成本波动数据的分布。

表 6-5～表 6-8 报告了早稻、晚稻、小麦和玉米成本波动项分布函数参数的极大似然估计值以及 Kolmogorov-Smirnov 检验结果。结果表明，除黑龙江的小麦成本波动项外，其余所有地区四种粮食作物成本波动项均服从广义极值分布。由于早稻成本波动的广义极

值分布检验结果中所有地区的形状参数均小于 0，因此可以判断早稻成本波动项服从 Weibull 型极值分布。晚稻成本波动的广义极值分布检验结果中，江西的形状参数大于 0，可以判断该省成本波动项服从 Frechet 型极值分布；其余省份的形状参数均小于 0，服从 Weibull 型极值分布。

表 6-5　　　　　早稻成本波动的广义极值分布检验结果

地区	形状参数	尺度参数	位置参数	概率	KS 值	临界值	原假设
浙江	−0.455	7.639	−1.862	0.211	0.161	0.208	0
安徽	−0.088	7.710	−3.839	0.395	0.136	0.208	0
福建	−0.182	7.721	−3.236	0.682	0.108	0.208	0
江西	−0.051	4.888	−2.623	0.945	0.078	0.208	0
湖北	−0.003	6.622	−3.845	0.902	0.085	0.208	0
湖南	−0.133	5.454	−2.532	0.978	0.071	0.208	0
广东	−0.132	6.425	−2.964	0.827	0.094	0.208	0
广西	−0.197	9.314	−3.869	0.997	0.059	0.208	0
海南	−0.173	6.490	−2.734	0.846	0.092	0.208	0

资料来源：笔者根据《全国农产品成本收益资料汇编》数据计算得到。

表 6-6　　　　　晚稻成本波动的广义极值分布检验结果

地区	形状参数	尺度参数	位置参数	概率	KS 值	临界值	原假设
浙江	−0.216	6.474	−2.618	0.874	0.089	0.208	0
安徽	−0.335	7.179	−2.283	0.913	0.084	0.208	0
福建	−0.133	8.417	−3.862	0.946	0.078	0.208	0
江西	0.021	4.967	−2.999	0.841	0.093	0.208	0
湖北	−0.014	6.407	−3.652	0.983	0.069	0.208	0
湖南	−0.124	6.484	−3.034	0.638	0.112	0.208	0
广东	−0.159	6.540	−2.901	0.964	0.074	0.208	0
广西	−0.108	7.515	−3.636	0.628	0.113	0.208	0
海南	−0.186	5.588	−2.334	0.862	0.090	0.208	0

资料来源：笔者根据《全国农产品成本收益资料汇编》数据计算得到。

表 6-7 　　　　　　　　　　小麦成本波动的广义极值分布检验结果

地区	形状参数	尺度参数	位置参数	概率	KS 值	临界值	原假设
河北	−0.087	5.125	−2.568	0.738	0.103	0.208	0
山西	−0.144	6.463	−2.935	0.852	0.091	0.208	0
内蒙古	−0.186	6.143	−2.561	0.631	0.113	0.208	0
黑龙江	−0.029	8.511	−4.394	0.022	0.230	0.208	1
江苏	−0.130	4.658	−2.172	0.925	0.082	0.208	0
安徽	−0.272	5.301	−1.906	0.977	0.071	0.208	0
山东	−0.115	5.168	−2.461	0.998	0.058	0.208	0
河南	−0.127	5.180	−2.418	0.986	0.067	0.208	0
湖北	−0.124	4.683	−2.188	0.912	0.084	0.208	0
四川	−0.188	7.363	−3.031	0.936	0.080	0.208	0
云南	−0.135	6.431	−2.991	0.898	0.086	0.208	0
陕西	−0.152	6.763	−3.015	0.760	0.101	0.208	0
甘肃	−0.037	6.978	−3.822	0.857	0.091	0.208	0
宁夏	0.046	5.819	−3.627	0.963	0.075	0.208	0
新疆	−0.006	4.311	−2.478	0.975	0.072	0.208	0

资料来源：笔者根据《全国农产品成本收益资料汇编》数据计算得到。

表 6-8 　　　　　　　　　　玉米成本波动的广义极值分布检验结果

地区	形状参数	尺度参数	位置参数	概率	KS 值	临界值	原假设
河北	−0.178	4.878	−2.064	0.436	0.132	0.208	0
山西	−0.083	5.983	−3.021	0.615	0.114	0.208	0
内蒙古	−0.096	6.361	−3.179	0.764	0.101	0.208	0
辽宁	−0.068	5.422	−2.759	0.629	0.113	0.208	0
吉林	−0.148	7.420	−3.329	0.559	0.120	0.208	0
黑龙江	0.139	3.695	−2.699	0.937	0.080	0.208	0
江苏	−0.059	5.285	−2.798	0.996	0.061	0.208	0
安徽	−0.084	6.151	−3.096	0.684	0.108	0.208	0
山东	−0.145	6.186	−2.796	0.593	0.116	0.208	0
河南	−0.030	5.207	−2.848	0.826	0.094	0.208	0

地区	形状参数	尺度参数	位置参数	概率	KS值	临界值	原假设
湖北	−0.116	7.931	−3.680	0.719	0.105	0.208	0
广西	−0.133	9.754	−4.344	0.501	0.125	0.208	0
重庆	−0.134	9.442	−4.183	0.603	0.116	0.208	0
四川	−0.186	7.842	−3.285	0.853	0.091	0.208	0
贵州	−0.061	10.270	−5.358	0.988	0.066	0.208	0
云南	−0.117	9.659	−4.542	0.748	0.102	0.208	0
陕西	−0.107	8.445	−4.007	0.385	0.138	0.208	0
甘肃	0.045	12.877	−8.035	0.583	0.117	0.208	0
宁夏	−0.112	7.013	−3.380	0.972	0.072	0.208	0
新疆	0.200	5.673	−4.545	0.985	0.068	0.208	0

资料来源：笔者根据《全国农产品成本收益资料汇编》数据计算得到。

小麦成本波动的广义极值分布检验结果中，宁夏的形状参数大于 0，可以判断该区成本波动项服从 Frechet 型极值分布；其余省份的形状参数均小于 0，服从 Weibull 型极值分布。玉米成本波动的广义极值分布检验结果中，黑龙江、甘肃和新疆的形状参数大于 0，可以判断这三省区成本波动项服从 Frechet 型极值分布；其余省份的形状参数均小于 0，服从 Weibull 型极值分布。

6.5 成本风险的评估结果

使用第 2 章中主要的风险计量指标和熵权 –TOPSIS 方法评价各产区四种粮食的成本风险。表 6-9～ 表 6-12 报告了成本风险的各项风险指标值、风险综合得分及其排名的结果。在 ArcGis10.2 平台上将测算所得的成本风险指数根据 Jenks 最佳自然断点分级法按照类内差异最小、类间差异最大的原则进行空间聚类。表 6-9 报告了四种粮食作物成本风险的空间分布特征。

表 6-9   粮食成本风险空间分布

分类	早稻	晚稻	小麦	玉米
低风险地区	浙江	安徽、浙江、海南	内蒙古、新疆、甘肃、河北、山西、陕西、山东、河南、江苏、安徽、湖北、四川、云南	黑龙江、吉林、辽宁、内蒙古、河北、山西、山东、河南、江苏、安徽、四川、宁夏
中风险地区	福建、江西、湖南、广东、广西、海南	江西、湖南、广东	宁夏	新疆、陕西、湖北、重庆、贵州、云南、广西
高风险地区	安徽、湖北	湖北、福建、广西	黑龙江	甘肃

资料来源：笔者根据《全国农产品成本收益资料汇编》数据计算得到。

从表 6-9 和表 6-10 早稻成本风险的评估结果来看，安徽、湖北属于高风险地区，其次是福建、广东、广西、海南、江西和湖南，浙江则属于低风险地区。从极大值和 0.95 分位数指标来看，安徽早稻潜在成本上涨的幅度较大，而从上涨概率、偏度和峰度等指标来看，安徽早稻潜在成本上涨的可能性高。

表 6-10   早稻成本风险的评估结果

地区	方差	偏度	峰度	极大值	0.95 分位数	上涨概率	得分	排名
浙江	50.220	−1.079	6.391	13.353	10.581	0.512	0.309	9
安徽	83.809	0.710	3.125	21.817	16.313	0.415	0.710	1
福建	69.818	0.422	3.295	18.728	14.479	0.439	0.642	3
江西	35.427	0.616	2.798	14.155	10.849	0.463	0.586	7
湖北	71.530	0.741	2.929	21.519	15.736	0.390	0.685	2
湖南	38.413	0.499	2.844	14.809	10.851	0.463	0.572	8
广东	53.097	0.552	3.122	17.619	12.823	0.463	0.628	6
广西	101.323	0.310	2.673	23.289	17.074	0.463	0.634	4
海南	49.498	0.504	3.664	17.946	12.340	0.415	0.632	5

资料来源：笔者根据《全国农产品成本收益资料汇编》数据计算得到。

从表 6-9 和表 6-11 晚稻成本风险的评估结果来看，福建、湖北、广西属于高风险地区，其次是湖南、江西和广东，海南、浙江、安徽则属于低风险地区。从极大值和 0.95 分位数指标来看，福建晚稻潜在成本上涨的幅度大，而从上涨概率、偏度和峰度等指标来看，福建晚稻潜在成本上涨的可能性较高。

表 6-11　　　　　　　　　晚稻成本风险的评估结果

地区	方差	偏度	峰度	极大值	0.95 分位数	上涨概率	得分	排名
浙江	47.996	0.233	2.405	16.042	11.575	0.512	0.377	8
安徽	49.622	−0.180	2.975	14.987	11.224	0.561	0.201	9
福建	90.380	0.565	3.310	25.358	16.791	0.463	0.840	1
江西	41.077	0.676	2.743	15.013	12.224	0.390	0.569	5
湖北	65.358	0.718	2.931	19.679	14.988	0.439	0.735	2
湖南	54.894	0.588	3.185	18.876	13.076	0.439	0.635	4
广东	53.088	0.443	2.788	16.567	12.581	0.463	0.532	6
广西	76.324	0.596	2.969	20.015	15.459	0.390	0.728	3
海南	36.192	0.350	3.112	15.758	10.418	0.463	0.419	7

资料来源：笔者根据《全国农产品成本收益资料汇编》数据计算得到。

从表 6-9 和表 6-12 小麦成本风险的评估结果来看，黑龙江属于高风险地区，宁夏属于中等风险地区，新疆、陕西、山西、云南、河北、甘肃和四川等其他地区小麦成本风险较低。从极大值和 0.95 分位数指标来看，黑龙江小麦潜在成本上涨的幅度大，而从上涨概率、偏度和峰度等指标来看，黑龙江小麦潜在成本上涨的可能性高。

表 6-12　　　　　　　　　小麦成本风险的评估结果

地区	方差	偏度	峰度	极大值	0.95 分位数	上涨概率	得分	排名
河北	36.669	0.645	3.125	15.147	10.846	0.439	0.171	9
山西	52.885	0.483	2.870	17.989	12.684	0.415	0.183	7
内蒙古	43.239	0.311	3.187	17.683	11.458	0.512	0.145	12
黑龙江	125.586	2.194	10.141	46.123	25.531	0.366	0.933	1
江苏	28.227	0.512	2.802	12.632	9.305	0.439	0.124	14
安徽	29.102	0.033	2.734	12.653	8.895	0.488	0.057	15
山东	35.339	0.575	3.113	15.699	10.542	0.439	0.155	10

续表

地区	方差	偏度	峰度	极大值	0.95 分位数	上涨概率	得分	排名
河南	34.663	0.519	3.058	16.017	10.399	0.415	0.140	13
湖北	28.497	0.581	3.252	13.163	9.447	0.439	0.146	11
四川	61.137	0.334	3.512	22.060	13.727	0.488	0.226	4
云南	53.446	0.457	2.637	16.855	12.745	0.439	0.176	8
陕西	56.922	0.493	3.053	17.556	13.150	0.415	0.197	6
甘肃	75.123	0.717	2.875	20.971	15.806	0.366	0.298	3
宁夏	64.731	1.420	6.261	30.391	14.893	0.415	0.509	2
新疆	30.640	0.881	3.405	14.157	10.213	0.439	0.215	5

资料来源：笔者根据《全国农产品成本收益资料汇编》数据计算得到。

从表 6-9 和表 6-13 玉米成本风险的评估结果来看，甘肃属于高风险地区，贵州、广西、云南、重庆、湖北、陕西和新疆属于中等风险地区，其他地区玉米成本风险较低。从极大值和 0.95 分位数指标来看，甘肃玉米潜在成本上涨的幅度大，而从上涨概率、偏度和峰度等指标来看，甘肃玉米潜在成本上涨的可能性较高。

表 6-13　　　　　　　　玉米成本风险的评估结果

地区	方差	偏度	峰度	极大值	0.95 分位数	上涨概率	得分	排名
河北	28.224	0.443	3.202	12.302	9.189	0.439	0.072	20
山西	50.880	0.676	3.005	17.924	12.729	0.415	0.134	16
内蒙古	55.748	0.475	2.405	16.992	13.260	0.366	0.102	17
辽宁	42.713	0.929	4.274	19.909	11.823	0.341	0.201	11
吉林	69.285	0.522	3.020	20.328	14.504	0.439	0.164	12
黑龙江	31.142	1.118	3.514	14.474	10.888	0.366	0.201	10
江苏	41.028	0.612	2.723	14.102	11.601	0.439	0.098	19
安徽	53.354	0.661	3.054	18.778	13.073	0.366	0.136	15
山东	48.422	0.513	2.966	15.393	12.133	0.439	0.101	18
河南	42.937	0.997	4.189	19.877	11.949	0.390	0.213	9
湖北	81.765	0.776	4.243	27.731	16.247	0.415	0.270	8

地区	方差	偏度	峰度	极大值	0.95 分位数	上涨概率	得分	排名
广西	117.086	0.717	4.549	34.726	19.590	0.415	0.371	3
重庆	110.415	0.784	4.654	29.786	18.953	0.415	0.343	4
四川	72.262	0.391	3.053	19.614	14.611	0.439	0.161	13
贵州	155.779	0.781	3.373	30.675	22.542	0.390	0.422	2
云南	124.032	0.694	3.398	27.686	19.693	0.390	0.331	5
陕西	94.963	0.764	3.977	27.638	17.481	0.463	0.292	7
甘肃	325.590	1.405	5.486	63.090	32.886	0.366	0.948	1
宁夏	65.984	0.543	2.793	18.267	14.340	0.463	0.153	14
新疆	81.521	1.130	3.630	25.759	18.467	0.366	0.307	6

资料来源：笔者根据《全国农产品成本收益资料汇编》数据计算得到。

第7章

收益风险计量与评估

本章收集了 1978～2018 年各地区早稻、晚稻、小麦和玉米四种主要粮食作物的收益数据，通过 HP 滤波方法将收益分解为趋势项和波动项。通过对波动项的统计分析，研究了收益波动的统计特征、时间特征、空间特征和分布特征，在此基础上采用熵权—TOPSIS 方法综合评估了四种粮食作物的收益风险。

7.1 收益数据描述和分解

7.1.1 收益分解及波动特征

对粮食收益风险进行计量与评估，首先采用 1978 年的物价指数做定基处理剔除通胀因素，其次要剔除收益数据中的趋势项，分解出波动项表征收益风险（不确定性），然后再进行下一步的计算。采用 HP 滤波方法对收益数据进行分解，以得到收益波动项并对其特征进行分析。限于篇幅，每种粮食作物仅展示四个省份的收益波动变化。

图 7-1 为 1978～2018 年浙江、安徽、福建和江西四个省份的早稻收益波动情况。对比发现，早稻收益存在明显的波动变化，波动幅度在 50 元 / 亩以内。在四个省份中，福建的收益波动幅度最大，波动极小值出现在 2000 年，每亩降低 34.48 元，极大值出现在 1996

年，每亩增长 47.96 元。安徽早稻收益波动极小值出现在 2000 年，每亩降低 32.73 元；极大值出现在 1995 年，每亩增长 39.82 元。江西早稻收益波动极小值出现在 2018 年，每亩降低 24.12 元；极大值出现在 1996 年，每亩增长 28.72 元。浙江早稻收益也呈现出较大幅度波动，波动的极小值出现在 2002 年，每亩降低 20.76 元；极大值出现在 2004 年，每亩增长 20.94 元。

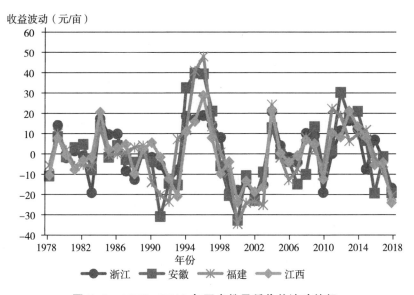

图 7-1　1978～2018 年四省份早稻收益波动特征

资料来源：笔者根据《全国农产品成本收益资料汇编》数据计算得到。

图 7-2 为 1978～2018 年浙江、安徽、福建和江西四个省份的晚稻收益波动情况。在四个省份中，浙江的波动幅度最大，晚稻收益波动极小值出现在 2002 年，每亩降低 33.19 元；极大值出现在 1994 年，每亩增长 50.58 元。福建的晚稻收益波动极小值出现在 2002 年，每亩降低 31.19 元；极大值出现在 1995 年，每亩增长 40.58 元。安徽晚稻收益波动极小值出现在 1992 年，每亩降低 29.87 元；极大值出现在 2011 年，每亩增长 37.89 元。江西晚稻收益波动极小值出现在 2002 年，每亩降低 26.43 千克；极大值出现在 1995 年，每亩增长 31.15 千克。

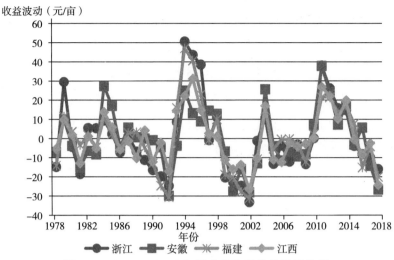

图7-2 1978～2018年四省份晚稻收益波动特征

资料来源：笔者根据《全国农产品成本收益资料汇编》数据计算得到。

图7-3为1978～2018年河北、山西、内蒙古和黑龙江四个省区的小麦收益波动情况。河北小麦收益波动极小值出现在2018年，每亩降低33.47元；极大值出现在1995年，每亩增长38.36元。内蒙古小麦收益波动极小值出现在2003年，每亩降低21.75元；极大值出现在1995年，每亩增长27.47元。山西小麦收益波动极小值出现在2018年，每亩降低23.95元；极大值出现在2014年，每亩增长21.26元。黑龙江小麦收益波动极小值出现在2001年，每亩降低22.94元；极大值出现在2011年，每亩增长20.06元。

图7-4为1978～2018年河北、山西、内蒙古和辽宁四个省区的玉米收益波动情况。比较发现玉米收益存在明显的波动变化。河北玉米收益波动极小值出现在2016年，每亩降低28.23元；极大值出现在1995年，每亩增长36.51元。山西玉米收益波动极小值出现在2016年，每亩降低31.36元；极大值出现在2011年，每亩增长52.89元。内蒙古玉米收益波动极小值出现在2016年，每亩降低49.05元；极大值出现在1995年，每亩增长51.53元。辽宁玉米收益波动极小值出现在2016年，每亩降低32.85元；极大值出现在2012年，每亩增长46.55元。

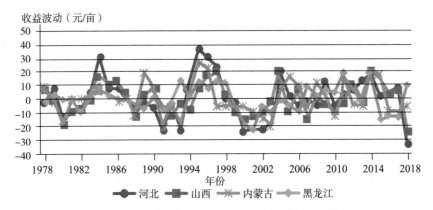

图 7-3　1978～2018 年四省区小麦收益波动特征

资料来源：笔者根据《全国农产品成本收益资料汇编》数据计算得到。

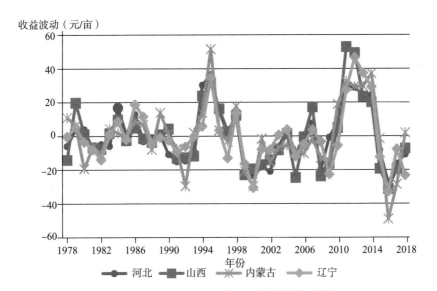

图 7-4　1978～2018 四省区玉米收益波动特征

资料来源：笔者根据《全国农产品成本收益资料汇编》数据计算得到。

7.1.2　收益风险描述性统计

表 7-1 报告了浙江、安徽等 9 个省区早稻收益波动的数据描述性统计结果。首先，从均值方面看，反映的是各省区早稻收益的平均波动情况，各省区早稻收益波动接近于 0。而方差反映了波动数

据与总体均数的差异程度，从表中结果来看，早稻收益波动方差较大，说明收益不稳定性程度较高，即早稻收益存在较大的波动。偏度和峰度用于考察波动数据的分布情况。从结果上看，浙江和湖北的偏度小于0，表明早稻收益出现降低的可能性偏高。而安徽、福建、江西、湖南、广西、广东、河南7个省区的偏度大于0，表明早稻风险数据的右端有更大可能出现极端值，收益增加的可能性更高。再结合峰度都大于3的结果，偏度小于0的福建、广东和广西早稻收益出现增长的极端概率大于出现降低的极端概率，而安徽、福建等出现收益增长的极端概率更高。从雅克贝拉检验的结果来看，除广西外8个省份的早稻收益波动序列都服从正态分布。

表 7-1　　　　　　　　各地区早稻收益波动数据描述性统计

地区	方差	偏度	峰度	中位数	最大值	最小值	JB 值	P 值
浙江	160.616	−0.045	1.763	−0.948	20.948	−20.760	2.626	0.126
安徽	300.852	0.505	2.967	−1.671	39.825	−32.734	1.742	0.255
福建	287.975	0.512	3.746	−0.168	47.964	−34.480	2.746	0.117
江西	158.303	0.071	2.615	−0.301	28.717	−24.125	0.287	0.500
湖北	201.082	−0.256	2.112	2.577	25.853	−27.344	1.793	0.243
湖南	202.685	0.152	2.454	−1.362	33.222	−26.998	0.667	0.500
广东	295.133	0.626	3.276	−1.686	45.046	−32.352	2.809	0.113
广西	268.161	1.032	4.585	−1.134	50.606	−24.235	11.567	0.011
海南	193.972	0.198	2.778	−2.341	33.993	−25.368	0.352	0.500

资料来源：笔者根据《全国农产品成本收益资料汇编》数据计算得到。

表7-2报告了浙江、安徽等9个省区晚稻收益波动的数据描述性统计结果。在均值方面，各省区均值接近于0。在方差方面，多数省份收益的不稳定性较高，海南相对稳定。在偏度方面，除广西外的所有省份偏度都大于0，表明这些省份晚稻收益出现增长的可能性较高。浙江、福建、湖北、湖南、广西5个省区峰度大于3，

其余省份的峰度值都小于 3。结合偏度和峰度的分布特征来看，浙江、福建、湖北、湖南四个省份晚稻收益出现增长极端的概率大于出现降低极端的概率，广西出现减产极端概率较高。安徽、福建、江西等 7 个省份晚稻收益波动序列服从正态分布。

表 7-2　　　　　　　各地区晚稻收益波动数据描述性统计

地区	方差	偏度	峰度	中位数	最大值	最小值	JB 值	P 值
浙江	389.450	0.843	3.178	-3.747	50.576	-33.186	4.904	0.048
安徽	254.854	0.217	2.689	-3.745	37.886	-29.866	0.488	0.500
福建	304.565	0.431	3.314	-0.478	47.020	-31.197	1.437	0.336
江西	185.134	0.382	2.603	-2.172	31.159	-26.438	1.267	0.387
湖北	252.440	0.588	3.423	-0.608	46.618	-28.502	2.668	0.123
湖南	244.153	0.547	3.814	-1.520	45.944	-35.999	3.179	0.092
广东	316.871	0.535	2.877	-1.253	46.361	-29.748	1.982	0.205
广西	265.998	-0.747	5.389	0.587	37.076	-57.969	13.566	0.008
海南	166.910	0.644	2.960	-2.639	32.906	-23.493	2.839	0.111

资料来源：笔者根据《全国农产品成本收益资料汇编》数据计算得到。

表 7-3 报告了河北、山西等 15 个省区小麦收益波动的数据描述性统计结果。首先，各省区风险数据的均值都接近于 0。在方差方面，河北、安徽、河南收益波动数据的方差大于其余省区，不稳定性更高。偏度方面，黑龙江、江苏和安徽三省偏度小于 0，呈左偏分布，其余各省区风险数据偏度都大于 0，呈右偏分布。峰度方面，河北、山西等 9 省区的风险数据峰度小于 3，安徽、山东、河南、湖北、云南、甘肃的风险数据峰度大于 3。综合偏度与峰度的分布特征看，山东、河南等 5 省区小麦收益出现增长极端的概率高于出现降低极端的概率，而安徽则是出现降低极端的可能性较高。除云南与甘肃之外，其余省区的小麦收益波动序列都服从正态分布。

表 7-3 各地区小麦收益波动数据描述性统计

地区	方差	偏度	峰度	中位数	最大值	最小值	JB 值	P 值
河北	251.928	0.212	2.988	−2.200	38.400	−33.500	0.308	0.500
山西	137.512	0.140	2.160	−0.700	21.300	−24.000	1.339	0.364
内蒙古	148.647	0.347	2.432	−0.900	27.500	−21.700	1.372	0.354
黑龙江	102.731	−0.105	2.614	−0.600	20.100	−22.900	0.331	0.500
江苏	207.407	0.052	2.577	1.200	33.100	−27.100	0.325	0.500
安徽	265.035	−0.155	3.022	1.600	31.500	−35.800	0.165	0.500
山东	210.167	0.426	3.544	−1.200	38.900	−28.100	1.748	0.254
河南	252.048	0.104	3.053	−1.900	31.600	−37.000	0.079	0.500
湖北	214.439	0.085	3.690	0.400	37.900	−36.100	0.864	0.500
四川	61.813	0.059	2.176	−0.900	14.800	−15.900	1.184	0.416
云南	84.292	0.077	4.762	1.300	28.700	−24.700	5.342	0.042
陕西	134.076	0.235	2.619	−0.600	27.100	−21.700	0.626	0.500
甘肃	112.762	0.857	3.572	−2.100	32.700	−15.400	5.579	0.039
宁夏	175.980	0.307	2.871	1.500	34.500	−25.000	0.674	0.500
新疆	185.643	0.455	2.400	−2.900	31.900	−23.500	2.032	0.197

资料来源：笔者根据《全国农产品成本收益资料汇编》数据计算得到。

表 7-4 报告了河北、山西等 20 个省区市玉米收益波动的数据描述性统计结果。各省区市玉米收益波动序列均值都接近于 0。在方差方面，大部分地区收益波动数据方差较大，表明玉米收益不稳定性较高。在 20 个省区市中，仅有四川偏度小于 0，其余地区波动序列偏度都大于 0，呈右偏分布。山西、内蒙古、辽宁等 11 个省份波动数据峰度大于 3，其余地区波动序列峰度则小于 3。综合偏度和峰度的分布特征来看，山西、内蒙古等 11 个省份玉米收益增长的概率要高于降低的概率。除山西、安徽和湖南之外，大部分地区粮食收益波动数据近似服从正态分布。

表 7-4 各地区玉米收益波动数据描述性统计

地区	方差	偏度	峰度	中位数	最大值	最小值	JB 值	P 值
河北	263.431	0.506	2.521	−0.840	36.513	−28.230	2.141	0.179
山西	362.860	0.871	3.610	−1.415	52.887	−31.356	5.817	0.037
内蒙古	379.342	0.241	3.636	−1.420	51.528	−49.054	1.089	0.454

续表

地区	方差	偏度	峰度	中位数	最大值	最小值	JB 值	P 值
辽宁	293.232	0.748	3.708	−2.293	46.546	−32.852	4.675	0.052
吉林	367.564	0.259	2.705	−2.164	42.574	−39.604	0.608	0.500
黑龙江	286.024	0.162	3.817	−4.097	39.358	−48.520	1.319	0.370
江苏	304.256	0.042	3.257	−1.243	42.697	−39.736	0.125	0.500
安徽	286.790	0.079	5.004	−2.437	49.783	−51.823	6.902	0.028
山东	196.162	0.465	2.755	−4.360	36.324	−27.005	1.579	0.297
河南	184.842	1.031	4.944	−0.625	44.197	−26.393	13.724	0.008
湖北	196.740	0.538	2.697	−4.422	36.234	−25.185	2.135	0.180
广西	211.669	0.365	2.925	0.386	34.242	−31.380	0.918	0.500
重庆	166.850	0.613	3.223	−2.675	36.045	−26.172	2.652	0.124
四川	230.782	−0.011	1.930	0.480	25.283	−27.812	1.956	0.210
贵州	261.951	0.723	3.185	−4.322	38.429	−32.457	3.630	0.076
云南	186.032	0.562	3.344	−0.517	38.440	−26.444	2.362	0.151
陕西	161.707	0.356	2.087	−0.580	23.374	−19.791	2.293	0.159
甘肃	459.083	0.114	2.897	−1.094	52.211	−48.692	0.107	0.500
宁夏	329.077	0.674	2.689	−1.394	43.392	−29.145	3.266	0.089
新疆	292.509	0.136	3.148	−1.961	43.638	−38.298	0.164	0.500

资料来源：笔者根据《全国农产品成本收益资料汇编》数据计算得到。

7.2　收益波动的时间特征

图 7-5 报告了 1978～2018 年早稻收益波动项均值、方差、偏度和峰度的时间变化特征。首先从均值来看，各年份的早稻收益波动均值随时间变化呈现出波动特征。均值最小的年份为 1994 年，均值最大的年份出现在 1998 年。早稻收益波动的方差也随着时间呈现出波动变化。方差反映了收益数据的省域差异。在 1990 年和 1994 年，早稻收益波动项的方差较其他年份偏高。近年来，早稻收益波动项离散化程度有逐渐降低的趋势。从波动项的偏度来看，多数年份偏度要小于 0，其收益在这些年份降低的概率高于增长的概率。从波动项的峰度来看，大多数年份的峰度值都小于 3，呈现瘦尾的分布特征，出现极值的概率较正态分布更低。

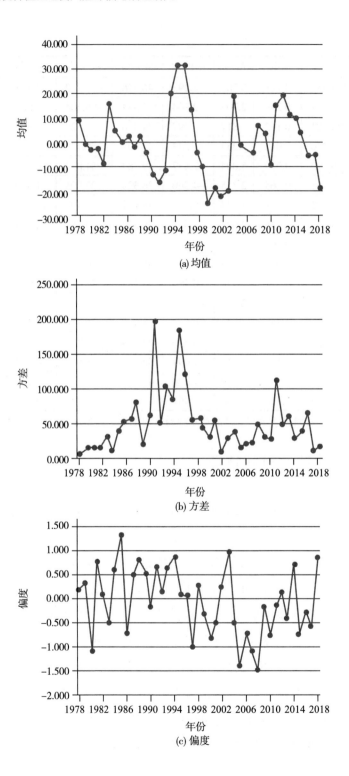

(a) 均值

(b) 方差

(c) 偏度

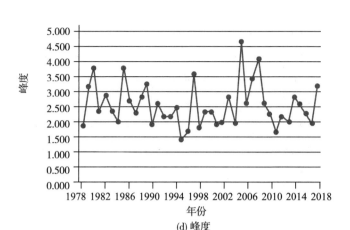

(d) 峰度

图 7-5　早稻收益波动时间特征

资料来源：笔者根据《全国农产品成本收益资料汇编》数据计算得到。

　　图 7-6 报告了 1978～2018 年晚稻收益波动项均值、方差、偏度和峰度的时间变化特征。对比早稻和晚稻收益波动项的均值，在样本期内晚稻收益波动项均值的变化幅度更大，均值最小的年份为 2001 年，均值最大的年份出现在 1993 年。在晚稻收益波动的方差变化之中，20 世纪 80 年代末、21 世纪初晚稻主产区收益波动差异较大，而 2010 年后晚稻主产区收益波动的差异逐渐变小。从晚稻收益波动项的偏度来看，多数年份晚稻收益波动的偏度大于 0，呈右偏分布，即收益增长的概率要大于收益降低的概率。而从晚稻收益波动项的峰度变化情况来看，多数年份晚稻收益峰度都要小于 3，表明出现极值的概率低于正态分布的情形。

　　图 7-7 报告了 1978～2018 年小麦收益波动项均值、方差、偏度和峰度的时间变化特征。与早稻和晚稻收益波动项的均值相比，在样本期内小麦收益波动项的变化幅度更小。与早稻和晚稻收益波动项的方差相比，小麦收益波动项的方差变化幅度介于早稻和晚稻之间。从偏度来看，多数年份收益波动项的偏度小于 0，即收益波动呈现左偏分布，小麦收益下降概率大于增长概率。从峰度来看，在多数年份里小麦收益波动项的峰度值小于 3，在这些年份出现收益极值的概率低于正态分布的情形。

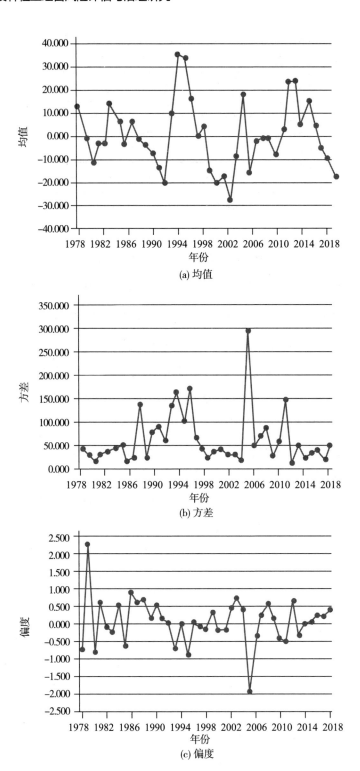

(a) 均值

(b) 方差

(c) 偏度

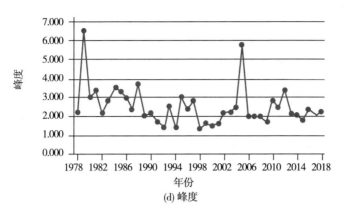

(d) 峰度

图 7-6 晚稻收益波动时间特征

资料来源：笔者根据《全国农产品成本收益资料汇编》数据计算得到。

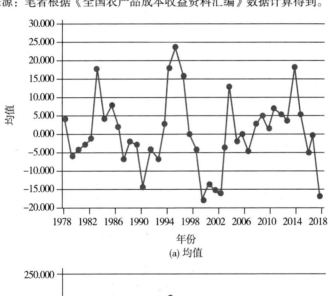

(a) 均值

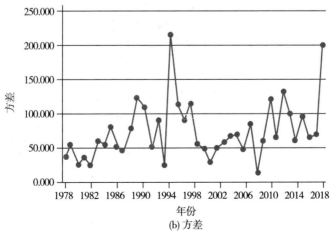

(b) 方差

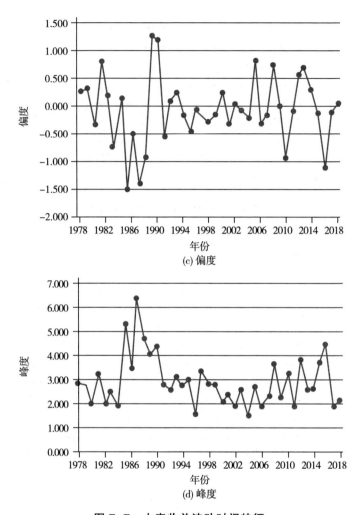

(c) 偏度

(d) 峰度

图 7-7 小麦收益波动时间特征

资料来源：笔者根据《全国农产品成本收益资料汇编》数据计算得到。

图 7-8 报告了 1978~2018 年玉米收益波动项均值、方差、偏度和峰度的时间变化特征。与早稻和晚稻收益波动项的均值相比，在样本期内玉米收益波动项均值的变化幅度介于早稻和晚稻之间。全国范围内的严重减产出现在 2015 年。与早稻、晚稻和小麦收益波动

项的方差相比，玉米收益波动项的方差变化更大。从波动项的偏度来看，多数年份下玉米收益风险偏度要小于 0，并且负偏态的程度较高，说明玉米收益下降概率高于增长的概率。从波动项的峰度来看，只有少数年份玉米收益风险的峰度大于 3，表明多数年份的收益波动数据分布呈瘦尾特征，出现极端值的概率比正态分布更小。

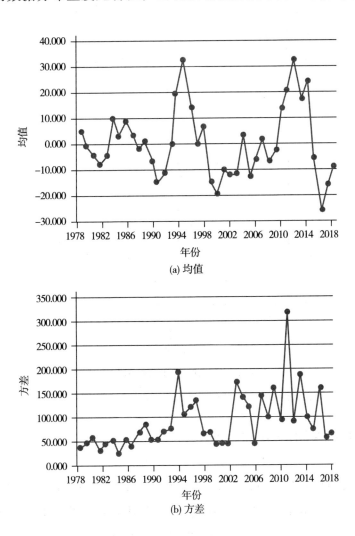

(a) 均值

(b) 方差

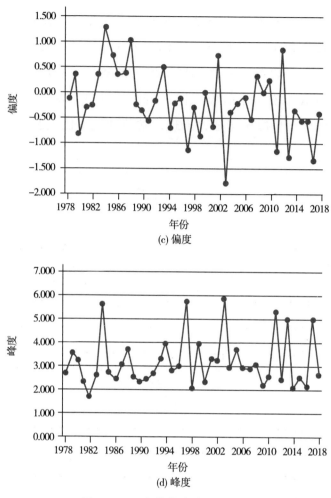

(c) 偏度

(d) 峰度

图 7-8　玉米收益波动时间特征

资料来源：笔者根据《全国农产品成本收益资料汇编》数据计算得到。

7.3　收益波动的空间特征

首先根据收益波动数据和经纬度数据计算了省域周边地区的收益波动，然后绘制了 Moran 散点图（见图 7-9～图 7-12），并计算了收益波动项与周边地区收益波动项的相关系数（见图 7-13）。

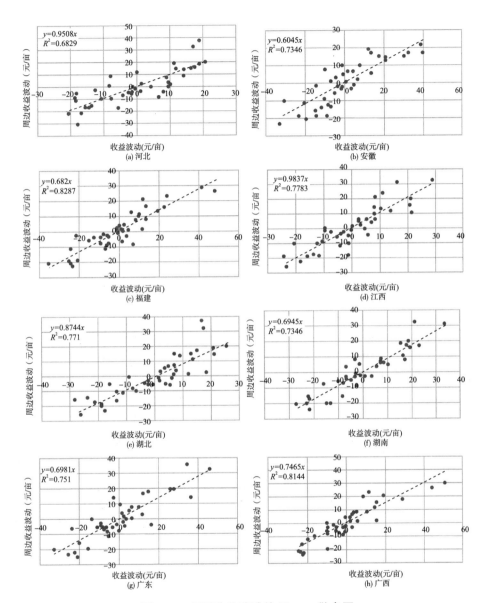

图 7-9　早稻收益波动的 Moran 散点图

资料来源：笔者根据《全国农产品成本收益资料汇编》数据计算得到。

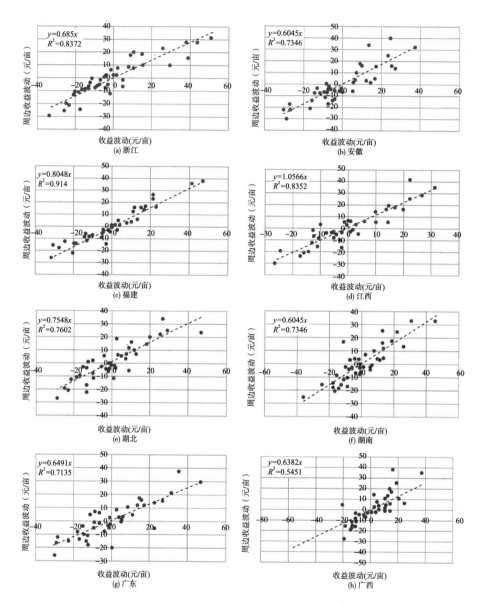

图 7-10　晚稻收益波动的 Moran 散点图

资料来源：笔者根据《全国农产品成本收益资料汇编》数据计算得到。

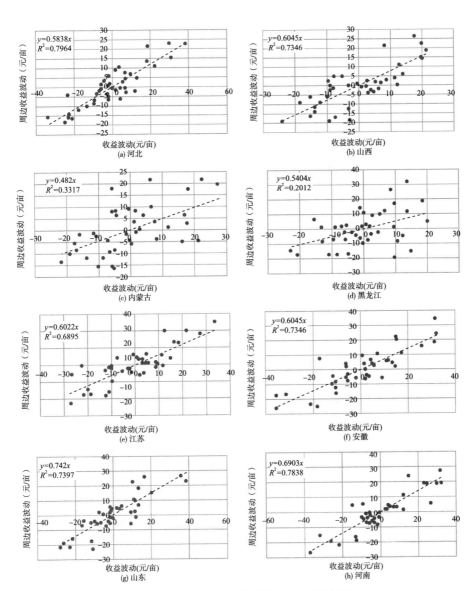

图 7-11 小麦收益波动的 Moran 散点图

资料来源：笔者根据《全国农产品成本收益资料汇编》数据计算得到。

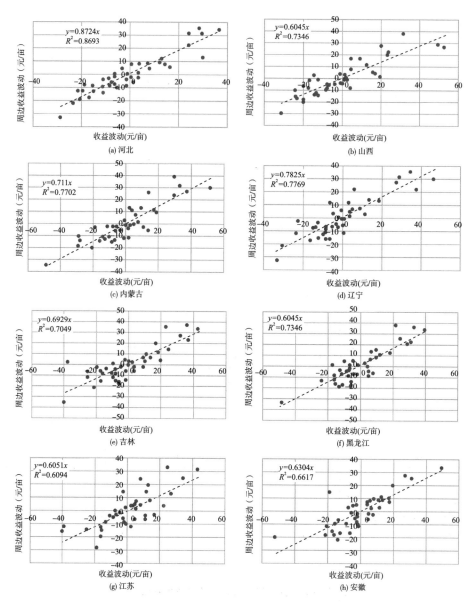

图 7-12　玉米收益波动的 Moran 散点图

资料来源：笔者根据《全国农产品成本收益资料汇编》数据计算得到。

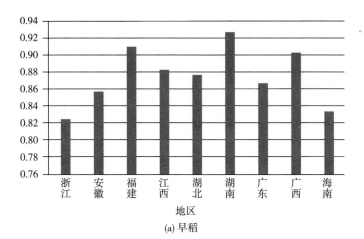

(a) 早稻

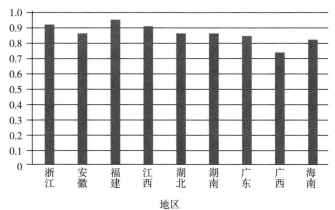

(b) 晚稻

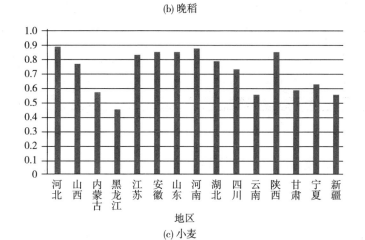

(c) 小麦

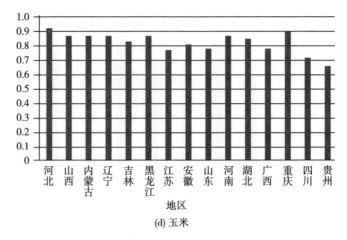

(d) 玉米

图 7-13　粮食收益波动的空间相关特征

资料来源：笔者根据《全国农产品成本收益资料汇编》数据计算得到。

图 7-9～图 7-12 分别报告了部分主产区早稻、晚稻、小麦和玉米收益波动的 Moran 散点图。大多数主产区的 Moran 散点图的拟合线斜率为正，1978～2018 年间大部分三点落入第一象限或第三象限内，仅有少部分点落入第二象限或第四象限，即当某一省域粮食收益下降时，周边省域收益下降的可能性非常高，而当某一省域粮食收益增长时，周边省域粮食收益增长的可能性也非常高。

图 7-13 表明大部分地区晚稻和玉米的收益波动与其周边收益波动都呈较为明显的正相关关系，而部分地区的早稻和小麦收益波动与其周边收益波动的正相关关系较弱一些，如浙江、海南等地的早稻收益波动，内蒙古、黑龙江、云南等地的小麦收益波动。

7.4　收益波动的分布特征

本节采用 Kolmogorov-Smirnov 检验方法，对各地区粮食收益波动项的分布函数做了估计和检验。研究发现，在众多分布中，广义极值分布（公式详见第 4 章 4.4 节式（4-1））可以较好地拟合粮食收益波动数据的分布。

表 7-5～ 表 7-8 报告了早稻、晚稻、小麦和玉米收益波动项分布函数参数的极大似然估计值以及 Kolmogorov-Smirnov 检验结果。结果表明，所有地区四种粮食作物收益波动项均服从广义极值分布。由于浙江晚稻收益波动项的形状参数大于 0，因此可以判断浙江晚稻收益波动项服从 Frechet 型极值分布。而其余收益波动项的形状参数都小于 0，因此可以判断这些收益波动项均服从 Weibull 型极值分布。

表 7-5　　　　　　早稻收益波动的广义极值分布检验结果

地区	形状参数	尺度参数	位置参数	概率	KS 值	临界值	原假设
浙江	−0.490	13.475	−3.133	0.914	0.084	0.208	0
安徽	−0.139	15.368	−7.030	0.983	0.069	0.208	0
福建	−0.150	15.439	−6.805	0.816	0.095	0.208	0
江西	−0.267	12.271	−4.472	0.993	0.063	0.208	0
湖北	−0.445	14.867	−3.834	0.971	0.073	0.208	0
湖南	−0.243	13.601	−5.214	0.929	0.081	0.208	0
广东	−0.107	14.829	−7.150	0.961	0.075	0.208	0
广西	−0.028	13.040	−7.143	0.652	0.111	0.208	0
海南	−0.228	13.264	−5.182	0.450	0.130	0.208	0

资料来源：笔者根据《全国农产品成本收益资料汇编》数据计算得到。

表 7-6　　　　　　晚稻收益波动的广义极值分布检验结果

地区	形状参数	尺度参数	位置参数	概率	KS 值	临界值	原假设
浙江	0.005	15.226	−8.939	1.000	0.052	0.208	0
安徽	−0.225	15.119	−5.957	0.744	0.102	0.208	0
福建	−0.158	15.906	−6.973	0.667	0.110	0.208	0
江西	−0.169	12.295	−5.380	0.948	0.078	0.208	0
湖北	−0.109	13.828	−6.632	0.975	0.072	0.208	0
湖南	−0.153	14.243	−6.213	0.976	0.071	0.208	0
广东	−0.106	15.337	−7.477	0.997	0.059	0.208	0
广西	−0.365	17.414	−5.066	0.778	0.099	0.208	0
海南	−0.070	10.758	−5.568	0.924	0.082	0.208	0

资料来源：笔者根据《全国农产品成本收益资料汇编》数据计算得到。

表 7-7   **小麦收益波动的广义极值分布检验结果**

地区	形状参数	尺度参数	位置参数	概率	KS 值	临界值	原假设
河北	-0.224	15.146	-5.926	0.902	0.085	0.208	0
山西	-0.286	11.330	-4.062	0.795	0.097	0.208	0
内蒙古	-0.171	11.011	-4.832	0.904	0.085	0.208	0
黑龙江	-0.351	10.287	-3.201	0.923	0.082	0.208	0
江苏	-0.266	14.060	-5.131	0.996	0.061	0.208	0
安徽	-0.339	16.593	-5.226	0.949	0.078	0.208	0
山东	-0.168	13.387	-5.718	0.897	0.086	0.208	0
河南	-0.276	15.576	-5.538	0.849	0.092	0.208	0
湖北	-0.240	14.469	-5.367	0.434	0.132	0.208	0
四川	-0.324	7.770	-2.581	0.865	0.090	0.208	0
云南	-0.214	9.235	-3.481	0.826	0.094	0.208	0
陕西	-0.213	10.858	-4.386	0.954	0.077	0.208	0
甘肃	0.037	8.042	-4.968	0.730	0.104	0.208	0
宁夏	-0.181	12.251	-5.204	0.584	0.117	0.208	0
新疆	-0.108	11.713	-5.739	0.762	0.101	0.208	0

资料来源：笔者根据《全国农产品成本收益资料汇编》数据计算得到。

表 7-8   **玉米收益波动的广义极值分布检验结果**

地区	形状参数	尺度参数	位置参数	概率	KS 值	临界值	原假设
河北	-0.094	13.804	-6.907	0.974	0.072	0.208	0
山西	-0.004	14.879	-8.576	0.992	0.064	0.208	0
内蒙古	-0.220	18.810	-7.270	0.883	0.088	0.208	0
辽宁	-0.106	14.759	-7.049	0.652	0.111	0.208	0
吉林	-0.219	18.034	-7.182	0.932	0.081	0.208	0
黑龙江	-0.258	16.661	-6.000	0.523	0.123	0.208	0

续表

地区	形状参数	尺度参数	位置参数	概率	KS 值	临界值	原假设
江苏	−0.260	17.234	−6.245	0.959	0.076	0.208	0
安徽	−0.233	17.164	−6.229	0.824	0.095	0.208	0
山东	−0.132	12.333	−5.744	0.740	0.103	0.208	0
河南	−0.070	11.322	−5.695	0.755	0.101	0.208	0
湖北	−0.086	11.870	−6.007	0.595	0.116	0.208	0
广西	−0.185	13.402	−5.651	0.960	0.075	0.208	0
重庆	−0.112	11.192	−5.347	0.820	0.095	0.208	0
四川	−0.420	15.671	−4.282	0.799	0.097	0.208	0
贵州	−0.086	13.605	−6.801	0.871	0.089	0.208	0
云南	−0.130	12.065	−5.564	0.915	0.083	0.208	0
陕西	−0.136	11.135	−5.240	0.643	0.112	0.208	0
甘肃	−0.247	20.794	−7.797	0.996	0.060	0.208	0
宁夏	−0.006	14.303	−8.272	0.949	0.078	0.208	0
新疆	−0.237	16.600	−6.296	0.527	0.123	0.208	0

资料来源：笔者根据《全国农产品成本收益资料汇编》数据计算得到。

7.5　收益风险的评估结果

使用第 2 章中主要的风险计量指标和熵权—TOPSIS 方法评价各产区四种粮食的收益风险。表 7-9～表 7-12 报告了收益风险各项风险指标值、风险综合得分及其排名的结果。在 ArcGis10.2 平台上将测算所得的收益风险指数根据 Jenks 最佳自然断点分级法按照类内差异最小、类间差异最大的原则进行空间聚类。表 7-9 报告了四种粮食作物收益风险的等级和空间分布特征。

表 7-9　　　　　　　　　　　　粮食收益风险空间分布

分类	早稻	晚稻	小麦	玉米
低风险地区	安徽、福建、广东、广西	湖北、海南	内蒙古、新疆、甘肃、宁夏、陕西、四川、山东	辽宁、河北、山西、陕西、宁夏、山东、河南、湖北、重庆、贵州、云南
中风险地区	浙江、江西、湖南、海南	浙江、安徽、江西、湖南、广东、福建	黑龙江、河北、山西、江苏、云南	四川、广西
高风险地区	湖北	广西	河南、湖北、安徽	黑龙江、吉林、内蒙古、新疆、甘肃、江苏、安徽

资料来源：笔者根据《全国农产品成本收益资料汇编》数据计算得到。

从表 7-9 和表 7-10 早稻收益风险的评估结果来看，湖北属于高风险地区；其次是湖南、江西、浙江和海南；福建、安徽、广东和广西则属于低风险地区。从极小值和 0.05 分位数指标来看，湖北早稻潜在收益下跌的数值较大，而从偏度指标来看，湖北、浙江早稻潜在收益下跌的可能性更高。

表 7-10　　　　　　　　　　　　早稻收益风险的评估结果

地区	方差	偏度	峰度	极小值	0.05 分位数	下跌频率	得分	排名
浙江	160.616	−0.045	1.763	−20.760	−22.711	0.512	0.620	2
安徽	300.852	0.505	2.967	−32.734	−25.245	0.585	0.465	7
福建	287.975	0.512	3.746	−34.480	−25.218	0.512	0.482	6
江西	158.303	0.071	2.615	−24.125	−20.115	0.512	0.615	3
湖北	201.082	−0.256	2.112	−27.344	−24.864	0.439	0.716	1
湖南	202.685	0.152	2.454	−26.998	−22.315	0.537	0.598	4
广东	295.133	0.626	3.276	−32.352	−24.414	0.512	0.401	8
广西	268.161	1.032	4.585	−24.235	−21.672	0.561	0.295	9
海南	193.972	0.198	2.778	−25.368	−21.717	0.634	0.586	5

资料来源：笔者根据《全国农产品成本收益资料汇编》数据计算得到。

从表 7-9 和表 7-11 晚稻收益风险的评估结果来看，广西属于高风险地区；其次是安徽、福建、江西、湖南和广东；浙江、湖北和海南则属于低风险地区。从极小值和 0.05 分位数指标来看，广西晚稻潜在收益下跌的数值更大，而从偏度和峰度等指标来看，广西晚稻潜在收益下跌的可能性更高。

表 7-11　　　　　　　　　　晚稻收益风险的评估结果

地区	方差	偏度	峰度	极小值	0.05 分位数	下跌频率	得分	排名
浙江	389.450	0.843	3.178	−33.186	−25.599	0.585	0.238	7
安徽	254.854	0.217	2.689	−29.866	−24.772	0.561	0.360	2
福建	304.565	0.431	3.314	−31.197	−26.029	0.537	0.297	3
江西	185.134	0.382	2.603	−26.438	−20.202	0.561	0.250	4
湖北	252.440	0.588	3.423	−28.502	−22.748	0.512	0.197	8
湖南	244.153	0.547	3.814	−35.999	−23.229	0.561	0.250	5
广东	316.871	0.535	2.877	−29.748	−25.322	0.561	0.250	6
广西	265.998	−0.747	5.389	−57.969	−28.564	0.488	0.867	1
海南	166.910	0.644	2.960	−23.493	−17.837	0.610	0.127	9

资料来源：笔者根据《全国农产品成本收益资料汇编》数据计算得到。

从表 7-9 和表 7-12 小麦收益风险的评估结果来看，安徽、湖北、河南属于高风险地区；其次是江苏、黑龙江、山西、河北和云南；其他地区小麦收益风险较低。从极小值和 0.05 分位数指标来看，安徽小麦潜在收益下跌的数值较大，而从偏度和峰度等指标来看，安徽小麦潜在收益下跌的可能性高。

表 7-12　　　　　　　　　　小麦收益风险的评估结果

地区	方差	偏度	峰度	极小值	0.05 分位数	下跌频率	得分	排名
河北	251.928	0.212	2.988	−33.500	−24.764	0.537	0.651	6
山西	137.512	0.140	2.160	−24.000	−18.665	0.512	0.582	8
内蒙古	148.647	0.347	2.432	−21.700	−18.121	0.561	0.457	13
黑龙江	102.731	−0.105	2.614	−22.900	−16.969	0.537	0.676	5

续表

地区	方差	偏度	峰度	极小值	0.05 分位数	下跌频率	得分	排名
江苏	207.407	0.052	2.577	−27.100	−23.045	0.463	0.694	4
安徽	265.035	−0.155	3.022	−35.800	−27.279	0.439	0.830	1
山东	210.167	0.426	3.544	−28.100	−21.847	0.585	0.485	12
河南	252.048	0.104	3.053	−37.000	−25.498	0.561	0.733	3
湖北	214.439	0.085	3.690	−36.100	−23.529	0.488	0.747	2
四川	61.813	0.059	2.176	−15.900	−12.818	0.512	0.555	9
云南	84.292	0.077	4.762	−24.700	−14.902	0.463	0.633	7
陕西	134.076	0.235	2.619	−21.700	−17.806	0.512	0.527	10
甘肃	112.762	0.857	3.572	−15.400	−13.615	0.512	0.150	15
宁夏	175.980	0.307	2.871	−25.000	−20.073	0.439	0.515	11
新疆	185.643	0.455	2.400	−23.500	−19.383	0.610	0.410	14

资料来源：笔者根据《全国农产品成本收益资料汇编》数据计算得到。

从表 7-9 和表 7-13 玉米收益风险的评估结果来看，新疆、甘肃、内蒙古、黑龙江、吉林、安徽和江苏属于高风险地区；四川和广西属于中等风险地区；其他地区玉米收益风险较低。从极小值和 0.05 分位数指标来看，甘肃、安徽、内蒙古和黑龙江玉米潜在收益下跌的数值较大，而从偏度和峰度等指标来看，安徽、内蒙古和黑龙江玉米潜在收益下跌的可能性高。

表 7-13　　　　　　　　玉米收益风险的评估结果

地区	方差	偏度	峰度	极小值	0.05 分位数	下跌频率	得分	排名
河北	263.431	0.506	2.521	−28.230	−22.861	0.561	0.406	10
山西	362.860	0.871	3.610	−31.356	−24.937	0.537	0.355	16
内蒙古	379.342	0.241	3.636	−49.054	−30.612	0.537	0.736	3
辽宁	293.232	0.748	3.708	−32.852	−24.222	0.610	0.370	13
吉林	367.564	0.259	2.705	−39.604	−29.548	0.561	0.643	7
黑龙江	286.024	0.162	3.817	−48.520	−27.130	0.585	0.702	4
江苏	304.256	0.042	3.257	−39.736	−28.127	0.512	0.699	5

地区	方差	偏度	峰度	极小值	0.05 分位数	下跌频率	得分	排名
安徽	286.790	0.079	5.004	−51.823	−27.687	0.561	0.763	2
山东	196.162	0.465	2.755	−27.005	−20.305	0.585	0.395	12
河南	184.842	1.031	4.944	−26.393	−18.607	0.512	0.278	20
湖北	196.740	0.538	2.697	−25.185	−19.665	0.561	0.348	17
广西	211.669	0.365	2.925	−31.380	−21.954	0.488	0.468	9
重庆	166.850	0.613	3.223	−26.172	−18.413	0.585	0.320	19
四川	230.782	−0.011	1.930	−27.812	−26.123	0.488	0.578	8
贵州	261.951	0.723	3.185	−32.457	−22.455	0.561	0.329	18
云南	186.032	0.562	3.344	−26.444	−19.792	0.537	0.356	15
陕西	161.707	0.356	2.087	−19.791	−18.416	0.561	0.399	11
甘肃	459.083	0.114	2.897	−48.692	−34.003	0.537	0.770	1
宁夏	329.077	0.674	2.689	−29.145	−24.017	0.512	0.367	14
新疆	292.509	0.136	3.148	−38.298	−27.097	0.585	0.657	6

资料来源：笔者根据《全国农产品成本收益资料汇编》数据计算得到。

第 8 章

粮食种植业经营风险综合评估与定价

本章首先比较了各地区粮食种植业面临的主要经营风险。其次，综合评价了各地区四种粮食作物种植业经营风险的大小。然后，分析了经营风险之间的相关系数，在相关分析的基础上进一步估计了风险的联合分布函数。最后基于风险的关联度厘定了产量保险、价格保险和收入保险的费率，比较了相同保障水平下的三种保险的保障效果。

8.1 主要经营风险判别

8.1.1 早稻种植区经营风险判别

表 8-1 报告了各种植区早稻经营风险。浙江早稻种植主要面临产量风险、收益风险、干旱风险以及风雹风险。安徽早稻主要面临产量风险、成本风险、洪涝风险和冷冻风险。福建早稻种植主要面临价格风险、成本风险、干旱风险和风雹风险。江西早稻种植主要面临产量风险、价格风险、收益风险和洪涝风险。湖北早稻主要面临价格风险、成本风险、收益风险、洪涝风险和冷冻风险。

湖南早稻主要面临产量风险、价格风险、收益风险和冷冻风险。广东早稻主要面临风雹风险。广西早稻主要面临成本风险和洪涝风险。

表 8-1　早稻经营风险汇总表

地区	产量风险		价格风险		成本风险		收益风险		洪涝风险		干旱风险		风雹风险		冷冻风险	
	得分	排名	得分	排名	得分	排名	得分	排名	得分	排名	得分	排名	得分	排名	得分	排名
浙江	0.806	2	0.619	5	0.309	9	0.620	2	0.323	16	0.538	3	0.443	5	0.41	13
安徽	0.826	1	0.530	6	0.710	1	0.465	7	0.536	5	0.435	12	0.265	22	0.625	3
福建	0.318	7	0.767	1	0.642	3	0.482	6	0.347	13	0.529	4	0.391	9	0.229	25
江西	0.718	3	0.670	3	0.586	7	0.615	3	0.390	9	0.337	21	0.325	15	0.339	20
湖北	0.623	5	0.684	2	0.685	2	0.716	1	0.418	8	0.348	20	0.228	25	0.530	6
湖南	0.629	4	0.649	4	0.572	8	0.598	4	0.320	17	0.151	27	0.251	23	0.633	2
广东	0.441	6	0.341	8	0.628	6	0.401	8	0.342	14	0.422	13	0.536	1	0.384	16
广西	0.308	8	0.311	9	0.634	4	0.295	9	0.418	7	0.214	26	0.292	17	0.470	9
海南	0.180	9	0.399	7	0.632	5	0.586	5								

资料来源：笔者根据《中国农村统计年鉴》和《全国农产品成本收益资料汇编》数据计算得到。

8.1.2 晚稻种植区经营风险判别

表 8-2 报告了各种植区晚稻经营风险。由于早稻和晚稻种植区域的重合，其面临的气象灾害风险大多是一致的。除气象灾害风险外，浙江、江西和湖南的晚稻经营环境较好，四种风险均较低。安徽晚稻主要面临价格风险和收益风险。福建晚稻经营环境恶劣，四种风险均偏高。湖北晚稻主要面临成本风险。广东晚稻主要面临价格风险。广西水稻主要面临产量风险、成本风险和收益风险。海南晚稻主要面临产量风险。

表 8-2   晚稻经营风险汇总表

地区	产量风险		价格风险		成本风险		收益风险	
	得分	排名	得分	排名	得分	排名	得分	排名
浙江	0.354	5	0.348	5	0.377	8	0.238	7
安徽	0.221	7	0.488	2	0.201	9	0.360	2
福建	0.731	1	0.854	1	0.840	1	0.297	3
江西	0.429	4	0.359	4	0.569	5	0.250	4
湖北	0.210	9	0.323	6	0.735	2	0.197	8
湖南	0.247	6	0.223	9	0.635	4	0.250	5
广东	0.220	8	0.455	3	0.532	6	0.250	6
广西	0.438	3	0.295	7	0.728	3	0.867	1
海南	0.452	2	0.242	8	0.419	7	0.127	9

资料来源：笔者根据《全国农产品成本收益资料汇编》数据计算得到。

8.1.3 小麦种植区经营风险判别

表 8-3 报告了各种植区小麦经营风险。河北小麦主要面临产量风险、收益风险和风雹风险。山西小麦主要面临产量风险、成本风险和干旱风险。内蒙古小麦主要面临产量风险和价格风险。黑龙江

小麦主要面临成本风险、收益风险、洪涝风险和风雹风险。江苏和安徽小麦经营环境较为恶劣，对于江苏小麦来说，除成本风险和风雹风险较低外，其他风险均偏高；而对于安徽小麦来说，除成本风险、风雹风险和干旱风险较低外，其他风险均偏高。山东小麦经营环境较好，各种风险均较低。河南小麦主要面临产量风险和收益风险。湖北小麦主要面临价格风险、收益风险和冷冻风险。四川小麦主要面临价格风险和成本风险。云南小麦主要面临产量风险和价格风险。陕西小麦主要面临价格风险、成本风险和干旱风险。甘肃、宁夏和新疆的小麦主要面临成本风险，另外，宁夏小麦还面临冷冻风险。

8.1.4　玉米种植区经营风险判别

表 8-4 报告了各种植区玉米经营风险。河北玉米主要面临风雹风险。山西玉米主要面临干旱风险。内蒙古玉米主要面临产量风险和收益风险。辽宁玉米主要面临产量风险、价格风险和洪涝风险。吉林玉米主要面临产量风险、价格风险、洪涝风险和风雹风险。黑龙江玉米主要面临价格风险、收益风险、洪涝风险和风雹风险。除成本风险外，江苏玉米面临的其他风险均偏高。安徽玉米主要面临产量风险、收益风险、洪涝风险和冷冻风险。山东和四川玉米的价格风险较高。河南玉米的产量风险较高。广西和重庆玉米的成本风险较高。贵州玉米主要面临产量风险和成本风险。云南玉米主要面临价格风险和成本风险。陕西玉米主要面临产量风险、成本风险和干旱风险。甘肃玉米主要面临成本和收益风险。宁夏玉米主要面临冷冻风险。新疆玉米主要面临成本风险、收益风险和风雹风险。

表8-3

小麦经营风险汇总表

地区	产量风险		价格风险		成本风险		收益风险		洪涝风险		干旱风险		风雹风险		冷冻风险	
	得分	排名	得分	排名	得分	排名	得分	排名	得分	排名	得分	排名	得分	排名	得分	排名
河北	0.487	6	0.267	9	0.171	9	0.651	6	0.358	11	0.271	24	0.394	7	0.225	26
山西	0.460	7	0.184	13	0.183	7	0.582	8	0.308	18	0.475	6	0.271	21	0.363	17
内蒙古	0.627	4	0.365	6	0.145	12	0.457	13	0.357	12	0.336	22	0.326	14	0.315	22
黑龙江	0.360	12	0.173	14	0.933	1	0.676	5	0.428	6	0.360	18	0.403	6	0.424	12
江苏	0.801	1	0.472	4	0.124	14	0.694	4	0.580	3	0.583	2	0.377	10	0.587	4
安徽	0.740	2	0.458	5	0.057	15	0.830	1	0.536	5	0.435	12	0.265	22	0.625	3
山东	0.459	8	0.168	15	0.155	10	0.485	12	0.237	24	0.262	25	0.290	18	0.358	18
河南	0.637	3	0.277	8	0.140	13	0.733	3	0.304	19	0.440	11	0.226	26	0.392	15
湖北	0.372	11	0.722	2	0.146	11	0.747	2	0.418	8	0.348	20	0.228	25	0.530	6
四川	0.324	13	0.569	3	0.226	4	0.555	9	0.295	20	0.380	15	0.236	24	0.328	21
云南	0.515	5	0.919	1	0.176	8	0.633	7	0.184	26	0.370	17	0.182	27	0.278	23
陕西	0.387	10	0.303	7	0.197	6	0.527	10	0.236	25	0.464	7	0.272	20	0.240	24
甘肃	0.452	9	0.257	11	0.298	3	0.150	15	0.293	21	0.311	23	0.371	11	0.393	14
宁夏	0.300	14	0.258	10	0.509	2	0.515	11	0.263	23	0.378	16	0.327	13	0.531	5
新疆	0.153	15	0.215	12	0.215	5	0.410	14	0.269	22	0.396	14	0.393	8	0.356	19

资料来源：笔者根据《中国农村统计年鉴》和《全国农产品成本收益资料汇编》数据计算得到。

表 8-4

玉米经营风险汇总表

地区	产量风险		价格风险		成本风险		收益风险		洪涝风险		干旱风险		风雹风险		冷冻风险	
	得分	排名	得分	排名	得分	排名	得分	排名	得分	排名	得分	排名	得分	排名	得分	排名
河北	0.307	14	0.458	15	0.072	20	0.406	10	0.358	11	0.271	24	0.394	7	0.225	26
山西	0.22	20	0.353	18	0.134	16	0.355	16	0.308	18	0.475	6	0.271	21	0.363	17
内蒙古	0.447	6	0.523	8	0.102	17	0.736	3	0.357	12	0.336	22	0.326	14	0.315	22
辽宁	0.540	4	0.581	5	0.201	11	0.37	13	0.631	1	0.464	8	0.288	19	0.439	10
吉林	0.849	1	0.666	1	0.164	12	0.643	7	0.547	4	0.457	10	0.509	3	0.437	11
黑龙江	0.34	9	0.629	2	0.201	10	0.702	4	0.428	6	0.360	18	0.403	6	0.424	12
江苏	0.732	3	0.552	6	0.098	19	0.699	5	0.580	3	0.583	2	0.377	10	0.587	4
安徽	0.846	2	0.513	11	0.136	15	0.763	2	0.536	5	0.435	12	0.265	22	0.625	3
山东	0.255	18	0.536	7	0.101	18	0.395	12	0.237	24	0.262	25	0.290	18	0.358	18
河南	0.371	7	0.351	19	0.213	9	0.278	20	0.304	19	0.440	11	0.226	26	0.392	15
湖北	0.317	13	0.511	12	0.270	8	0.348	17	0.418	8	0.348	20	0.228	25	0.530	6
广西	0.234	19	0.521	9	0.371	3	0.468	9	0.418	7	0.214	26	0.292	17	0.470	9
重庆	0.337	10	0.515	10	0.343	4	0.320	19	0.325	15	0.357	19	0.357	12	0.185	27
四川	0.329	12	0.620	4	0.161	13	0.578	8	0.295	20	0.38	15	0.236	24	0.328	21
贵州	0.461	5	0.398	16	0.422	2	0.329	18	0.165	27	0.461	9	0.295	16	0.518	7
云南	0.264	17	0.627	3	0.331	5	0.356	15	0.184	26	0.370	17	0.182	27	0.278	23
陕西	0.363	8	0.354	17	0.292	7	0.399	11	0.236	25	0.464	7	0.272	20	0.240	24
甘肃	0.336	11	0.489	14	0.948	1	0.770	1	0.293	21	0.311	23	0.371	11	0.393	14
宁夏	0.271	16	0.321	20	0.153	14	0.367	14	0.263	23	0.378	16	0.327	13	0.531	5
新疆	0.280	15	0.504	13	0.307	6	0.657	6	0.269	22	0.396	14	0.393	8	0.356	19

资料来源：笔者根据《中国农村统计年鉴》和《全国农产品成本收益资料汇编》数据计算得到。

8.2 经营风险的综合评估结果

采用熵权—TOPSIS方法对各地区经营风险做综合评价。在ArcGis10.2平台上将测算所得的经营风险指数根据Jenks最佳自然断点分级法按照类内差异最小、类间差异最大的原则进行空间聚类。表8-5报告了四种粮食作物经营风险的空间分布特征。

表 8-5   粮食经营风险空间分布

分类	早稻	晚稻	小麦	玉米
低风险地区	广西	湖北、江西、湖南	内蒙古、新疆、甘肃、陕西、山西、河北、山东、河南、四川	河北、山东、山西、河南、陕西、宁夏、四川、云南
中风险地区	福建、广东、江西、湖南	安徽、江苏、广东	宁夏、江苏、安徽、湖北、云南	黑龙江、内蒙古、辽宁、新疆、湖北、重庆、贵州、广西
高风险地区	浙江、安徽、湖北	福建、广西	黑龙江	吉林、甘肃、江苏、安徽

资料来源：笔者根据《中国农村统计年鉴》和《全国农产品成本收益资料汇编》数据计算得到。

表8-5第2列报告了早稻经营风险地域分布。其中，安徽、浙江和湖北为高风险地区，早稻种植业经营风险综合得分分别为0.622、0.611和0.567；福建、江西、湖南和广东为中等风险地区，经营风险综合得分分别为0.502、0.535、0.471和0.488；广西为低风险地区，经营风险综合得分为0.305。

表8-5第3列报告了晚稻经营风险地域分布。其中，福建和广西为高风险地区，晚稻种植业经营风险综合得分分别为0.562和0.546；安徽、浙江和广东为中等风险地区，经营风险综合得分分别为0.359、0.535、0.471和0.488；广西为低风险地区，经营风险综合得分为0.305。

表8-5第4列报告了小麦经营风险地域分布。其中，黑龙江为高风险地区，小麦种植业经营风险综合得分为0.589；江苏、安徽、湖北、宁夏和云南为中等风险地区，经营风险得分分别为0.455、

0.416、0.410、0.415 和 0.420；其他地区为低风险地区。

表 8-5 第 5 列报告了玉米经营风险地域分布。其中，吉林、江苏、安徽和甘肃属于高风险地区，玉米种植业经营风险综合得分分别为 0.473、0.446、0.452 和 0.642；黑龙江、辽宁、内蒙古、新疆、湖北、重庆、贵州和广西属于中等风险地区，经营风险综合得分分别为 0.354、0.389、0.293、0.337、0.312、0.301、0.388 和 0.348；其他地区为低风险地区。

8.3　经营风险因子的关联分析

8.3.1　早稻经营风险因子关联分析

表 8-6 报告了早稻经营风险因子之间的 Kendall 相关系数及显著性。结果表明，早稻的产量波动主要与洪涝受灾率和受灾程度显著负相关，与价格波动、成本波动和收益波动显著正相关；早稻的价格波动主要与干旱强度显著负相关，与产量波动、成本波动和收益波动显著正相关；早稻的成本波动主要与干旱强度、冷冻受灾率显著负相关，与产量波动、价格波动和收益波动显著正相关；早稻的收益波动主要与干旱强度显著负相关，与产量波动、价格波动和成本波动显著正相关。当发生洪涝灾害时，早稻仅产量下降，而发生干旱灾害时，会出现量价齐降的现象。

8.3.2　晚稻经营风险因子关联分析

表 8-7 报告了晚稻经营风险因子之间的 Kendall 相关系数及显著性。结果表明，晚稻产量波动与冷冻受灾率显著负相关，与价格波动负相关但不显著，与成本波动和收益波动显著正相关；晚稻价格波动与干旱程度显著负相关，与成本波动和收益波动显著正相关；晚稻的成本波动主要与干旱强度、冷冻受灾率显著负相关，与产量

波动、价格波动和收益波动显著正相关；晚稻的收益波动与干旱强度显著负相关，与产量波动、价格波动和收益波动显著正相关。当发生冷冻灾害时，晚稻产量、成本均会下降，当发生干旱灾害时，晚稻价格、成本和收益均会下降。

8.3.3　小麦经营风险因子关联分析

表 8-8 报告了小麦经营风险因子之间的 Kendall 相关系数及显著性。结果表明，小麦产量波动与干旱受灾率、干旱强度显著负相关，与产量波动、成本波动和收益波动显著正相关；小麦价格波动与洪涝程度、干旱受灾率、干旱程度和冷冻程度显著负相关，与产量波动、成本波动和收益波动显著正相关；小麦的成本波动主要与干旱强度、冷冻受灾率和冷冻强度显著负相关，与产量波动、价格波动和收益波动显著正相关；小麦的收益波动与洪涝程度、干旱受灾率、干旱程度和冷冻程度显著负相关，与产量波动、价格波动和收益波动显著正相关。当发生洪涝灾害时，小麦价格和收益均会下降。当发生干旱灾害时，小麦产量、价格、成本和收益均会下降，当发生冷冻灾害时，小麦价格、成本和收益均会下降。

8.3.4　玉米经营风险因子关联分析

表 8-9 报告了玉米经营风险因子之间的 Kendall 相关系数及显著性。结果表明，玉米产量波动与干旱受灾率、干旱强度显著负相关，与成本波动和收益波动显著正相关；玉米价格波动与干旱程度、冷冻程度显著负相关，与成本波动和收益波动显著正相关；玉米成本波动与干旱程度、冷冻受灾率、冷冻程度显著负相关，与产量波动、价格波动和收益波动显著正相关；玉米收益波动与干旱受灾率、干旱强度、冷冻强度显著负相关，与产量波动、价格波动和成本波动显著正相关。当发生干旱灾害时，玉米产量、价格、成本和收益均会下降，当发生冷冻灾害时，玉米价格、成本和收益均会下降。

表 8-6　早稻经营风险因子的 Kendall 相关系数及显著性

分类	洪涝受灾率	洪涝程度	干旱受灾率	干旱强度	风雹受灾率	风雹程度	冷冻受灾率	冷冻程度	产量波动	价格波动	成本波动	收益波动
洪涝受灾率	1.0000	0.136	-0.077	-0.045	0.176	0.018	0.082	0.025	-0.173	0.003	-0.041	-0.046
P 值	0.0000	0.000	0.038	0.226	0.000	0.623	0.030	0.517	0.000	0.927	0.271	0.214
洪涝程度	0.1360	1.000	-0.068	0.123	-0.009	0.129	0.029	0.067	-0.078	0.015	-0.010	-0.004
P 值	0.0002	0.000	0.067	0.001	0.816	0.000	0.442	0.077	0.035	0.682	0.789	0.912
干旱受灾率	-0.0770	-0.068	1.000	0.259	0.166	-0.010	-0.013	0.010	0.066	-0.043	-0.021	-0.009
P 值	0.0378	0.067	0.000	0.000	0.000	0.783	0.728	0.804	0.077	0.250	0.574	0.805
干旱强度	-0.0450	0.123	0.259	1.000	-0.023	-0.009	0.059	0.079	-0.065	-0.132	-0.172	-0.153
P 值	0.2258	0.001	0.000	0.000	0.540	0.802	0.120	0.040	0.081	0.000	0.000	0.000
风雹受灾率	0.1760	-0.009	0.166	-0.023	1.000	-0.039	0.010	-0.010	-0.014	-0.026	0.014	-0.013
P 值	0.0000	0.816	0.000	0.540	0.000	0.296	0.796	0.795	0.698	0.482	0.714	0.728
风雹程度	0.0180	0.129	-0.010	-0.009	-0.039	1.000	-0.081	0.073	0.016	-0.017	0.027	-0.002
P 值	0.6228	0.000	0.783	0.802	0.296	0.000	0.032	0.056	0.661	0.654	0.462	0.961
冷冻受灾率	0.0820	0.029	-0.013	0.059	0.010	-0.081	1.000	0.332	-0.042	-0.040	-0.096	-0.058
P 值	0.0295	0.442	0.728	0.120	0.796	0.032	0.332	0.000	0.272	0.289	0.011	0.127
冷冻程度	0.0250	0.067	0.010	0.079	-0.010	0.073	0.332	1.000	-0.053	-0.045	-0.054	-0.066
P 值	0.5170	0.077	0.804	0.040	0.795	0.056	0.000	0.000	0.165	0.239	0.159	0.082

续表

分类	洪涝受灾率	洪涝程度	干旱受灾率	干旱强度	风雹受灾率	风雹程度	冷冻受灾率	冷冻程度	产量波动	价格波动	成本波动	收益波动
产量波动	−0.1730	−0.078	0.066	−0.065	−0.014	0.016	−0.042	−0.053	1.000	0.093	0.098	0.302
P值	0.0000	0.035	0.077	0.081	0.698	0.661	0.272	0.165	0.000	0.012	0.008	0.000
价格波动	0.0030	0.015	−0.043	−0.132	−0.026	−0.017	−0.040	−0.045	0.093	1.000	0.375	0.782
P值	0.9273	0.682	0.250	0.000	0.482	0.654	0.289	0.239	0.012	0.000	0.000	0.000
成本波动	−0.0410	−0.010	−0.021	−0.172	0.014	0.027	−0.096	−0.054	0.098	0.375	1.000	0.370
P值	0.2707	0.789	0.574	0.000	0.714	0.462	0.011	0.159	0.008	0.000	0.000	0.000
收益波动	−0.0460	−0.004	−0.009	−0.153	−0.013	−0.002	−0.058	−0.066	0.302	0.782	0.370	1.000
P值	0.2140	0.912	0.805	0.000	0.728	0.961	0.127	0.082	0.000	0.000	0.000	0.000

资料来源：笔者根据《中国农村统计年鉴》和《全国农产品成本收益资料汇编》数据计算得到。

表8-7　晚稻经营风险因子的 Kendall 相关系数及显著性

分类	洪涝受灾率	洪涝程度	干旱受灾率	干旱强度	风雹受灾率	风雹程度	冷冻受灾率	冷冻程度	产量波动	价格波动	成本波动	收益波动
洪涝受灾率	1.000	0.136	−0.077	−0.045	0.176	0.018	0.082	0.025	−0.037	0.032	0.014	0.049
P值	0.000	0.000	0.038	0.226	0.000	0.623	0.030	0.517	0.313	0.388	0.703	0.190
洪涝程度	0.136	1.000	−0.068	0.123	−0.009	0.129	0.029	0.067	−0.005	0.003	0.009	0.007
P值	0.000	0.000	0.067	0.001	0.816	0.000	0.442	0.077	0.883	0.927	0.805	0.847
干旱受灾率	−0.077	−0.068	1.000	0.259	0.166	−0.010	−0.013	0.010	−0.001	−0.016	−0.021	−0.025
P值	0.038	0.067	0.000	0.000	0.000	0.783	0.728	0.804	0.969	0.661	0.567	0.494

续表

分类	洪涝受灾率	洪涝程度	干旱受灾率	干旱强度	风雹受灾率	风雹程度	冷冻受灾率	冷冻程度	产量波动	价格波动	成本波动	收益波动
干旱强度	-0.045	0.123	0.259	1.000	-0.023	-0.009	0.059	0.079	-0.060	-0.109	-0.125	-0.123
P 值	0.226	0.001	0.000	0.000	0.540	0.802	0.120	0.040	0.109	0.003	0.001	0.001
风雹受灾率	0.176	-0.009	0.166	-0.023	1.000	-0.039	0.010	-0.010	0.057	-0.025	-0.004	-0.008
P 值	0.000	0.816	0.000	0.540	0.000	0.296	0.796	0.795	0.122	0.507	0.919	0.821
风雹程度	0.018	0.129	-0.010	-0.009	-0.039	1.000	-0.081	0.073	-0.016	-0.028	0.013	-0.007
P 值	0.623	0.000	0.783	0.802	0.296	0.000	0.032	0.056	0.675	0.452	0.734	0.854
冷冻受灾率	0.082	0.029	-0.013	0.059	0.010	-0.081	1.000	0.332	-0.097	-0.040	-0.092	-0.073
P 值	0.030	0.442	0.728	0.120	0.796	0.032	0.000	0.000	0.010	0.284	0.015	0.055
冷冻程度	0.025	0.067	0.010	0.079	-0.010	0.073	0.332	1.000	-0.011	-0.039	-0.049	-0.041
P 值	0.517	0.077	0.804	0.040	0.795	0.056	0.000	0.000	0.772	0.309	0.198	0.284
产量波动	-0.037	-0.005	-0.001	-0.060	0.057	-0.016	-0.097	-0.011	1.000	-0.051	0.100	0.232
P 值	0.313	0.883	0.969	0.109	0.122	0.675	0.010	0.772	0.000	0.172	0.100	0.000
价格波动	0.032	0.003	-0.016	-0.109	-0.025	-0.028	-0.040	-0.039	-0.051	1.000	0.309	0.686
P 值	0.388	0.927	0.661	0.003	0.507	0.452	0.284	0.309	0.172	0.000	0.000	0.000
成本波动	0.014	0.009	-0.021	-0.125	-0.004	0.013	-0.092	-0.049	0.100	0.309	1.000	0.313
P 值	0.703	0.805	0.567	0.001	0.919	0.734	0.015	0.198	0.100	0.000	0.000	0.000
收益波动	0.049	0.007	-0.025	-0.123	-0.008	-0.007	-0.073	-0.041	0.232	0.686	0.313	1.000
P 值	0.190	0.847	0.494	0.001	0.821	0.854	0.055	0.284	0.000	0.000	0.000	0.000

资料来源：笔者根据《中国农村统计年鉴》和《全国农产品成本收益资料汇编》数据计算得到。

表 8-8 小麦经营风险因子的 Kendall 相关系数及显著性

分类	洪涝受灾率	洪涝程度	干旱受灾率	干旱强度	风雹受灾率	风雹程度	冷冻受灾率	冷冻程度	产量波动	价格波动	成本波动	收益波动
洪涝受灾率	1.000	0.018	-0.127	-0.122	-0.043	-0.062	0.049	-0.063	-0.034	0.048	0.019	0.006
P值	0.000	0.505	0.000	0.000	0.107	0.021	0.073	0.022	0.204	0.078	0.487	0.835
洪涝程度	0.018	1.000	0.035	0.074	0.069	0.151	0.019	0.075	-0.017	-0.071	-0.016	-0.053
P值	0.505	0.000	0.191	0.006	0.010	0.000	0.482	0.006	0.524	0.009	0.563	0.049
干旱受灾率	-0.127	0.035	1.000	0.199	0.147	0.033	0.041	0.067	-0.061	-0.047	-0.006	-0.069
P值	0.000	0.191	0.000	0.000	0.000	0.221	0.134	0.014	0.023	0.078	0.824	0.010
干旱强度	-0.122	0.074	0.199	1.000	0.086	0.132	0.101	0.140	-0.062	-0.113	-0.129	-0.121
P值	0.000	0.006	0.000	0.000	0.001	0.000	0.000	0.000	0.022	0.000	0.000	0.000
风雹受灾率	-0.043	0.069	0.147	0.086	1.000	0.090	0.114	0.112	0.042	0.005	0.007	0.029
P值	0.107	0.010	0.000	0.001	0.000	0.001	0.000	0.000	0.117	0.866	0.809	0.278
风雹程度	-0.062	0.151	0.033	0.132	0.090	1.000	0.046	0.104	-0.019	-0.018	-0.025	-0.027
P值	0.021	0.000	0.221	0.000	0.001	0.000	0.090	0.000	0.470	0.509	0.363	0.314
冷冻受灾率	0.049	0.019	0.041	0.101	0.114	0.046	1.000	0.191	-0.002	-0.025	-0.069	-0.032
P值	0.073	0.482	0.134	0.000	0.000	0.090	0.000	0.000	0.942	0.363	0.011	0.244
冷冻程度	-0.063	0.075	0.067	0.140	0.112	0.104	0.191	1.000	-0.018	-0.087	-0.095	-0.083
P值	0.022	0.006	0.014	0.000	0.000	0.000	0.000	0.000	0.512	0.001	0.001	0.002

续表

分类	洪涝受灾率	洪涝程度	干旱受灾率	干旱强度	风雹受灾率	风雹程度	冷冻受灾率	冷冻程度	产量波动	价格波动	成本波动	收益波动
产量波动	-0.034	-0.017	-0.061	-0.062	0.042	-0.019	-0.002	-0.018	1.000	0.106	0.192	0.524
P值	0.204	0.524	0.023	0.022	0.117	0.470	0.942	0.512	0.000	0.000	0.000	0.000
价格波动	0.048	-0.071	-0.047	-0.113	0.005	-0.018	-0.025	-0.087	0.106	1.000	0.229	0.566
P值	0.078	0.009	0.078	0.000	0.866	0.509	0.363	0.001	0.000	0.000	0.000	0.000
成本波动	0.019	-0.016	-0.006	-0.129	0.007	-0.025	-0.069	-0.095	0.192	0.229	1.000	0.299
P值	0.487	0.563	0.824	0.000	0.809	0.363	0.011	0.001	0.000	0.000	0.000	0.000
收益波动	0.006	-0.053	-0.069	-0.121	0.029	-0.027	-0.032	-0.083	0.524	0.566	0.299	1.000
P值	0.835	0.049	0.010	0.000	0.278	0.314	0.244	0.002	0.000	0.000	0.000	0.000

资料来源：笔者根据《中国农村统计年鉴》和《全国农产品成本收益资料汇编》数据计算得到。

表8-9　玉米经营风险因子的Kendall相关系数及显著性

分类	洪涝受灾率	洪涝程度	干旱受灾率	干旱强度	风雹受灾率	风雹程度	冷冻受灾率	冷冻程度	产量波动	价格波动	成本波动	收益波动
洪涝受灾率	1.000	0.051	-0.139	-0.116	-0.019	-0.073	0.047	-0.032	0.030	0.077	-0.001	0.081
P值	0.000	0.028	0.000	0.000	0.424	0.002	0.048	0.176	0.192	0.001	0.972	0.000
洪涝程度	0.051	1.000	0.009	0.054	0.068	0.147	0.018	0.073	-0.031	-0.070	-0.015	-0.082
P值	0.028	0.000	0.686	0.021	0.004	0.000	0.433	0.002	0.186	0.003	0.513	0.000
干旱受灾率	-0.139	0.009	1.000	0.190	0.145	0.024	0.034	0.043	-0.156	-0.026	-0.026	-0.108
P值	0.000	0.686	0.000	0.000	0.000	0.307	0.145	0.068	0.000	0.262	0.264	0.000

续表

分类	洪涝受灾率	洪涝程度	干旱受灾率	干旱强度	风雹受灾率	风雹程度	冷冻受灾率	冷冻程度	产量波动	价格波动	成本波动	收益波动
干旱强度	-0.116	0.054	0.190	1.000	0.044	0.111	0.076	0.102	-0.087	-0.096	-0.131	-0.133
P值	0.000	0.021	0.000	0.000	0.059	0.000	0.001	0.000	0.000	0.000	0.000	0.000
风雹受灾率	-0.019	0.068	0.145	0.044	1.000	0.066	0.144	0.122	0.058	-0.012	0.002	0.027
P值	0.424	0.004	0.000	0.059	0.000	0.005	0.000	0.000	0.012	0.616	0.924	0.246
风雹程度	-0.073	0.147	0.024	0.111	0.066	1.000	0.018	0.085	0.038	-0.009	-0.010	-0.007
P值	0.002	0.000	0.307	0.000	0.005	0.000	0.452	0.000	0.104	0.689	0.679	0.770
冷冻受灾率	0.047	0.018	0.034	0.076	0.144	0.018	1.000	0.248	-0.015	0.006	-0.096	-0.011
P值	0.048	0.433	0.145	0.001	0.000	0.452	0.000	0.000	0.524	0.787	0.000	0.655
冷冻程度	-0.032	0.073	0.043	0.102	0.122	0.085	0.248	1.000	-0.023	-0.073	-0.072	-0.074
P值	0.176	0.002	0.068	0.000	0.000	0.000	0.000	0.000	0.338	0.002	0.003	0.002
产量波动	0.030	-0.031	-0.156	-0.087	0.058	0.038	-0.015	-0.023	1.000	0.024	0.131	0.365
P值	0.192	0.186	0.000	0.000	0.012	0.104	0.524	0.338	0.000	0.312	0.000	0.000
价格波动	0.077	-0.070	-0.026	-0.096	-0.012	-0.009	0.006	-0.073	0.024	1.000	0.216	0.638
P值	0.001	0.003	0.262	0.000	0.616	0.689	0.787	0.002	0.312	0.000	0.000	0.000
成本波动	-0.001	-0.015	-0.026	-0.131	0.002	-0.010	-0.096	-0.072	0.131	0.216	1.000	0.264
P值	0.972	0.513	0.264	0.000	0.924	0.679	0.000	0.003	0.000	0.000	0.000	0.000
收益波动	0.081	-0.082	-0.108	-0.133	0.027	-0.007	-0.011	-0.074	0.365	0.638	0.264	1.000
P值	0.000	0.000	0.000	0.000	0.246	0.770	0.655	0.002	0.000	0.000	0.000	0.000

资料来源：笔者根据《中国农村统计年鉴》和《全国农产品成本收益资料汇编》数据计算得到。

8.4 保险定价策略

8.4.1 趋势方程估计

由于保险合约需要满足可保性要求，即保险只保障不可预期的风险，因此在计算产量和价格风险的联合分布之前，先采用个体固定效应的面板自回归模型将产量和价格数据分解为序列趋势、个体效应和随机波动三部分，其中，随机波动项对应着不可预期的风险。经过模型的调试，确定单产趋势方程和价格趋势方程中自变量的最优滞后阶数。从表 8-10 估计结果可知，方程较好地拟合了序列的趋势。由趋势方程分解得到的个体效应反映了各地区之间的单产差异和价格差异，这种差异不随时间的变化而改变（见图 8-1）。

表 8-10　　　　　　　　变量的趋势方程估计结果

分类	早稻		晚稻		小麦		玉米	
	产量	价格	产量	价格	产量	价格	产量	价格
滞后 1 期因变量	0.577	0.904	0.458	1.093	0.551	0.562	0.514	0.608
t 值	14.139	41.499	9.863	20.637	14.015	13.253	15.826	16.681
滞后 2 期因变量	—	—	0.347	−0.211	0.353	0.135	0.352	0.127
t 值	—	—	8.186	−3.970	9.129	3.150	11.197	3.568
共同截距项	162.974	0.033	78.640	0.042	32.861	0.098	59.461	0.071
t 值	10.538	4.935	7.846	5.435	6.566	8.183	9.536	8.949
R^2	0.597	0.839	0.849	0.833	0.879	0.623	0.912	0.737

资料来源：笔者根据《全国农产品成本收益资料汇编》数据计算得到。

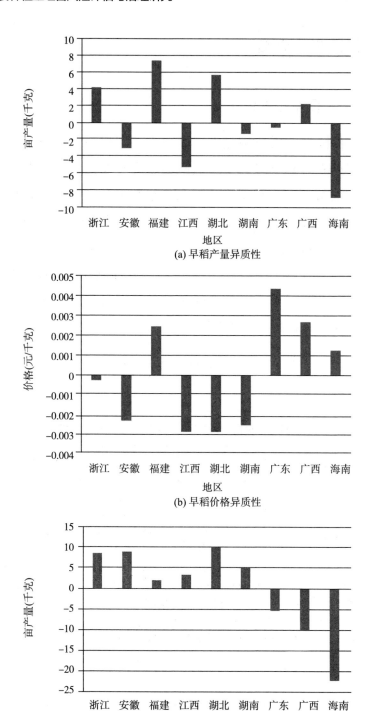

(a) 早稻产量异质性

(b) 早稻价格异质性

(c) 晚稻产量异质性

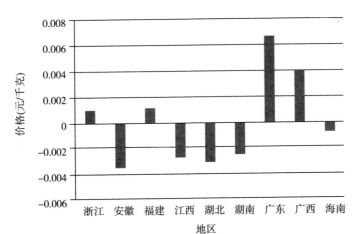

(d) 晚稻价格异质性

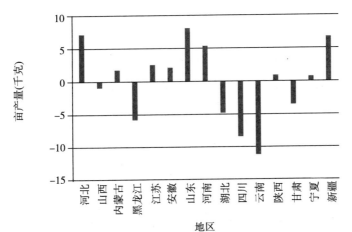

(e) 小麦产量异质性

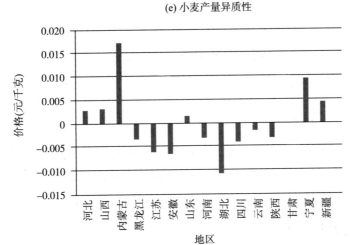

(f) 小麦价格异质性

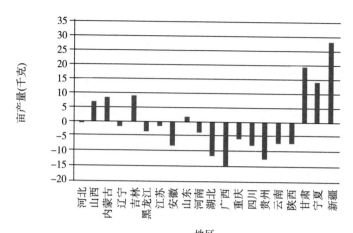

(g) 玉米产量异质性

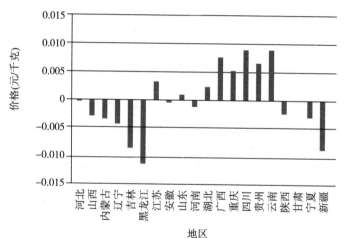

(h) 玉米价格异质性

图 8-1 粮食产量和价格的区域异质性

资料来源：笔者根据《全国农产品成本收益资料汇编》数据计算得到。

8.4.2 边缘分布

保险精算的难点在于选择合适的概率密度函数来逼近总体的真实分布。现有研究主要采用拟合多个密度函数，然后根据 K-S 检验等统计方法进行优选。但这种方法依赖于事先对总体分布的假设，而做出这种假设往往会存在信息遗漏。

非参数方法则不需要对总体分布做出先验假设。从密度函数的定义可知，某一点 x 处的密度函数估计值的大小与该点附近所包含的样本点个数有关。若 x 附近样本点比较稠密，则密度值较大，反之，则较小。核密度估计法不依赖于样本区间的人为划分，该方法根据 x 邻域（窗口）内的点距离 x 的远近来确定它们对密度值的贡献大小。核密度法得到的密度函数估计值表达式如下：

$$\widehat{f}_h(x) = \frac{1}{nh} \sum_{i=1}^{n} K\left(\frac{x - x_i}{h}\right) \tag{8-1}$$

核密度法容易受到窗口 h 大小的影响，h 取值会影响到密函函数估计值的光滑程度。为了克服 h 取值的影响，将密度函数估计值和真实值的均方误差记作 MSE，如式（8-2）所示，求 MSE 的最小值，可以得到最佳窗口的估计值。

$$MSE = E\left\{\int [\widehat{f}_h(x) - f(x)]^2 dx\right\} \tag{8-2}$$

核密度函数有多种不同的表达式，不同的核函数对核密度估计影响不大。采用应用最广泛的正态核函数来估计产量波动和价格波动序列的边缘密度函数。由式（8-2）计算得到最优窗口宽度。其中，早稻单产和价格波动序列的最佳窗口宽度分别为 7.296 和 0.009；晚稻单产和价格波动序列的最佳窗口宽度分别为 8.894 和 0.011；小麦单产和价格波动序列的最佳窗口宽度分别为 8.291 和 0.009；玉米单产和价格波动序列的最佳窗口宽度分别为 9.180 和 0.010。将最优窗宽代入式（8-1）得到相应的四组边缘密度函数值（见图 8-2）。由边缘分布律计算得到四种粮食作物单产和价格的 Pearson 相关系数为 0.121、–0.046、0.104 和 –0.026，Kendall 相关系数为 0.104、–0.020、0.074 和 0.034，Spearman 相关系数为 0.155、–0.019、0.109 和 0.054。

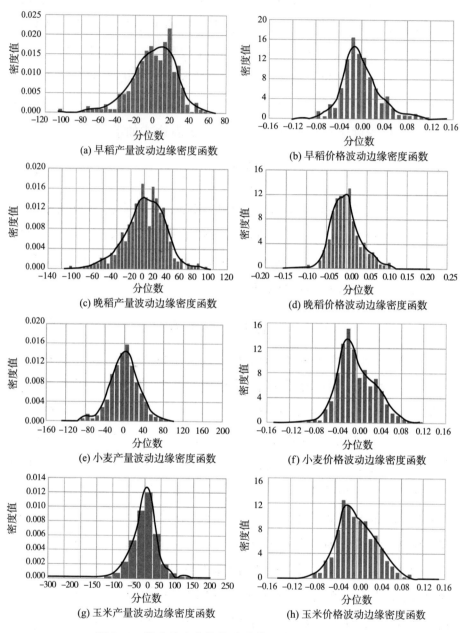

图 8-2 粮食单产和价格波动的边缘密度经验分布

资料来源：笔者根据《全国农产品成本收益资料汇编》数据计算得到。

8.4.3　联合分布

在估计边缘密度函数的基础上，计算了 Gaussian、Clayton、Gumbel 和 Frank 四种类型 Copula 函数的参数及对应的极大似然函数值，并由第 2 章的公式计算了混合 Copula 函数的参数及对应的惩罚极大似然函数值。在计算混合 Copula 函数的参数时，根据验算将惩罚极大似然函数中的参数 a 设置为 3.7 时，函数拟合效果最好。

在估计出混合 Copula 函数的参数之后，可以基于混合 Copula 函数产生一系列介于 [0，1] 之间的联合分布概率值。为了由联合分布概率值得出相应的分位数，构建了相应的 BP 神经网络，其网络结构为"输入层 – 中间层 – 输出层"，包括两个输入节点，八个中间层节点和两个输出节点。其他参数设置分别为，迭代次数 1000 次，学习速率 0.1，目标精度为 0.0001。

表 8-11 报告了联合分布的估计结果。早稻、晚稻、小麦和玉米产量和价格联合分布混合模型的平方欧氏距离分别为 0.047、0.031、0.066 和 0.120。根据平方欧氏距离可知，与单一 Copula 模型相比，混合 Copula 模型对数据的拟合效果更好。因此，可以认为四种粮食的产量和价格波动序列服从混合 Copula 联合分布模式。混合 Copula 函数反映了产量和价格序列之间的相关特征。混合 Copula 的参数估计值表明，从省域尺度来看晚稻和玉米的产量与价格序列并不具有明显的尾部相关性。基于混合 Copula 函数生成 100000 组数据，并由 BP 神经网络转化为相应的分位数（相关直方图见图 8-3），最后计算了三种相关系数。其中，四种粮食作物产量和价格波动的 Pearson 相关系数分别为 0.167、–0.04、0.081 和 –0.019，Kendall 相关系数分别为 0.122、–0.03、0.054 和 0.009，Spearman 相关系数分别为 0.182、–0.045、0.080 和 0.013。四种粮食作物的三种相关系数均在 5% 的水平上显著。这表明在省域尺度上，早稻和小麦的产量与价格序列存在正相关性，晚稻和玉米的产量与价格序列存在负相关性，其中，玉米产量和价格波动的相关性较弱。

表 8-11　　　　　　　　　　水稻产量和价格联合分布估计结果

作物品种	参数	Gaussian	Clayton	Frank	Gumbel
早稻	单一模型参数	0.127	0.103	0.983	1.088
	单一模型似然函数	2.920	1.046	4.320	2.485
	单一模型平方欧氏距离	0.073	0.116	0.057	0.063
	混合模型参数	0.981	4.326	1.686	1.000
	混合模型权重	0.000	0.000	0.577	0.423
晚稻	单一模型参数	−0.026	0.031	−0.049	1.000
	单一模型似然函数	0.121	0.126	0.011	0.020
	单一模型平方欧氏距离	0.052	0.042	0.046	0.044
	混合模型参数	0.984	9.589	−0.471	1.000
	混合模型权重	0.035	0.000	0.487	0.478
小麦	单一模型参数	0.110	0.142	0.717	1.066
	单一模型似然函数	3.583	3.631	3.696	2.905
	单一模型平方欧氏距离	0.072	0.089	0.067	0.068
	混合模型参数	0.973	5.830	1.022	1.000
	混合模型权重	0.000	0.038	0.472	0.490
玉米	单一模型参数	−0.001	0.000	0.333	1.016
	单一模型似然函数	0.000	0.000	1.116	0.268
	单一模型平方欧氏距离	0.176	0.175	0.128	0.145
	混合模型参数	0.992	4.695	0.515	1.000
	混合模型权重	0.012	0.000	0.488	0.500

资料来源：笔者根据《全国农产品成本收益资料汇编》数据计算得到。

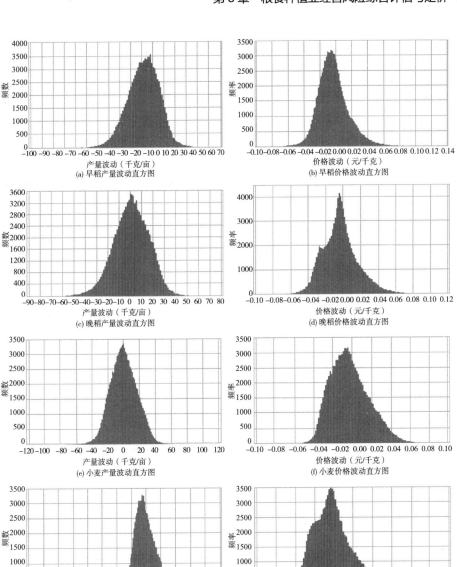

图 8-3　粮食单产和价格波动仿真值直方图

资料来源：笔者根据混合 Copula-BPNN 模型的仿真数据得到。

8.4.4　费率厘定

作为算例，首先，利用趋势方程估算出各个地区 2019 年的趋势单产、趋势单价和趋势收入。然后，采用混合 Copula-BPNN 模型估算了损失的期望。最后代入第 2 章费率厘定公式计算出各地区在 2019 年产量保险、价格保险和收入保险的纯费率。表 8-12～表 8-15 报告了计算结果。表 8-16～ 表 8-19 报告了经过风险系数调整后得到的产量保险、价格保险和收入保险的纯费率。其中，风险系数在参考梁来存（2012）的基础上，结合产量风险、价格风险和收入风险的评估结果和区域经营风险的分布特征来设定。表 8-12～表 8-15 中的目标值由趋势方程计算得到。其中价格和收入的目标值均为以 1978 年为基期的实际值。从表中的结果可知，产量保险费率普遍低于价格保险费率，而价格保险费率普遍低于收入保险费率。由表 8-16～ 表 8-19 的结果可知，在考虑了各地区不同风险等级的差异之后，部分地区产量保险的费率会高于价格保险。

由表 8-16 可知，经过风险系数加权后各地早稻收入保险的费率仍然高于同一地区其他两种保险的费率。表 8-17 的结果则表明，广东、广西和海南地区的晚稻价格保险费率低于产量保险费率。表 8-18 显示，山西、内蒙古、四川、云南、甘肃和宁夏地区的小麦价格保险费率低于产量保险的费率。表 8-19 的结果表明，辽宁地区的玉米收入保险费率低于价格保险的费率。考虑到收入保险对产量和价格的双重保障作用，在收入保险费率较低的地区可以试点粮食作物的收入保险。

表 8-12　　早稻三种保险的费率厘定

地区	产量保险				价格保险				收入保险			
	目标值	100%保障	95%保障	90%保障	目标值	100%保障	95%保障	90%保障	目标值	100%保障	95%保障	90%保障
浙江	427.845	2.799	1.142	0.222	0.372	3.991	2.482	0.537	159.278	5.239	4.100	1.700
安徽	428.760	2.793	1.136	0.219	0.347	4.280	2.862	0.714	148.841	5.471	4.398	1.962
福建	442.747	2.705	1.040	0.193	0.404	3.678	2.064	0.380	178.851	4.916	3.697	1.372
江西	411.683	2.909	1.264	0.261	0.338	4.397	3.011	0.799	139.128	5.642	4.617	2.168
湖北	419.419	2.855	1.205	0.242	0.343	4.336	2.933	0.755	143.733	5.558	4.510	2.070
湖南	399.564	2.997	1.363	0.292	0.336	4.416	3.036	0.812	134.435	5.718	4.713	2.254
广东	405.357	2.954	1.313	0.276	0.429	3.462	1.776	0.292	173.979	4.914	3.710	1.391
广西	418.770	2.860	1.209	0.244	0.428	3.468	1.784	0.294	179.405	4.852	3.624	1.324
海南	394.077	3.039	1.414	0.309	0.365	4.068	2.583	0.581	143.956	5.461	4.389	1.966

资料来源：笔者根据《全国农产品成本收益资料汇编》数据计算得到。

表 8-13　晚稻三种保险的费率厘定

地区	产量保险				价格保险				收入保险			
	目标值	100%保障	95%保障	90%保障	目标值	100%保障	95%保障	90%保障	目标值	100%保障	95%保障	90%保障
浙江	501.768	2.583	0.908	0.127	0.401	3.974	2.697	0.507	201.225	4.741	3.498	1.199
安徽	502.757	2.578	0.902	0.126	0.346	4.603	3.466	1.027	174.085	5.283	4.192	1.771
福建	444.721	2.914	1.263	0.244	0.411	3.875	2.574	0.449	182.940	4.842	3.615	1.316
江西	469.242	2.762	1.095	0.190	0.360	4.427	3.252	0.845	168.950	5.219	4.103	1.696
湖北	489.767	2.646	0.973	0.148	0.351	4.542	3.392	0.963	171.864	5.261	4.159	1.749
湖南	444.346	2.916	1.266	0.244	0.362	4.399	3.218	0.822	160.994	5.275	4.166	1.767
广东	378.115	3.427	1.867	0.488	0.498	3.203	1.700	0.162	188.166	4.670	3.397	1.219
广西	371.567	3.488	1.939	0.520	0.489	3.260	1.772	0.179	181.657	4.752	3.503	1.300
海南	279.426	4.638	3.365	1.396	0.382	4.173	2.946	0.645	106.713	6.191	5.282	2.959

资料来源：笔者根据《全国农产品成本收益资料汇编》数据计算得到。

表8-14 小麦三种保险的费率厘定

地区	产量保险				价格保险				收入保险			
	目标值	100%保障	95%保障	90%保障	目标值	100%保障	95%保障	90%保障	目标值	100%保障	95%保障	90%保障
河北	419.094	3.192	1.509	0.259	0.356	4.455	2.995	0.434	149.077	5.690	4.698	2.133
山西	353.304	3.786	2.285	0.513	0.353	4.486	3.035	0.460	124.811	6.114	5.226	2.692
内蒙古	389.650	3.433	1.823	0.350	0.442	3.589	1.880	0.086	172.047	5.196	4.081	1.595
黑龙江	328.778	4.069	2.656	0.680	0.333	4.757	3.372	0.696	109.534	6.515	5.711	3.229
江苏	405.335	3.300	1.653	0.298	0.325	4.870	3.515	0.812	131.898	6.093	5.197	2.649
安徽	379.796	3.522	1.937	0.389	0.315	5.030	3.713	0.994	119.661	6.360	5.524	3.014
山东	434.833	3.076	1.362	0.226	0.355	4.464	3.006	0.441	154.372	5.623	4.613	2.046
河南	412.735	3.241	1.576	0.275	0.318	4.979	3.650	0.933	131.363	6.149	5.266	2.717
湖北	294.946	4.535	3.249	1.028	0.261	6.078	4.961	2.385	76.907	7.832	7.284	5.080
四川	249.776	5.356	4.286	1.870	0.340	4.665	3.262	0.613	84.850	7.385	6.748	4.469
云南	223.775	5.978	5.038	2.650	0.351	4.518	3.072	0.484	78.496	7.785	7.216	5.026
陕西	389.247	3.437	1.828	0.352	0.341	4.642	3.233	0.595	132.889	5.992	5.071	2.531
甘肃	282.583	4.734	3.502	1.207	0.338	4.684	3.284	0.628	95.612	6.930	6.211	3.829
宁夏	360.359	3.712	2.187	0.476	0.382	4.152	2.610	0.256	137.561	5.811	4.849	2.320
新疆	412.819	3.240	1.575	0.274	0.364	4.350	2.867	0.361	150.382	5.635	4.632	2.075

资料来源：笔者根据《全国农产品成本收益资料汇编》数据计算得到。

表 8-15　玉米三种保险的费率厘定

地区	产量保险				价格保险				收入保险			
	目标值	100%保障	95%保障	90%保障	目标值	100%保障	95%保障	90%保障	目标值	100%保障	95%保障	90%保障
河北	478.564	2.891	1.211	0.526	0.270	6.091	5.252	2.681	129.299	6.941	6.193	3.821
山西	587.597	2.355	0.781	0.307	0.266	6.188	5.368	2.833	156.246	6.777	6.008	3.605
内蒙古	541.205	2.556	0.934	0.383	0.260	6.319	5.522	3.028	140.937	6.985	6.255	3.888
辽宁	416.475	3.322	1.624	0.747	0.269	6.115	5.281	2.721	112.073	7.187	6.479	4.153
吉林	540.874	2.558	0.935	0.384	0.243	6.770	6.050	3.704	131.471	7.401	6.749	4.475
黑龙江	457.121	3.027	1.335	0.593	0.235	7.015	6.335	4.082	107.234	7.835	7.255	5.067
江苏	468.256	2.955	1.270	0.555	0.266	6.185	5.363	2.827	124.582	7.058	6.331	3.982
安徽	408.269	3.389	1.693	0.783	0.263	6.246	5.437	2.914	107.563	7.336	6.662	4.353
山东	501.372	2.760	1.099	0.469	0.269	6.109	5.273	2.710	135.059	6.891	6.135	3.756
河南	469.286	2.948	1.264	0.552	0.254	6.489	5.721	3.286	118.997	7.325	6.655	4.352
湖北	377.357	3.666	2.001	0.935	0.283	5.820	4.932	2.289	106.694	7.141	6.419	4.068
广西	334.344	4.138	2.552	1.238	0.320	5.138	4.098	1.445	107.071	6.891	6.096	3.727
重庆	418.300	3.308	1.610	0.738	0.311	5.283	4.277	1.613	130.283	6.479	5.613	3.193
四川	426.879	3.241	1.542	0.702	0.314	5.248	4.235	1.572	133.841	6.408	5.525	3.101
贵州	395.814	3.496	1.814	0.838	0.328	5.020	3.954	1.320	129.739	6.378	5.479	3.068
云南	447.451	3.092	1.396	0.624	0.325	5.061	4.005	1.364	145.474	6.161	5.227	2.790
陕西	444.582	3.112	1.416	0.633	0.272	6.039	5.192	2.611	121.133	7.009	6.273	3.910
甘肃	614.327	2.252	0.709	0.272	0.276	5.973	5.114	2.516	169.252	6.534	5.715	3.274
宁夏	623.194	2.220	0.686	0.260	0.268	6.145	5.316	2.769	166.888	6.682	5.896	3.475
新疆	723.881	1.911	0.486	0.161	0.239	6.888	6.185	3.888	172.949	7.254	6.592	4.299

资料来源：笔者根据《全国农产品成本收益资料汇编》数据计算得到。

表8-16　早稻三种保险的加权费率

地区	产量保险				价格保险				收入保险			
	风险系数	100%保障	95%保障	90%保障	风险系数	100%保障	95%保障	90%保障	风险系数	100%保障	95%保障	90%保障
浙江	1.600	4.478	1.828	0.356	1.300	5.189	3.227	0.698	1.300	6.810	5.330	2.210
安徽	1.600	4.469	1.817	0.351	1.300	5.564	3.721	0.928	1.000	5.471	4.398	1.962
福建	1.000	2.705	1.040	0.193	1.600	5.885	3.302	0.608	1.000	4.916	3.697	1.372
江西	1.300	3.781	1.643	0.339	1.600	7.035	4.818	1.278	1.300	7.335	6.002	2.819
湖北	1.300	3.712	1.567	0.315	1.600	6.937	4.693	1.208	1.600	8.892	7.216	3.312
湖南	1.300	3.896	1.772	0.379	1.600	7.066	4.858	1.299	1.300	7.433	6.127	2.930
广东	1.000	2.954	1.313	0.276	1.000	3.462	1.776	0.292	1.000	4.914	3.710	1.391
广西	1.000	2.860	1.209	0.244	1.000	3.468	1.784	0.294	1.000	4.852	3.624	1.324
海南	1.000	3.039	1.414	0.309	1.000	4.068	2.583	0.581	1.000	5.461	4.389	1.966

资料来源：笔者根据《全国农产品成本收益资料汇编》数据计算得到。

表 8-17　晚稻三种保险的加权费率

地区	产量保险				价格保险				收入保险			
	风险系数	100%保障	95%保障	90%保障	风险系数	100%保障	95%保障	90%保障	风险系数	100%保障	95%保障	90%保障
浙江	1.300	3.357	1.181	0.165	1.000	3.974	2.697	0.507	1.300	6.164	4.548	1.558
安徽	1.000	2.578	0.902	0.126	1.300	5.984	4.506	1.335	1.300	6.868	5.450	2.302
福建	1.600	4.662	2.020	0.390	1.600	6.199	4.118	0.718	1.300	6.295	4.700	1.711
江西	1.300	3.590	1.424	0.246	1.000	4.427	3.252	0.845	1.300	6.785	5.334	2.204
湖北	1.000	2.646	0.973	0.148	1.000	4.542	3.392	0.963	1.000	5.261	4.159	1.749
湖南	1.000	2.916	1.266	0.244	1.000	4.399	3.218	0.822	1.300	6.858	5.416	2.297
广东	1.000	3.427	1.867	0.488	1.300	4.164	2.210	0.211	1.300	6.071	4.416	1.584
广西	1.300	4.534	2.521	0.676	1.000	3.260	1.772	0.179	1.600	7.603	5.605	2.081
海南	1.300	6.029	4.375	1.815	1.000	4.173	2.946	0.645	1.000	6.191	5.282	2.959

资料来源：笔者根据《全国农产品成本收益资料汇编》数据计算得到。

表 8-18

小麦三种保险的加权费率

地区	产量保险				价格保险				收入保险			
	风险系数	100%保障	95%保障	90%保障	风险系数	100%保障	95%保障	90%保障	风险系数	100%保障	95%保障	90%保障
河北	1.300	4.149	1.962	0.336	1.000	4.455	2.995	0.434	1.300	7.398	6.108	2.773
山西	1.300	4.922	2.971	0.667	1.000	4.486	3.035	0.460	1.300	7.949	6.794	3.500
内蒙古	1.600	5.493	2.917	0.559	1.300	4.666	2.444	0.111	1.000	5.196	4.081	1.595
黑龙江	1.000	4.069	2.656	0.680	1.000	4.757	3.372	0.696	1.300	8.470	7.424	4.198
江苏	1.600	5.280	2.645	0.477	1.300	6.331	4.570	1.055	1.300	7.921	6.756	3.444
安徽	1.600	5.635	3.099	0.623	1.300	6.539	4.826	1.292	1.600	10.176	8.838	4.823
山东	1.300	3.999	1.770	0.293	1.000	4.464	3.006	0.441	1.000	5.623	4.613	2.046
河南	1.600	5.186	2.521	0.439	1.000	4.979	3.650	0.933	1.600	9.839	8.426	4.348
湖北	1.000	4.535	3.249	1.028	1.600	9.725	7.937	3.817	1.600	12.531	11.655	8.128
四川	1.000	5.356	4.286	1.870	1.300	6.065	4.240	0.797	1.000	7.385	6.748	4.469
云南	1.300	7.771	6.550	3.445	1.600	7.229	4.916	0.775	1.300	10.120	9.381	6.534
陕西	1.000	3.437	1.828	0.352	1.000	4.642	3.233	0.595	1.000	5.992	5.071	2.531
甘肃	1.300	6.154	4.552	1.569	1.000	4.684	3.284	0.628	1.000	6.930	6.211	3.829
宁夏	1.000	3.712	2.187	0.476	1.000	4.152	2.610	0.256	1.000	5.811	4.849	2.320
新疆	1.000	3.240	1.575	0.274	1.000	4.350	2.867	0.361	1.000	5.635	4.632	2.075

资料来源：笔者根据《全国农产品成本收益资料汇编》数据计算得到。

表8-19　　玉米三种保险的加权费率

地区	产量保险				价格保险				收入保险			
	风险系数	100%保障	95%保障	90%保障	风险系数	100%保障	95%保障	90%保障	风险系数	100%保障	95%保障	90%保障
河北	1.000	2.891	1.211	0.526	1.300	7.918	6.827	3.485	1.000	6.941	6.193	3.821
山西	1.000	2.355	0.781	0.307	1.000	6.188	5.368	2.833	1.000	6.777	6.008	3.605
内蒙古	1.300	3.323	1.214	0.498	1.300	8.215	7.179	3.937	1.600	11.177	10.008	6.221
辽宁	1.300	4.319	2.111	0.971	1.600	9.784	8.449	4.353	1.000	7.187	6.479	4.153
吉林	1.600	4.093	1.495	0.614	1.600	10.832	9.680	5.926	1.600	11.841	10.799	7.160
黑龙江	1.000	3.027	1.335	0.593	1.600	11.224	10.135	6.531	1.600	12.536	11.609	8.107
江苏	1.600	4.728	2.032	0.888	1.300	8.040	6.972	3.675	1.600	11.292	10.130	6.371
安徽	1.600	5.422	2.709	1.252	1.300	8.120	7.068	3.788	1.600	11.738	10.660	6.965
山东	1.000	2.760	1.099	0.469	1.300	7.941	6.855	3.523	1.000	6.891	6.135	3.756
河南	1.000	2.948	1.264	0.552	1.000	6.489	5.721	3.286	1.000	7.325	6.655	4.352
湖北	1.000	3.666	2.001	0.935	1.300	7.566	6.412	2.976	1.000	7.141	6.419	4.068
广西	1.000	4.138	2.552	1.238	1.300	6.680	5.327	1.879	1.300	8.959	7.925	4.845
重庆	1.000	3.308	1.610	0.738	1.300	6.868	5.560	2.096	1.000	6.479	5.613	3.193
四川	1.000	3.241	1.542	0.702	1.600	8.397	6.775	2.516	1.300	8.330	7.183	4.032
贵州	1.300	4.544	2.358	1.090	1.000	5.020	3.954	1.320	1.000	6.378	5.479	3.068
云南	1.000	3.092	1.396	0.624	1.600	8.098	6.408	2.183	1.000	6.161	5.227	2.790
陕西	1.000	3.112	1.416	0.633	1.000	6.039	5.192	2.611	1.000	7.009	6.273	3.910
甘肃	1.000	2.252	0.709	0.272	1.300	7.765	6.648	3.271	1.600	10.454	9.144	5.239
宁夏	1.000	2.220	0.686	0.260	1.000	6.145	5.316	2.769	1.000	6.682	5.896	3.475
新疆	1.000	1.911	0.486	0.161	1.300	8.954	8.041	5.054	1.600	11.606	10.547	6.878

资料来源：笔者根据《全国农产品成本收益资料汇编》数据计算得到。

根据已有研究，保险毛费率 = 纯费率 × （1+ 安全系数）× （1+ 营业费用系数）× （1+ 预定结余率），其中安全系数、营业费用系数和预定结余率分别设置为 15%、20% 和 5%。[①] 据此计算出在 95% 的保障水平下，早稻产量险毛费率为 1.46%～2.56%，晚稻产量险毛费率为 1.26%～6.12%，小麦产量险毛费率为 2.21%～9.17%，玉米产量险毛费率为 0.68%～3.79%；早稻价格险毛费率为 2.49%～6.80%，晚稻价格险毛费率为 2.48%～6.31%，小麦价格险毛费率为 3.42%～11.11%；玉米价格险毛费率为 5.54%～14.19%；早稻收入险毛费率为 5.07%～10.10%，晚稻收入险毛费率为 5.82%～7.85%，小麦收入险毛费率为 5.71%～16.32%，玉米收入险毛费率为 7.32%～16.25%。

根据表 8-12～ 表 8-15 中的趋势值和保险费率，可以测算出各地区三种保险对四种粮食作物的保障水平（1978 年物价水平为 100，2019 年物价水平设置为 700），表 8-20～ 表 8-23 报告了对标的价值的保障水平。对比三类保险的风险保障能力可知，同等保障水平下收入保险高于价格保险，价格保险高于产量保险。100% 保障水平下的价格保险和 95% 保障水平下的收入保险的风险保障能力类似。90% 保障水平下的产量保险的风险保障能力较低。

---

① 刘素春，刘亚文. 农产品收入保险及其定价研究——以山东省苹果为例［J］. 中国软科学，2018（9）：185-192.

表8-20　早稻三种保险的平均保障水平

单位：元/亩

地区	标的价值预测值	产量保险			价格保险			收入保险		
		100%保障	95%保障	90%保障	100%保障	95%保障	90%保障	100%保障	95%保障	90%保障
浙江	1114.944	31.206	12.737	2.480	44.500	27.673	5.983	58.406	45.714	18.955
安徽	1041.887	29.099	11.831	2.286	44.595	29.823	7.435	57.003	45.823	20.440
福建	1251.960	33.861	13.019	2.417	46.050	25.839	4.754	61.547	46.289	17.171
江西	973.896	28.328	12.309	2.539	42.819	29.329	7.778	54.952	44.966	21.116
湖北	1006.134	28.726	12.124	2.438	43.624	29.513	7.596	55.919	45.380	20.825
湖南	941.048	28.203	12.828	2.744	41.559	28.573	7.643	53.808	44.349	21.212
广东	1217.852	35.977	15.988	3.356	42.161	21.627	3.557	59.845	45.177	16.941
广西	1255.835	35.911	15.189	3.060	43.556	22.399	3.687	60.930	45.517	16.627
海南	1007.692	30.621	14.252	3.116	40.988	26.031	5.857	55.030	44.224	19.808

资料来源：笔者根据《全国农产品成本收益资料汇编》数据计算得到。

表 8-21　晚稻三种保险的平均保障水平

单位：元/亩

地区	标的价值预测值	产量保险			价格保险			收入保险		
		100%	95%	90%	100%	95%	90%	100%	95%	90%
浙江	1408.573	36.378	12.796	1.791	55.983	37.988	7.138	66.787	49.276	16.882
安徽	1218.597	31.410	10.996	1.537	56.093	42.238	12.513	64.383	51.084	21.579
福建	1280.577	37.315	16.170	3.119	49.618	32.956	5.744	62.010	46.299	16.858
江西	1182.653	32.660	12.955	2.242	52.354	38.456	9.989	61.727	48.524	20.054
湖北	1203.046	31.831	11.700	1.787	54.644	40.807	11.584	63.289	50.035	21.035
湖南	1126.956	32.866	14.263	2.753	49.576	36.263	9.259	59.451	46.951	19.912
广东	1317.161	45.141	24.591	6.425	42.187	22.390	2.133	61.508	44.743	16.050
广西	1271.597	44.348	24.654	6.615	41.456	22.533	2.281	60.422	44.543	16.535
海南	746.994	34.643	25.137	10.427	31.176	22.010	4.822	46.249	39.454	22.104

资料来源：笔者根据《全国农产品成本收益资料汇编》数据计算得到。

表8-22　小麦三种保险的平均保障水平

单位：元/亩

地区	标的价值预测值	产量保险			价格保险			收入保险		
		100%	95%	90%	100%	95%	90%	100%	95%	90%
河北	1043.536	33.308	15.749	2.700	46.493	31.257	4.531	59.382	49.027	22.261
山西	873.674	33.079	19.965	4.485	39.194	26.515	4.016	53.419	45.661	23.521
内蒙古	1204.326	41.345	21.955	4.210	43.226	22.643	1.033	62.577	49.153	19.203
黑龙江	766.737	31.196	20.367	5.210	36.473	25.856	5.336	49.956	43.788	24.762
江苏	923.289	30.470	15.263	2.755	44.966	32.454	7.495	56.260	47.981	24.461
安徽	837.625	29.502	16.225	3.260	42.133	31.098	8.322	53.273	46.269	25.247
山东	1080.603	33.243	14.716	2.437	48.239	32.486	4.766	60.760	49.845	22.107
河南	919.540	29.802	14.488	2.524	45.787	33.561	8.582	56.547	48.424	24.988
湖北	538.347	24.416	17.489	5.532	32.720	26.705	12.842	42.163	39.214	27.348
四川	593.947	31.809	25.454	11.106	27.709	19.374	3.641	43.864	40.077	26.541
云南	549.475	32.847	27.684	14.560	24.825	16.882	2.661	42.775	39.650	27.617
陕西	930.226	31.968	17.002	3.276	43.181	30.070	5.536	55.740	47.169	23.543
甘肃	669.285	31.682	23.436	8.076	31.349	21.980	4.204	46.383	41.570	25.625
宁夏	962.927	35.745	21.058	4.585	39.977	25.133	2.465	55.954	46.696	22.337
新疆	1052.673	34.110	16.576	2.889	45.796	30.177	3.801	59.320	48.757	21.844

资料来源：笔者根据《全国农产品成本收益资料汇编》数据计算得到。

表8-23　玉米三种保险的平均保障水平

单位：元/亩

地区	标的价值预测值	产量保险			价格保险			收入保险		
		100%	95%	90%	100%	95%	90%	100%	95%	90%
河北	905.094	26.167	10.964	4.759	55.125	47.532	24.263	62.826	56.051	34.584
山西	1093.720	25.753	8.545	3.354	67.684	58.707	30.990	74.119	65.716	39.430
内蒙古	986.557	25.221	9.210	3.778	62.341	54.482	29.875	68.916	61.711	38.356
辽宁	784.514	26.062	12.741	5.858	47.973	41.427	21.343	56.386	50.832	32.580
吉林	920.297	23.542	8.601	3.530	62.303	55.676	34.088	68.108	62.112	41.181
黑龙江	750.636	22.720	10.019	4.451	52.655	47.550	30.641	58.813	54.461	38.032
江苏	872.075	25.768	11.076	4.840	53.938	46.768	24.651	61.547	55.212	34.726
安徽	752.938	25.516	12.750	5.893	47.028	40.936	21.937	55.238	50.163	32.774
山东	945.413	26.089	10.387	4.437	57.752	49.852	25.618	65.150	58.004	35.510
河南	832.982	24.558	10.530	4.601	54.056	47.653	27.370	61.012	55.436	36.254
湖北	746.857	27.383	14.945	6.984	43.467	36.837	17.095	53.335	47.938	30.383
广西	749.500	31.016	19.130	9.281	38.513	30.712	10.834	51.651	45.692	27.933
重庆	911.984	30.165	14.683	6.732	48.183	39.007	14.707	59.088	51.191	29.123
四川	936.890	30.366	14.445	6.573	49.172	39.673	14.731	60.036	51.764	29.056
贵州	908.175	31.745	16.471	7.614	45.593	35.907	11.990	57.919	49.754	27.865
云南	1018.316	31.488	14.219	6.350	51.541	40.785	13.893	62.741	53.226	28.410
陕西	847.933	26.388	12.007	5.368	51.211	44.020	22.139	59.431	53.189	33.152
甘肃	1184.765	26.683	8.400	3.222	70.763	60.589	29.813	77.407	67.711	38.794
宁夏	1168.215	25.936	8.017	3.042	71.785	62.101	32.344	78.060	68.881	40.596
新疆	1210.640	23.139	5.889	1.955	83.383	74.879	47.067	87.818	79.804	52.039

资料来源：笔者根据《全国农产品成本收益资料汇编》数据计算得到。

从覆盖成本的角度进一步讨论合适的保险策略。以早稻作为算例，首先采用近三年成本数据移动平均的方法估算 2019 年的预期成本。浙江、安徽、福建、江西、湖北、湖南、广东、广西和海南的预期成本（1978 年物价水平为 100，2019 年物价水平设置为 700）分别为 955.43 元 / 亩、870.70 元 / 亩、1339.93 元 / 亩、939.28 元 / 亩、976.27 元 / 亩、895.60 元 / 亩、1191.47 元 / 亩、1209.14 元 / 亩和 1062.34 元 / 亩。根据表 8-23 中的目标值可知，产量保险可以覆盖预期成本，价格保险无法覆盖福建的预期成本，而收入保险无法覆盖福建和海南的预期成本。综合来看，以上产区早稻产量保险优于价格保险和收入保险。

各地区三类保险的保险费率和风险保障能力差异较大，应根据本地主要经营风险选择合适的保险品种。另外，收入保险风险保障能力强但保险费率相对较高，可以通过增加保险补贴降低粮农的负担，提高价格保险或收入保险的投保率，还可以通过"农业保险 +农产品期权""农业保险 + 农产品期货"等制度创新进一步将集中于保险公司的系统性风险转移分散给衍生品交易者。

第9章

国外粮食种植业经营风险的
治理经验与启示

9.1　美国粮食种植业经营风险治理经验

9.1.1　财政支持

1. 补贴政策

美国可耕地面积大、现代农业技术发达，是世界主要的农产品出口国。由于长期粮食生产过剩，美国粮食种植业经营风险较大。因此，美国政府推出了大量粮食补贴政策对粮食市场进行调节，降低粮食种植业经营风险，具体内容如下：

美国本就长期处于粮食生产过剩的状态，经济大萧条的到来，进一步加剧了美国粮食生产过剩的问题。1933 年，美国出台了《农业调整法案》，开始实行粮食补贴政策。随后，美国政府不断出台新的粮食补贴政策，包括 1954 年的粮食出口补贴、1970 年的粮食目标价格补贴、1971～1973 年的休耕补贴、1977 年的营销贷款补贴政策、1996 年的生产灵活性合同补贴政策。

2002 年，美国颁布了《农场安全与农村投资法》，提出"反周期补贴"计划，即当粮食市价和直接支付的补贴合计仍低于目标价格时，政府将对二者差额进行补贴。2008 年，美国开展平均作物收益选择项目，对计划内粮食产值低于过去几年平均值的农场主进行补贴。① 2014 年，美国颁布了《2014 年农业法案》，取消了原来的农业直接补贴、反周期支付等补贴措施，不再使用目标价格，改用参考价格，并设立了可选择的价格损失补贴和农业风险补贴。2018年，美国出台了最新的农业法案——《农业提升法案》。新法案除沿用 2014 年相关补贴外，还制定了可调整的参考价格、修改了粮食补贴的计算依据、提高了农产品营销援助贷款率、扩大了农地的休耕面积，并允许粮农在 2021 年及以后每年自主选择补贴项目。

目前，美国采用的粮食补贴政策主要有：（1）价格支持政策。即政府对粮食设置一个基准价格，粮食市价必须大于基准价格。（2）直接支付政策。即政府按照基期的产品种类、面积和单产对农场主进行直接定额收入补贴。（3）差额补贴政策。当粮食市价低于政府设定的基准价时，政府将给予农场主一定的差额补贴。（4）价格损失补贴、农业风险保障政策、营销援助贷款和贷款差价支付。农场主可以自由选择参加价格损失补贴或农业风险保障。价格损失补贴是指若农场主因粮食作物市价下跌而遭受损失，那么政府将给予补偿，该补贴与反周期补贴类似；农业风险保障主要是补偿农场主的收入损失。②

1933~1995 年，美国政府对粮食的补贴手段主要是价格补贴；1996~2001 年间以收入补贴为主；2002~2013 年间同时采用价格补贴和收入补贴；目前，美国政府主要通过多重粮食安全补贴政策的实施来降低粮食种植业经营风险，维护国内粮食稳定。

2. 税收政策

美国农业虽然发达，但与国内其他产业相比还处于弱势地位。

---

① 杨振，韩磊. 美国粮食产业支持政策转型的制度路径与经验启示 [J]. 世界农业，2020（7）：25-31，114.

② 许荣，肖海峰. 美国新农业法案中农业补贴政策的改革及启示 [J]. 华中农业大学学报（社会科学版），2020（2）：135-142，169.

为减轻农场主税收负担、降低粮食种植业经营风险，美国政府对农场主征税的税种不仅少且税额低，而且还出台了大量补贴性税收优惠政策，具体内容如下：

（1）销售税和使用税。

美国的销售税主要用于零售环节征收，且销售税和使用税的具体征收方式由各州自主决定。美国农场主在购买农用生产资料时需要向销售方支付销售税，销售农用生产资料需要缴纳使用税。但有些州对农场主的销售税和使用税制定了优惠政策，例如犹他州和加利福尼亚州对农场主购入商品再销售的行为免征购入时的销售税，对于购入的直接用于农业生产的商品免征销售税，而且大部分情况下，粮农销售粮食也免税。

（2）所得税。

美国农场主在计算所得税时不仅税率方面有优惠，其他方面也有优惠：第一，农场主的收入和费用允许采用收付实现制记账，即收入和支出可以不同期。因此，纳税人可以在本年购买第二年所需的物资，然后在本年收入中扣除，从而减少本年所得税额，获得延迟纳税收益。第二，农场主的资本开支允许在付款当年一次扣除。第三，农场主出售固定资产获得的收益，只需按应纳税额的40%缴纳。① 第四，允许纳税人采用加速折旧法计提折旧。第五，允许农场主在5年内补亏。

（3）财产税。

农场主所拥有的农业用地需要缴纳财产税，但美国政府制定了相关的优惠政策：各州政府以农地当前用途的估算价值而不是以市场价格为计税基础收税。由于土地的特殊性，土地当前用途估值一般远低于其市价，从而极大地减少了农地所有者应交的财产税税额。

---

① 黄磊.税收政策对农产品加工业发展的影响效应研究［D］.哈尔滨：东北林业大学，2019.

（4）遗产税与赠与税。

当农场主继承的生产用房、农具等遗产超过规定限额时，就需要缴纳遗产税和赠与税。美国的遗产税税率高达55%，但是美国税法在遗产税与赠与税方面给予了农场主以下几方面的照顾：第一，土地所有者去世时，其拥有农地按使用价值而非市场价值来计算遗产税，这样可以使农地继承者少交三至七成的遗产税。第二，允许纳税人在财产所有者死亡5年后再缴纳遗产税，还可以在之后的10年内按4%的利息分期纳税。第三，农地继承者继承农地满10年后再出售的，允许按照市价计算取得成本，进而扣除更多成本，减少应纳所得税额。

9.1.2 金融支持

1. 贷款政策

美国围绕《农业信贷法》发展的信贷服务体系为农民应对经营风险提供了持久、稳健的资金支持和政策保障。[①] 美国是农业高度发达的国家，耕地面积约占国土面积的20%，基于独特的自然地理条件和历史背景，其粮食种植主要以大中型家庭农场为主。

18世纪30年代，美国人已经开始意识到为农民提供稳定信贷资源对提高风险应对能力、促进家庭农场发展具有重要意义。1732年，第一家农业合作信贷组织在康涅狄格州的新伦敦成立，但逐渐难以满足西部农场开发的信贷需求；1810年，第一个康涅狄格州牛奶合作社成立后，农民专业合作社得到迅速发展，合作社的财产为社员们共同所有，可以为农民提供化肥、技术及信贷等服务以支持农民的生产经营活动。1916年，美国国会颁布《农业信贷法》（即《联邦农业信贷法》），该法令的颁布有利于持续鼓励农民分享信贷系

---

① 王煜宇.美国《农业信贷法》：法典述评与立法启示［J］.哈尔滨：西南政法大学学报，2017，19（4）：63-75.

统的所有权，以满足具有信用基础的各类农民的信贷需求。[①] 随后，美国逐渐建立基于信贷法案的农业信贷系统，在联邦政府的支持下成立了联邦土地银行，主要为农民提供中长期农地抵押贷款，分布在全国 12 个农业信用区，给予农民低成本的资金支持，提高其风险应对能力。

由于农业生产的机械化和欧洲带来的竞争压力给农民的生产经营带来了损失，刺激了农民的短期贷款需求，美国财政部在每个信用区的联邦土地银行中下设了联邦中期信贷银行，以发放 6 个月至 3 年的贷款，但其并不直接为农民个人提供贷款。此外，为应对全球经济大衰退给农民带来的收益损失，美国政府推出了无追索权贷款计划，其中覆盖小麦、玉米、高粱等主要粮食作物，为农民提供短期资金支持，以保证农业生产经营稳定，该计划一直沿用至今。美国政府设立的合作社银行也可为农民提供设备贷款、商品贷款和咨询等服务以支持其基本生产经营活动。其中短期贷款可以为 1~5 年，特定情况下，也可以提供 5~40 年的持续贷款。在此期间美国还成立了农民之家管理局，主要通过担保性贷款和直接提供贷款的方式向生产资源不足的新农业生产者和经营者提供信用服务，以降低经营风险发生的可能性。

2. 保险政策

美国政府对农民的保险支持在 1938 年颁布的《联邦农作物保险法案》中初见端倪，法案中涵盖的农作物产品包括粮食、烟草和水果等，农民可以根据保险统计表列示的保险数额和价格按照意愿选择保险项目，对于一个农作物生长周期的同一种农作物只能签订一份相关保险合同，不允许重复保险，且限定了保险总金额。由于农作物保险贴现率较高，1980 年颁布的《作物保险法》中规定政府需

---

① 宋桂林. 试析美国农业信贷银行法律制度的中国意义 ［J］. 西南石油大学学报（社会科学版），2017，19（1）：67-73.

要为粮食类作物保险支付 30% 的保险费补贴，这在一定程度上吸引了商业性保险公司经营农业保险，推动了美国农业保险由"公私合营双轨式"转向"私营＋政府扶持式"。1990 年修订后的《农业法》规定，在遭遇风险灾害时，不仅参加了保险的作物可根据合同的相关条款获得赔付，未参与的作物也可获得正常产量 40% 的赔偿。1994 年，《联邦作物保险改革法》进一步增加了农民购买保险的补贴，激发农民参保的积极性。该法律对巨灾风险保险、区域风险保险和其他风险保险进行了规定，其中巨灾保险的承保范围较为广泛，包含了旱涝、冰雹、地震和海啸等特大自然灾害，且项目与政府的价格、信贷和农业技术等方面的惠农政策相关联。至此，联邦作物保险已成为农民的主要风险防范工具。

农业巨灾风险证券化的出现将金融与保险相结合进行风险转移和补偿，加之《农业风险保障法》增加了对作物保费的补贴，进一步提高了保险公司的承保能力。2014 年农业法案颁布使政府进一步增加了对保险资金投入。首先，对于自然灾害造成的生产损失，政府将进行灾害援助，以帮助农民快速恢复灾后生产；其次，对于不能投保的粮食作物因灾损失进行赔偿，为农民权益和收入提供基础保障。

9.1.3　粮食产销政策

1. 休耕制度

美国休耕政策实施的主要目的有两个，一是通过控制粮食大量供给减少农业过剩。二是通过粮食种植者实施耕地休耕并种植保护性植被，减少土壤和风力侵蚀、改善和保护水质、保护野生动物栖息地。

美国的耕地休耕计划发展较早，在 20 世纪 30 年代，罗斯福政府颁布的第一部农业基本法——《农业调整法》，将耕地休耕计划提升至制度层面并作为美国农业的一项基本国策。1956 年美国启动实

施了土地银行项目，是当时实施的第一个土地休耕项目，实施目的
是控制粮食供给，农田休耕期限是 3～10 年。直至 1985 年，美国
国会通过《农业与食品安全法案》，法案提出了休耕保护储备计划
（CRP），是美国联邦政府启动实施的覆盖面最广的一项休耕政策，
至今已持续实施 30 多年。2018 年美国农业部保护储备计划登记的
土地面积为 2240 万英亩。

需要参与 10～15 年土地耕地项目的农户和大农场主，可以通过
一般申请参加和不间断申请参加两种主要方式自愿提出申请。一般
申请参加是在特定申请时间内，土地所有者进行投标竞价。参与者
的土地必须符合美国农业部农场管理局的环境效益指数（EBI）标
准，然后才能进行投标申请参加。不间断申请针对的是有最高环境
效益且竞标价格在可接受范围内的土地，只要其土地符合特定标准，
农户和大农场主可在任意时间参加，投标价格被自动接收且不受竞
争约束。在满足严格的要求条件后获得美国农业部的批准，土地所
有者需要与农业部签订 10～15 年的耕地休耕合同。列入 CRP 计划
的土地若直接休耕，参与者可获得年度土地租金补贴，若是退耕的
土地被用于绿化，如种植草类、灌木或林木等长期性植物，农场管
理局则会分担植被保护措施的实施成本，农业部会向农民提供不超
过种植实施成本 50% 的现金补贴，另外，农业部还提供奖励性补
贴，对于承担特别维持责任的农户可能提供每年 9.9 美元 / 公顷的补
助，对于持续签约的项目，每年还提供不超过年租金 20% 的经济资
助。签订合同的农户如果提前终止合同，会受到相应的惩罚，需要
返还所有的补贴并缴纳罚款。休耕合同到期后，通过以上两种方式
参与休耕项目的农户可以自由选择退出休耕计划或者续签休耕合同。

美国的农户参与意愿很高，特别是对于年纪较大以及非职业的
农户，考虑到休耕项目可以节约劳作投入成本，还可以获得相对稳
定的补贴收入，参与该计划的积极性更高。参与休耕的土地大多分
布在美国中部大平原及西部丘陵山区。其中退耕还草所占的比例最

大，约占 87%，也是最经济可行的耕地保护措施。CRP 项目推行 30 多年来，美国土地休耕项目的生态环境成效明显，并在减少水土流失、改善土壤质量以及保护土地资源环境方面起到一定作用。

2. 收购政策

美国政府的收购政策开始于 1929 年，当时美国政府处于粮食过剩的困境，为了维持粮食价格，美国胡佛政府颁布了农业营销法案，联邦农场委员会安排民间农业合作社等组织开展收购过剩农产品活动，但实际实施效果不佳。1933 年，罗斯福政府颁布农业调整法案，开启了政府干预收购计划，通过建立农产品信贷公司（CCC），以间接的营销援助贷款项目实施收购政策，农产品信贷公司向农场主以一定的贷款率发放无追索权贷款，一旦市场价格低于贷款率时，农产品信贷公司将以政府托底价格收购农户自愿存储的粮食。

3. 仓储政策

美国政府的粮食储备政策发展主要有两种仓储政策，经历了三个阶段。从 20 世纪 30 年代初开始，美国联邦政府开始实施农产品信贷公司储备（即 CCC 储备），在政府实施粮食收购政策的大力支持下，粮食产量过剩，CCC 储备迅速累积，加上第二次世界大战后美国农业生产率提高，进一步导致农产品过剩，1948~1960 年间，小麦的政府库存从 618 万吨增加至 3382 万吨，形成了粮食高库存现象，美国政府在 1939~1956 年间大量购买仓储设施以应对高库存。20 世纪 70 年代，世界粮食价格出现周期性波动，当时的民间储备规模很小，无法有效应对市场变化多端的价格波动风险，1977 年，美国《食品与农业法案》通过了农场自持小麦储备（FOR），农户自愿参与 FOR 项目，参加的农户需要与农产品信贷公司签订为期 3 年的贷款和其他相关事项的合同，合同内规定了农产品信贷公司以一定的贷款利率向农场主提供为期 3 年的贷款，并支付粮食储存费，农场主则将自家粮食作为担保抵押，且保证小麦质量的同时不能中途随意销售。当市场价格大于释放价格时，农户可选择退出，也可选择继续签合同，若市场价格大于还贷价格，农户必须偿还贷款。此时，民间储备成为政府仓储的主要力量，政府仓储开始收缩。1979 年出现变化，政府实施了战略性储备，1980 年正式确立粮食安全商品储备计划，目的是支援发展中国家，1985 年取消了 CCC 储备，1996 年美国《农业法案》暂时中止了民间储备政策。至今，美国政府不再实施政府干预仓储，没有政府仓储，民间储备占主导地位。

9.2　欧盟粮食种植业经营风险治理经验

9.2.1　财政支持

1. 补贴政策

欧盟的前身是欧洲共同体，欧盟有 27 个成员国，总部设在布鲁塞尔。欧盟的核心政策是共同政策，而粮食补贴政策是欧盟共同政策的重要组成部分，欧盟通过实施粮食补贴政策来降低成员国粮食种植业经营风险，保证组织内粮食市场的安全与稳定。

1962 年，欧盟出台了《建立农产品统一市场折中协议》，在内部粮食市场开展了统一的价格支持政策和其他补贴政策。该时期，欧盟粮食生产较为短缺，价格支持政策的实施增加了欧盟的粮食供给。1992 年，欧盟开展了"麦克萨里改革"，将 20 世纪 90 年代之前的价格支持政策转变成直接补贴政策，改革后的补贴标准不再是产量而是土地种植面积，该政策将粮食补贴与粮食市场要素的规模相结合。同年，欧盟还实施了休耕补贴，休耕减产者和转产者都能获得该补贴。

1999 年，欧盟出台了《欧盟 2000 年议程》，不仅确定了直接补贴政策的核心地位，还开展了相应的环境保护补贴。2003 年，欧盟出台了《共同农业和农村发展政策》，将 1992 年农业政策改革后与种植面积挂钩的直接补贴方式转变成与生产和价格脱钩的"单一支付计划"。之后，欧盟逐步减少政府干预，促进直接补贴政策的进一步脱钩，并逐步增加对环境保护的补贴。直接补贴和农村发展措施是欧盟共同政策的两大支柱，2013年欧盟共同政策的改革促进了二者的发展。[①] 在直接补贴方面，欧盟加大了用于绿色生态保护的补贴，将直接补贴分为强制性直补和自愿性直补。强制性直补包括新基础补贴、用于农业生态环境保护的绿色直补和对青年农民的补贴；自愿性直补包括小农场补贴、自然条件恶劣地区补贴、重新分配补贴和挂钩补贴。[②] 2018年，欧盟在《关于未来食品和农业的立法建议》中要求成员国继续加大直接支付比例，并将直接支付额度与环境保护情况挂钩。

1992年以前，欧盟粮食补贴政策以价格支持为主；1992~2002年间逐渐转向与生产挂钩的直接补贴；2002年以后，欧盟粮食补贴政策主要为与生产脱钩的直接补贴，且补贴目标变成保护环境和支持农业发展。

2. 税收政策

欧盟对粮食生产者征收的税种包括：增值税、所得税、土地税等，其中最主要的是增值税。欧盟对粮食生产者制定的税收优惠政策如下：

（1）增值税。

欧盟粮食生产者需要缴纳增值税，但为减轻粮农的税收负担，降低成员国粮食种植业经营风险，欧盟对粮食增值税的征收制定了两大优惠政策：第一，以比利时、法国、荷兰等国为代表的国家实施了税收减免政策。政策规定：其一，粮农免缴增值税。其二，粮食生产企业虽然不免增值税，但其在销售粮食时，可以向粮食购买者收取一定的税收补偿金，而粮食购买者支付的补偿金可作为其增

---

① 蔡志强.我国"实施乡村振兴战略"的社会经济逻辑与政策措施——基于欧盟共同农业政策改革的启示［J］.天津商业大学学报，2019，39（4）：42-51.

② 于晓华，武宗励，周洁红.欧盟农业改革对中国的启示：国际粮食价格长期波动和国内农业补贴政策的关系［J］.中国农村经济，2017（2）：84-96.

值税进项扣除。第二，以挪威、卢森堡、德国等为代表的国家实施了特别优惠税率政策，即对粮食征收增值税时，采用明显低于基本税率的特别优惠税率。此外，法国允许粮农将购买农用机器、种子等用品时交的增值税作为进项扣除；土耳其和卢森堡等国家通过简化税收征管流程的方式来减轻粮农的税负；意大利允许粮农扣除规定比率的应纳增值税额，扣除部分视为进项。

（2）所得税。

欧盟对粮食生产者征收所得税，但给予了法定免税额，需要综合考虑粮食生产者的家庭人数及收入情况再决定是否给予免税以及免税的额度。欧盟规定：第一，粮食生产者存货成本高出市价的部分允许计入当期损益，且其经营亏损可以不定期向前或向后结转。[①]第二，允许个人所得税纳税人选择对自身有益的课税办法，要么协商征税，要么根据实际收益征税。此外，法国还对农业合作信贷银行、农业合作社等机构免征企业所得税。

（3）土地税。

德国根据土地用途将土地分为农业用地和建筑用地，并对农业用地的土地税征收实施优惠政策。第一，采用农地所产出粮食的市价为基础计算农业用地的土地税，而不采用土地市价。第二，若农地属于粮农必要的房屋基地，则不再征收土地税。法国将土地税分为已建筑土地税和未建筑土地税，不同类型的土地适用不同税率。西班牙对用于粮食生产的土地征收土地税，但不征收财产税。

9.2.2　金融支持

1. 贷款政策

欧盟成员国中，法国和德国是农业相对发达的国家。法国是欧盟的主要粮食生产国，其农产品生产和出口均列于欧洲首位，耕地

---

① 高增玉．粮食直接补贴对粮食生产的影响分析［D］．昆明：云南财经大学，2019.

面积约占国土面积的 33.1%，粮食种植模式以中小农场为主，政府主要通过利率较低的贷款政策为农民提供信贷支持，且利息差额由财政进行补贴。20 世纪初，法国政府面向农业建立了专门的金融机构，即农业信贷互助银行；20 世纪 30 年代又分别将地区农业信贷互助银行作为省级机关的信贷组织，地方农业信贷互助银行作为基层信贷组织，建立了一套全国性的农业信贷体系，为农民提供短期、中期和长期贷款。此外，为推进法国农业机械化和规模化经营、提升农民的风险应对能力，政府还设立了农业机械合作社，研制并推广粮食种植及收获机械，对购置机械及配件提供一定信贷支持，而对于购买土地的农民提供低息贷款。

德国是欧盟三大农产品主产国之一，农民的信贷业务主要通过私立信贷银行、公共储蓄银行、合作银行等综合类银行和特殊银行开展，其中德意志合作银行、区域性中心合作银行和信用合作社等合作类银行是农民信贷资金的最大提供者。[①]特殊银行则是通过其他银行机构间接提供长期低息贷款，例如德国农业地产抵押银行可通过优惠利率保证长期信贷资金需求，信贷期限一般高于 4 年，最长可达 25 年。德国实施的种养业特别信贷项目利率比信贷市场利率低 0.1~1 个百分点。除此之外，德国政府还通过信贷扶持手段，鼓励农民不断扩大农场规模，加强风险应对能力，出售土地的农民可以获得贷款以协助转向非农产业。

2. 保险政策

法国是较早建立农作物保险制度的欧盟成员国之一。1840 年，一些农民自发成立了法国历史上第一个农业互助保险社，在政府的帮扶和推广下逐渐走向成熟，尤其是安盟农业保险公司的成立不断推动法国农作物保险走向完善。农业互助保险社的特点主要是通过农民互助的形式来推行农作物保险，通过保险收入以弥补农民的损

---

① 杨恋黎.金融支撑现代农业发展问题研究［D］.长沙：湖南农业大学，2017.

失，在一定程度上提高了农民自身的抗风险能力。法国农作物保险的另一个特点是强制与自愿相结合，对于关系到国计民生的诸如水稻、小麦、大麦等粮食类大宗产品实行强制性保险，自然灾害险被列为强制保险险种，除此之外，政府还会通过农业灾害保证基金对损失进行补贴。[①]法国的农业灾害保证基金由农业部进行管理和支配，除了起到进行农作物补贴的作用外，还被用作补偿不可保风险。此外，农民购买保险只需要缴纳保费总额的20%～50%，其余部分由政府承担。这种低费率、高补贴的保险支持政策，有利于提升农民的参保意愿，使农民能够在一定程度上有效规避了各种经营风险，调动了农民生产积极性。

德国是世界上最早出现农作物保险的国家之一，以小型互助合作保险的形式为主。由于德国雹灾频发，对农作物造成非常大的损害，为稳定农民的生产经营，成立了农业保险互助协会，承保农作物雹灾保险，该组织的主体是农民，成员间按比例支付损失份额，当发生特大灾害赔偿时由政府对合作社予以一定的财政支持。此外，对于农民缴纳的保险费政府按照50%～80%的标准进行补贴。由于协会的规模普遍较小，抗风险能力较低，德国政府还设立了再保险公司，通过中央农业互助基金会投入资金，以降低巨灾风险对农户造成的损失。

9.2.3　粮食产销政策

1. 休耕制度

为应对粮食产量过剩带给农户以及农场主的经营风险，欧盟推出休耕政策，主要是通过耕地的休耕，控制粮食产量，减少粮食市场供给，维持粮食价格不下降，保护粮农和农场主的利益。

回顾欧盟耕地休耕政策的发展历史，20世纪80年代以前，欧盟

---

① 曹鑫光.美国、法国、日本农业保险政策的比较和启示［J］.现代交际，2019（14）：57+56.

的价格支持政策使得农产品大量过剩、农户收入下降，在此情况下，欧盟于 1988 年推出了自愿休耕项目，时间为 5 年，目的在于控制并减少粮食生产和预算支出，当时自愿休耕推行实施比率较低。1992 年，欧盟启动"麦克萨里改革"，为了减少粮食产量提出了强制性休耕政策，同时要求全面推广。1999 年，欧盟理事会在"2000 年议程"中提出对休耕政策进行全面改革，强制性休耕比率不能低于 10%。2007 年，欧盟强制性休耕面积大约达到 3.7 万平方千米，成员国中休耕面积占比最大的是德国。2008 年，国际市场粮食价格上涨，至此欧盟理事会将休耕率调整为零。2009 年欧盟理事会提出取消强制性休耕制度，实施自愿休耕政策，休耕率随着市场粮食的供给关系变化而变化，但总体会保持平均休耕面积占总耕地面积的 10% 左右。

欧盟的休耕方式有两种，一种是轮换休耕，就是在不同地块之间轮换休耕；另一种是非轮换休耕，农户在同一块耕地上进行长时间休耕。农户向农业局提交申请，根据申报的休耕面积获得相应的耕地补贴。欧盟在耕地补贴方面尊重了各成员国之间的差异，依据各国当地具体的农作物补贴标准获得补贴。最开始在欧盟的自愿性休耕政策中，参与的农户其休耕面积要达到耕地面积的 15% 才能获得补贴，而 1992 年的强制性休耕有特定的补贴对象，粮食产量超过 92 吨且休耕面积超过耕地面积的 15% 的农户才能享受补贴。休耕补贴金额根据粮食平均产量乘以每吨的补贴价格，补贴价格每一年都会随着粮食市场情况变化而变化，农户的补贴金额每年都处于浮动的状态。

通过实施休耕政策，欧盟缓解了国家粮食生产过剩的压力，一定程度降低了产量风险。在休耕政策下发生变化的还有欧盟的农场结构，小农场逐渐减少，中等规模农场数量增加，参与休耕的农户中，老年农户以及缺少劳动力的家庭还有其他非农收入来源的农户，参与休耕项目的意愿更高。另外，欧盟的土地休耕还取得了积极的环境效益。但是个别地区仍存在问题，西班牙则是其中的反面案例，西班牙实施完全休耕后,其生态环境不但没有得到改善,反而加重了当地水土的流失程度。为了维持休耕带来的环境效益,从 2003 年开始,欧盟将休耕补贴与环境保护相结合,并提出强制性交叉遵守机制,2013 年新增强制性绿色补贴,将农业补贴与环境保护进行强制性关联。

2. 收购政策

为保护粮食价格,欧盟在不同时期采取相应的粮食收购政策,预防价格波动带来的不确定风险。20 世纪 50 年代至 70 年代初,欧盟的粮食处于短缺阶段,1962 年出台了共同农业政策,国家在收购粮食时实施价格干预。干预价格由欧盟根据农户收入、欧盟各国粮食生产、库存、需求情况以及国际粮食生产和价格趋势等因素综合考虑制定。[①] 当欧盟国家市场价格下降至干预价格时,共同市场组织必须以干预价格将农户的粮食采购下来,保护粮食价格。在此政策下,欧盟各国的粮食产量得以恢复并快速增加,在 20 世纪七八十年代处于过剩阶段,为了保障农民收入,欧盟各国继续实施干预收购政策,一直延续至今。收购的粮食通常向国外出口或者进行国际援助,一般不流入欧盟市场。[②]

3. 仓储政策

围绕国际粮食市场价格的波动,不断寻找分散风险的方式,欧盟的粮食储备政策在经历了政府干预储备阶段,后逐渐过渡到公共储备政策阶段。从 1962 年的共同农业政策开始,欧共体实行政府干预储备政策,公共储备数量逐渐增多,为了应对国际粮食市场的价格下降,1979～1992 年的政府储备规模不断扩大,1983 年处于 1000 万吨以下到 1984 年的 1400 万吨,攀升至 1992 年的 3400 万

---

① 张昌彩.国外粮食储备管理及其对我国的启示 [J].经济研究参考,2004(24):33-43.

② 孙中叶,黄向阳.粮食收储政策的国际比较及启示 [J].粮食科技与经济,2015,40 (3):17-19.

吨。此时，过剩的粮食依靠出口进行解决。1992 年欧共体对共同农业政策进行改革，粮食储备政策开始分为公共干预政策以及私人储备支持政策，政府干预政策收缩了干预范围，实施适时干预，促进了欧盟经济社会的整体发展。现今，欧盟主要通过粮食市场分散风险，私人储备占主导地位，政府干预储备政策成为辅助，退居幕后，公共储备规模显著下降，从 2005 年的 1493 万吨的谷物公共储备量下降至 2013 年的 0 谷物公共储备量，之后一直为 0。私人储备粮食库存容量主要由农场主农场、合作社、加工企业、零售和贸易商、交通枢纽等组成。

9.3　英联邦粮食种植业经营风险治理经验

9.3.1　财政支持

1.补贴政策

英联邦是一个由 53 个成员国组成的国际组织。除英国外，英联邦成员国大部分都是英国曾经的殖民地或附属国。[①]英联邦各国也出台了一系列粮食补贴政策来控制粮食种植业经营风险，保证粮食生产者收益，维护粮食市场稳定。

农业改革前期，英国政府主要采用门槛价格、干预价格、市场价格等粮食价格政策。农业改革后期，英国政府主要对粮食进行直接补贴，并且直接补贴额度与粮食生产者的土地种植面积挂钩。

澳大利亚人少地多，是粮食出口大国。随着农业改革的加深，澳大利亚对粮食的补贴方式也发生了明显的变化。在农业改革初期，澳大利亚实施的是以收入保护为目标的粮食直补政策。20 世纪 60 年代起，澳大利亚开始减少对粮食生产者的直补，由直接干预粮食价格的支持方式逐渐转成间接扶持。

---

① 纪秀娟.英国与欧盟的关系问题研究［D］.青岛：山东大学，2014.

加拿大政府非常重视粮食生产者的收入问题。20 世纪中期，加拿大已经构建了相对完善的粮农收入保障体系，并不断加大支持力度。而后，加拿大又颁布了《加拿大农民安全网措施方案》，该方案推出了粮农净收入稳定政策，并于 20 世纪 90 年代初开始执行。

1965 年，印度开始对大米、小麦、玉米等粮食作物实施粮食最低保护价政策。20 世纪 90 年代起，印度对粮食生产者使用的肥料、电力、灌溉等生产投入进行直接补贴。2002 年，在 WTO 相关规定的约束下，印度开始减少对粮食的补贴。

虽然英联邦成员国实施的粮食补贴政策各有不同，但各成员国的粮食补贴政策都与国情具有很强的关联性与递进性，而且实施补贴的共同目标都是降低国内粮食种植业经营风险，保证粮食生产者收益，维护粮食市场稳定。

2. 税收政策

英联邦各国为降低国内粮食种植业经营风险，支持和保护本国粮食产业发展，也制定了一些税收优惠政策，具体内容如下：

（1）流转税。

虽然英国的增值税法中规定农产品销售需要缴纳增值税，但为减轻粮农税收负担，英国政府对大部分粮食都采用零税率。此外，还允许粮农抵扣为生产粮食而购入的农业用品的增值税。加拿大粮农需要缴纳商品与劳务税，但加拿大政府也制定了大量税收优惠政策。例如：对多数粮食实施免税政策，对初级粮食作物实行零税率税收优惠，在计算商品和劳务税时允许抵免生活支出和生产投入过程所产生的进项。

（2）所得税。

虽然英国对粮食产业的纳税标准同其他产业一致，但其制定了大量税收优惠政策来减轻粮食种植者的所得税税收压力：第一，在计算利润时，允许纳税人扣除折旧费。第二，在计算个人所得税时，承认提取的新建农舍准备。第三，允许粮农按平均收入缴纳个税。

加拿大对大、中型粮食种植企业征收企业所得税，实施的税收优惠有：第一，粮食种植业企税税率远低于普通企业。第二，允许纳税人对高科技生产设备采用加速折旧法。第三，计税时，允许纳税人扣除符合条件的科技投入。第四，允许递延纳税申报。加拿大对小型粮食种植企业征收个人所得税，实施的税收优惠有：第一，允许扣除各项符合标准的生产成本和已缴纳的商品与劳务税。第二，允许销售粮食取得的现金和应收款项在到账时才记入收入。

（3）财产税。

英国对农业用地不征财产税且免征遗产税。印度对农业用地征收土地税，但允许扣除各项费用。加拿大的土地税是财产税的一部分，加拿大政府对粮农财产税制定的税收优惠政策有：第一，征收土地税时对农地的估价采用优惠标准。第二，对大部分农机免征财产税。第三，对于农业经济不发达的地区，财产税税率较低。第四，多数地区采用优惠的估价标准评估财产市价。第五，减免有效使用土地者的财产税。

9.3.2　金融支持

1. 贷款政策

英联邦国家中印度、澳大利亚和英国都是粮食种植业发展较快的国家。第一次世界大战后由于粮食紧缺，英国开始对农业进行改革，颁布了《农业信用法》为农民使用贷款提供法律支持，经过不断演进和修订形成了《新农业信用法》，而后设立了以政府为主导的农村信贷联合会，以低利率向农民提供短期和中期贷款，由政府支持的农业抵押公司提供长期贷款[①]；现在英国的农业信贷体系主要由商业银行主导，在政府的相关优惠政策帮助下银行向农户提供贷款以升级种植设备、购买土地资源等。

---

① 任有权.17世纪中叶以来的英国农业政策［D］.南京：南京大学，2014.

实现粮食自给自足是印度农业政策的重要目标，政府采取了多种政策营造一种良好的金融环境以支持农民的生产经营活动。首先，印度政府通过发展农村信贷业为农户提供短期、中期和长期三种贷款形式，其中短期贷款用于支持农民购买种子、肥料等生产资料，同时会给予 10% 或者更低的利率优惠[1]；其次，印度中央储备银行还会向农业部提供一定的信贷资金用以支持农民开垦荒地、改进机械设备、增加灌溉面积等生产活动。

澳大利亚农业产业十分发达，政府长期引导银行、保险等商业性金融以扶持农民的生产发展，澳大利亚的四大银行都设有扶持农业相关领域的贷款，通过对农户种植的粮食产品进行评估后发放贷款。

2. 保险政策

印度政府实施的国家农业保险计划（NAIS）在保障农民生产经营过程中起到了重要作用，主要由政府带头组建的印度农业保险有限公司负责运营，该计划明确地将粮食作物划分为保险标的，按标的确定保费并予以补贴，补贴标准以五年为期作一次调整，最高的保费补贴可达 90%。

英国克伦堡雹灾保险协会首次设计签发了世界上最早的种植业保险，英国与日本的情况类似，都是由农业互助组织或者联合会为农户提供保险服务，与信贷体系一样，英国政府对于保险也不会有太多的政策优惠，但是对于灾害预警和防御体系的建设划拨资金，以降低农户的受灾风险。

澳大利亚政府与英国政府类似，对于农业保险没有补贴且实行自愿政策，不会过多干预，但是会颁布诸如干旱治理政策来帮助农民管理各种经营风险，粮食种植者在面对地震、大雨、冰雹、风暴等自然灾害有多种风险规避方式，可以在商品营销委员会安排下指定澳大利亚小麦局等营销商使用期权或期货合约以规避风险，减少损失。

---

[1]　东湖.粮食主产区农业信贷支持问题研究［D］.北京：中国农业科学院，2009.

9.3.3 粮食产销政策

1. 休耕制度

英国最早实施的休耕制度是二圃制，是当时大不列颠的凯尔特人开始的一种两块大田轮换耕作——一块耕作、一块休耕的约定俗成的耕作制度，这种制度比较好地保持了土地的肥力，防止了土地的连续利用导致的单产下降。[①] 5 世纪中叶，三圃制由盎格鲁·撒克逊人渡海带入英国，其形式是第一年种麦子，第二年种豌豆，第三年休耕，相对二圃制而言，三圃制使得土地休耕闲置时间减少，大大提高了土地利用率。二圃制和三圃制的耕作制度每年都会有 1/2 和 1/3 的耕地处于撂荒状态，到 17、18 世纪之交，四圃轮作制改变了传统的休耕制度，避免了休耕地全年全休状态，保持了土壤肥力，这种创新的休耕制度延续至今。

2. 收购政策

印度中央政府控制的粮食收购，主要目的是确保农户能够获得粮食最低的支持价格，并且保证粮食紧缺的地区农户能够以农户支付得起的价格购买足够的粮食，同时利用政府对粮食市场的干预，保障国家粮食安全（陈会玲，陈紫嫣，顾成炜，2017）。印度政府会在粮食收获季节前发布粮食的最低支持价格。该最低价格是以农业成本为基础，综合考虑农业投入、粮食产量预期等因素来制定的。印度政府的粮食收购机构主要包括印度粮食公司的分支机构、联邦政府粮食公司和全国农业合作运销协会。印度粮食公司主要负责小麦和水稻的收购，全国农业合作运销协会主要负责除小麦和水稻以外的粮食收购，联邦政府粮食公司是联邦粮食供应部。印度粮食公司通过垄断收购、向粮食批发商和磨坊主收购以及市场收购等主要收购方式收购农民的粮食。垄断收购方式就是印度粮食公司或其指

---

① 邹学荣，李娜，杨成理.英国休耕制度对川渝地区耕作制度改革的启示［J］.乐山师范学院学报，2016，31（3）：100-103.

定的各邦代理机构以一定的支持价格向农户收购全部的商品粮；市场收购方式是根据市场粮食供需情况，在市场粮食供应不足时，印度政府有"先买权"，在市场粮食供应过剩导致粮食价格低时，政府以支持价格收购。只要符合印度政府规定的粮食品质，都可以固定的支持价格收购农民的粮食。为保护农户利益，印度粮食公司及其各邦代理机构要确保农户不被迫以低于最低支持价格售卖粮食。①

3. 仓储政策

以澳大利亚为例，澳大利亚的粮食储备主要有中央政府储备和社会储备。社会储备的主体主要是粮食加工企业和种植农作物生产者。澳大利亚的粮食储备，两种储备政策由5家公司控制全国70%的粮食储备业务，这5家公司主要有澳大利亚粮食储运公司、澳大利亚种子联合公司、新澳联合储运公司、西澳粮食储运公司以及"南方大陆"粮食储运公司，这5家公司的每个分散机构都有公路、铁路以及出口港口相连接，形成仓储与运输一体化的粮食储备系统。澳大利亚有近900个粮食收购站，20个粮食出口专用码头，具有2000万吨的年固定储备能力、600万吨的年港口储备能力以及300万吨以上的临时储备能力。②其余30%由农场主储备以及私人商业粮食储存。

英联邦中的另一个农业大国印度，在粮食储备中有其独特的方式。印度较大规模的粮食储备是从20世纪60年代开始建立起来的，印度政府的粮食储备制度有两种，分别为经营性库存与粮食安全缓冲库存。起初储备制度中规定印度粮食公司和各联邦粮食供应部要保持3～8个月的经营性库存，没有应急战略储备。在1963年印度发生旱灾之后，粮食安全缓冲库存制度开始实施，为应对短缺的战

---

① 陈会玲，陈紫嫣，顾成炜.印度储备粮流通制度及其对中国的启示［J］.世界农业，2017（2）：70-76.

② 李京福.发达国家粮食储备管理制度的经验［J］.世界农业，2016（1）：84-87+96+227.

略储备，仓储库存的临界值为500万吨，主要存储小麦和大米两种农作物。印度政府在新、旧粮食轮换上，采取先进后出原则，在新粮运输完成后才能进行旧粮的出库，为的是保证充足的粮食储备量。20世纪80年代后至今，印度政府库存量过剩，有关粮食储备的政策包括两类，一是改善储备条件，降低储备损耗；二是开展公私合营。

9.4 日本粮食种植业经营风险治理经验

9.4.1 财政支持

1. 补贴政策

日本地理条件独特，人口数量多而可耕地面积小，人均耕地面积小于国际水平的1/10，长期处于粮食供给不足状态。粮食安全是维护国民经济稳定的根本，因此，日本政府出台了一系列粮食补贴政策来降低国内粮食种植业经营风险，提高粮农种植积极性，保证粮食的供给。

第二次世界大战后，日本经济低迷、粮食短缺。为解决粮食供给问题，日本政府于1942年出台了《粮食管理法》，该政策规定：由政府统一收购粮农除自身需求外的多余粮食，进行再分配。随后，日本政府不断出台新的粮食补贴政策，包括1960年的价格支持政策、1961年的农机补贴等。2000年，日本颁布了《针对山区、半山区地区等的直接支付制度》，对低收益的山区和半山区粮农实施直接收入补贴，同时还对利用新技术降低粮食生产成本的粮农进行补贴奖励。同年，日本的定额补贴制度和大豆经营安定政策也开始实施。自此，日本粮食补贴方式由价格支持补贴转为直接补贴。2001年，日本开始实施休耕补贴。2005年，日本开始关注水利环境保护和农田基础设施建设等方面，对水利环境保护开展直接支付补贴，并加大对农田和农业基础设施的补贴。2010年，日本政府以直接支付的补贴方式鼓励粮农限产，并对大米开展农户收入补贴和价格变动补贴。2018 年，日本停止实施限产计划并取消相应补贴。

目前，日本采用的粮食补贴政策主要有：（1）最低收购价。即政府对粮食作物设定一个最低价，当市价跌破最低价时，政府将按最低价收购所有粮食。（2）差额补贴。当农产品价格低于政府目标价格时，农户可以根据农产品的销售量，从政府手中获得市场价格与政府目标价格之间的差价补贴。（3）稻作安定经营基金。即政府对前三年粮食市价平均值减去当年粮食市价差额的 8% 进行补贴。（4）直接补贴。即政府对偏远山区粮农进行直接收入补贴。（5）生产资料购置补贴。即政府对购买农用生产资料的粮农进行补贴，其中政府补贴 1/4，剩余费用可进行贷款。（6）跨品种经营稳定政策。即政府对优质粮农进行直接收入补贴。

日本前期主要依靠市场价格支持政策来控制粮食种植业经营风险，高度保护其粮食生产，但支持项目比较单一，后期主要依靠直接补贴。

2. 税收政策

日本实施城乡统一税制，农业与其他行业的税制基本一致，导致日本粮食种植业生产成本和经营风险较高、缺乏国际竞争力。因此，日本政府在税制方面制定了一些优惠政策以保护粮食生产者利益，降低粮食种植业经营风险。

（1）地价税和固定资产税。

日本是土地私有制国家，征收地价税、特别土地保有税和固定资产税。为降低粮农的生产成本，日本政府对地价税和固定资产税实行优惠政策：第一，地价税的计税依据采用法定价格，而非市场价格。第二，租赁农地的生产者免征地价税。第三，近郊农地的固定资产税率较低。1998 年，日本政府冻结了地价税。

（2）遗产税和赠与税。

日本对遗产税和赠与税的税收优惠政策如下：第一，农地继承人将继承的土地继续用于农业生产的，若需缴纳的遗产税超过农地交易价格，则多出部分允许延期纳税。第二，农地继承人将继承的土地继续用于农业生产且继承人死亡或连续从事农业满20年时，则延期缴纳的税款予以免除。第三，粮农将农地赠与子女并继续用于农业生产的，允许赠与税在赠与人死亡之后缴纳。

（3）关税。

日本政府于1905年开始实施进口关税，防止进口粮食价格过低对本国粮食种植业造成冲击。粮食类农产品是日本的重点保护对象，因此日本粮食类农产品的关税税率很高，大米的关税税率曾经高达778%。此外，日本政府对粮食类农产品进口实行配额数量限制，严格限制大米的进口以控制国内粮食种植业经营风险，保护粮食市场安全。

9.4.2　金融支持

1. 贷款政策

日本大部分地区属于温带海洋性气候，其粮食种植业形成以水稻为主、其他作物相结合的种植模式。日本政府主要通过贷款利息补贴、债务担保以及其他贷款利息优惠等措施对农民的生产经营活动给予金融支持。首先，农林中央金库作为农业金融支持体系最高等级体系，会为农民提供政策性的贷款援助，资金主要由国家财政提供，先后建立了自然灾害贷款、农业改良贷款和农业现代化贷款等计划，以提升农民的风险抵抗能力。其中自然灾害贷款是对遭受地震、冰雹等灾害的农民给予低利息的中期贷款以帮助其恢复生产能力；农业改良贷款则是为支持农户使用新的农业机器和设备或是栽培方法，提供最优惠的无息贷款；农业现代化贷款向农民提供为促进农业现代化所需要配备和扩建的农业生产设施资金，用于推动农业种植户扩大生产投资，改善农业生产结构，具体操作是由农协以低利率水平向农民发放贷款进行，且都道府县给予一定的利息补贴和债务保证。另外，日本政府出台的《农业改良资金补助法》规定，财政预算内需要安排一部分的贷款用于建立帮扶农民的"生产方式改善资金""新品种引进资金""经营规模扩大资金""农民生活改善资金"等资金借贷制度。

2. 保险政策

由于地理位置的特殊性，日本政府对农作物的保险制度建设非常重视，其相关保险法律制度起步最早，逐渐形成了一种以政府为主的非营利团体互助模式，独具日本特色。日本是一个自然灾害事故频繁发生的国家，山地和丘陵约占总面积的80%，因此，其种植业大多以分散的小规模经营个体农户为基础，风险抵御能力较弱。日本政府在保险扶持过程中主要采取一种全面介入的方式来强化农民的风险应对能力。从制定法律法规、启动运行资金、强制再保险到建立农业保险协助等都是主要由日本政府推动的，但是政府并不干预保险业务，主要经营业务还是由农业共济组织联合会与日本全国农业共济协会开展。在不断完善农作物保险计划的过程中，日本形成了一套由农业合作社、农业共济组织联合会和日本全国农业共济协会组成的农作物保险组织架构，它们都处于政府的监督和指导下，进行处理保险、再保险的申请和灾后理赔等工作。此外，政府对于种植规模较大、影响范围较广的主要农作物实行法定保险，对其他经济型作物实行自愿投保的方式；对于种植达到一定规模、产量达到一定数量的农户采取必须加入农业保险的措施。[①]此外，日本还建立了农业信用保险体系，主要为农协的债务提供保险业务，如果农协濒临破产，该体系也可以为每个农户提供一定金额的保险金。

---

① 李聪，李丹.日本种植业保险制度对我国种植业保险发展的启示［J］.现代经济信息，2011（14）：177-178.

9.4.3 粮食产销政策

1. 休耕制度

日本政府实施休耕项目较早，20 世纪 60 年代出现了水稻生产过剩问题，1970 年开始实施稻田休耕转作项目，目的是通过控制种植面积减少水稻产量，并维持国内水稻价格，降低农作物过剩带来的产量和价格风险。真正将休耕计划提升至制度层面的是 1995 年，日本政府的《粮食法》将休耕纳入法案，法案中提出农户自愿参与休耕项目，但实际实施过程中却是强制性参与，要求所有农户都参与休耕项目。2007 年，农业休耕政策进行调整，将强制性参与调整为自愿参与，这一措施的目的也是通过减少种植面积提高粮食价格。

在自愿休耕政策中，农户可以直接向基层农协提出申请，获得申请后需要与基层农协签订合同，若中途违反合同，需要返还所有补贴，同时失去下一年度的申请权。休耕补贴也有限制的对象，个体农户需要拥有超过 0.04 平方千米的耕地面积，农业组织需要拥有超过 0.02 平方千米的耕地面积。

总体来说，日本的休耕政策并没有带来可观的经济效益。日本的休耕政策主要是为了提高国内水稻价格。一方面，过高的休耕补贴使水稻价格处于高位，而其他农产品难以自给自足。另一方面，日本农户大都为兼业农户，休耕导致耕地更加分散，影响了日本农作物的规模化生产。日本的稻田休耕转作实施以来，耕地面积在不断减少，导致其国内粮食供给不足，在一定程度上影响了粮食安全。另外，由于水稻耕地面积较少，农田水土保持能力也随之下降，大大增加了水土流失的风险，并且出现了日本山区耕地的抛荒现象，不利于山区的水土保持。

2. 收购政策

根据日本国内的粮食供需关系，日本政府采取不同的收购政策以调节日本粮食价格，控制价格波动风险。第二次世界大战结束后的日本，粮食严重短缺，1945~1967年间，日本政府采取垄断收购方式控制大米流通，《粮食管理法》中提出，国家收购农户的稻谷，再由国家按制度分配给消费者。此后在收购政策大力支持下，1967~1994年间，日本稻谷产量连年增加，日本政府开始去库存，市场上出现了自主流通米。1995年，《新粮食法》出台，改革了收购政策，由原来的垄断收购变成在储备规模范围内收购，并且收购价格根据市场自主流通米价格走向来制定。当前，日本政府收购政策不再进行直接干预，保留小规模战略储备的同时采取面积订购方式，2017年的水稻订购面积为3万公顷。

3. 仓储政策

1942年，日本政府发布的《粮食管理法》中制定的中期储备制度，规定了大米的储备规模，储备多少是根据连续歉收保证2~3个月大米供给的标准制定的，一般库存为100万吨，最多不超过150万吨；大米的定价方式是平价，由全国农业协同组合联合会（以下简称"农协"）以及政府仓库进行仓储。为应对WTO贸易谈判的规则，1995年11月制定了《新粮食法》，明确规定了储备粮的性质、范围、规模和管理。法案中确立了政府储备的法律地位，政府设立专项储备，以政府为主导，由政府和民间共同负责，国家储备大米的数量指标是以近15年中最大歉收年减产量的2倍为标准制定，2001年修订的储备规模设定为100万吨，日本政府主要采取委托收储方式，通过招标，由农协和专业储备公司储备粮食总量的85%，剩下的15%由政府仓库进行储备。从2013年至今，日本当前的粮食储备规模已经基本稳定在91万吨的水平，除了大米储备外，还储备有小麦和饲料，日本稻谷的私人库存以及民间主食库存都相对稳定。

9.5 国外粮食种植业经营风险治理启示

9.5.1 美国经验启示

1. 财政支持经验

（1）粮食补贴经验。

美国的粮食补贴政策体系是在休耕补贴的基础上发展而来的。农田休耕不仅可以调节粮食生产还能改善耕地结构，使土壤保持肥力，防止过度耕种，提高粮食单产，降低粮食种植业经营风险。因此，我国可以选择合适时机，在退耕还林政策的基础上完善休耕补贴政策。

从1933年的《农业调整法案》到1996年新修订的《农业法》再到2002年的《农场安全与农村投资法》，美国将粮食补贴政策法规化。而我国粮食补贴政策大都是以中央文件的形式下达的，缺乏稳定性和权威性，实行速度缓慢。因此，我国可以考虑将部分重要的粮食补贴政策写入法律法规，加速政策落实，激发农民种粮积极性。

（2）税收补助经验。

由美国经验可知，政府对粮食产业的大力支持是维护粮食产业安全、保障粮农收益、促进粮食产业快速发展的基础。美国对粮食产业的税收优惠类型多且力度大，大大降低了粮食种植业的成本和经营风险。虽然我国在2006年废除了农业税，但是粮农仍承担着各种间接税。因此，我国可以借鉴美国经验，通过丰富粮食产业税收优惠政策，减轻粮农税收负担，提高粮农收益，维护我国粮食市场稳定。

2. 金融支持经验

美国对农民的贷款支持是由信贷合作社开始的，之后依托于《农业信贷法》统一了原本分散于各个行政机构的农业信贷业务，建立了合作社、联邦土地银行、中期信贷银行和生产信用协会共同组成的合作金融体系，由农业信贷管理局统一管理。同时，美国政府在信贷机构的建立和发展过程中，由最初建立通过财政拨款进行资金支持，到运行期间通过颁布法令提供政策支持，再到经济危机时期提供资金和政策双向支持，在不断完善信贷体系的基础上，鼓励农民通过合作社认购股金，自主参与到体系之中，慢慢弱化政府干预，以保持政府扶持与农民参与两者之间的动态平衡。

在保险支持方面，美国建立了一种以联邦农业保险公司为主体，与私营保险公司和保险勘察核损人相互协作的作物保险管理体系，采取以对投保农民提供保费50%～80%的保费补贴方式对农民办理保险，对粮食作物实施多样的保险计划，逐步扩大作物保险范围和对象，对于未参与保险的粮食作物也会因灾损提供一定比例的赔偿，防止自然灾害导致农民收益的大幅下降。

3. 休耕政策

美国耕地休耕制度具有法制性、民主性以及生态性三个特点。法制性体现在19世纪30年代以来，美国针对每一项休耕计划或项目都颁布了相应的法律，逐渐形成了健全的法律体系，使得耕地休耕有法可依；民主性体现在休耕保护储备计划（CRP）的申请，充分尊重了公民自主选择权，在自愿申请的基础上对农户提出的补偿要求给予充分考虑；生态性体现在美国耕地休耕政策的最初目的就是为了改善生态环境，保护动植物栖息地，并取得了比较理想的环境改善效果。[①]

9.5.2　欧盟经验启示

1. 财政支持经验

（1）粮食补贴经验。

欧盟将之前对生产者实行的粮食支持补贴政策转变成直接补贴

---

① 唐启飞，何蒲明. 国外经验对我国耕地休耕制度建立的启示——以美国、日本和欧盟为例［J］.长江大学学报（自科版），2017，14（22）：60-65+5.

政策，并出台了《欧盟 2000 年议程》，确定了直接补贴政策的核心地位。粮食直接补贴政策不仅可以明显促进粮食生产而且可以在一定程度上缓解低收入农户的农业生产资金约束，降低粮食种植业经营风险。目前我国粮食补贴政策包括粮食直补、良种补贴以及农资综合补贴等，我国可以效仿欧盟，加大对粮食的直接补贴力度，提升粮食直补在粮食补贴政策中的地位。

欧盟在保护耕地方面投入的资金越来越多，而我国的耕地保护政策没有落实到位，大量耕地被用于房地产和企业的开发，耕地污染严重，不再符合种植要求，使得粮食种植业经营风险上升。因此，我国应当坚持和落实最严格的耕地保护政策，坚决守住 18 亿亩耕地红线，严禁"非法占地"；通过土地整治项目增加耕地的数量和质量，实现"造地增粮"和"惠农富民"的目标；加大耕地恢复的资金投入，提高亩均粮食产量和粮农的收入，保证我国粮食安全。

（2）税收补助经验。

多数欧盟国家都实施了粮食产业税收优惠政策，科学合理的粮食产业税收优惠政策可以减轻粮农税收负担，鼓励粮农增加投入，扩大再生产。我国是一个农业大国，粮食市场存在巨大潜力，而目前我国的税收制度阻碍了中、小粮食生产企业的发展。因此，我国需要借鉴欧盟国家的经验，加快转变目前不利形势，通过制定科学合理的税收优惠政策来降低粮食种植业税负以及经营风险，维护国家粮食市场稳定。

2. 金融支持经验

在贷款支持方面，德国设立的各类综合性银行和特殊性银行对农民的资金发展需求都有一定的保障作用，只是不同类银行的重点服务领域不同，信贷资金主要由合作类银行提供，针对特殊的种养信贷项目会提供一定的利率优惠，同时德国政府还通过信贷手段调整土地结构和农场规模，规模较大的农场相较于个体和小农场有着更强的风险抵御能力。法国则主要通过农业信贷互助银行以低提供利息的方式给予农民信贷支持，除发放贷款外，也可以吸收存款，为农户提供不同类型的金融服务，此外，法国政府对农户的贷款都普遍实行贴息制度，鼓励农户使用资金改进生产方式，提高风险应对能力。

在保险支持方面，法国和德国都是较早建立农作物保险的国家，受其独特的地理环境和历史背景影响，作物保险以合作互助的保险模式为主，主体是农民。政府部门除了会向农民按照一定的比例的提供保费补贴之外，法国政府在农作物保险推行的过程中采取自愿与强制相结合的模式，并且设立了农业灾害保证基金对灾害损失进行赔偿，以提高农民的参与率。由于农业保险互助协会的抗风险能力较弱，德国政府通过成立再保险公司加以补充，并且尽可能提高再保险业务的覆盖范围，同时设立了中央农业互助基金以降低巨灾发生时农户承担的损失。

3. 休耕政策

欧盟的休耕政策体现了全面性和生态性。欧盟各成员国的国情各有差异，休耕政策经过综合考虑，把一些特殊情况考虑进去，达到各成员国能够广泛适用的目标，制定严格要求的休耕规则，使得欧盟的休耕政策较为具体全面。在实践中，欧盟采取了在休耕土地上种植绿肥作物、花草、树木以及其他非粮食作物的方式来修复耕地，充分体现出欧盟休耕政策对环境以及耕地的保护。

9.5.3　英联邦经验启示

1. 财政支持经验

（1）粮食补贴经验。

由英联邦各国的粮食补贴政策可知，粮食补贴政策应该因地制宜、因时制宜。若政府制定了符合国内粮食种植业实际情况的政策，并投入财力加以实施，那么粮农的收益就能得到保证，粮食种植业的经营风险就能得到控制，粮食市场的安全与稳定也能得到保障。因此，我国相关部门在制定粮食补贴政策时应当对我国粮食种植业进行详细调查，认真收集信息、处理信息，根据现实情况制定科学合理的粮食补贴政策。

（2）税收补助经验。

各国都把粮食产业的税收优惠政策放在国家农业政策的重要地位，作为保护国家粮食产业安全、提高国家粮食产业竞争力的重要手段。发达国家对粮食生产者征税的税种虽然多，但是对应的优惠政策更多，优惠力度也很大。因此，我国在制定农业政策时，应当考虑加大对粮食种植业税收优惠政策的补贴力度，通过拓宽减免税的范围，提高减免税的力度等方式来补贴粮农，降低粮食种植业的经营风险，保证粮食种植业的稳定发展。

2. 金融支持经验

英国政府的信贷支持体系主要是政府与银行两足并立、相辅相成，通过设立一些政策性的机构进行贷款辅助和提供一定补贴，既在一定程度上转移了商业银行的部分信贷风险，又保证了各阶层农民的利益。对于保险支持方面，英国政府主要通过颁布相关的法令法规为农户提供保险政策性支持，对于具体的业务运行没有太多干预，主要由市场化体系来运作。

印度政府的信贷支持特点主要是根据贷款的时限为农户提供具有不同程度利率优惠的贷款，注重小规模信贷，且会划拨一定的信贷资金用以升级改进农民的种植规模和技术。在保险方面，印度政府起了主导作用，形成了一种以国家支持的 NAIS 保险计划为核心、同时补充多种商业农业保险的多层次农业保险体系，在降低农民种植风险和维持粮食生产稳定上起到了重要的保障作用。

9.5.4　日本经验启示

1. 财政支持经验

（1）粮食补贴经验。

日本通过加大对农业基础建设的投入，对购买农机农具的粮民提供补贴。一方面有助于降低粮食种植业的生产成本，另一方面也促进了国家农业技术水平的发展。我国农业基础设施建设离发达国家水平还有一定距离。因此，我国也可以效仿日本的做法，在制定粮食补贴政策时，加大对农业基础设施和农业生产资料的补贴力度，降低我国粮食种植业的经营风险，加快农业发展的步伐。

日本的粮食补贴政策目标明确、措施有效。我国粮食补贴政策存在目标多而不明确、不细致的情况，影响了政策的实施效果。因此，我国应当在明确粮食补贴总体目标的同时更多地关注具体目标之间的协调问题，采取合理有效的粮食补贴政策，达成理想目标。

（2）税收补助经验。

根据国外经验可知，发达国家的农业税制基本与其他行业统一，即实施城乡统一税制。城乡统一税制的实施保证了税负的公平性，使城镇居民与农村居民的税收权利平等。我国取消农业税的行为为城乡统一税制奠定了基础，但我国农业税收政策离发达国家的水平还有一定距离。因此，我国应当继续完善农业税收政策，向城乡统一税制迈进。

2. 金融支持经验

在贷款支持方面，日本政府一方面通过提供贷款利息补贴的方式鼓励金融机构为农民发放贷款资金，以带动社会资金支持农民生产经营发展，降低经营风险。另一方面则通过银行等金融机构将专用的财政资金放贷给农民，以降低信贷资金的运行成本，同时还为农民提供贷款的债务保证。

在保险支持方面，日本与美国存在相似之处，农民购买保险会得到一定的保费补贴，同时政府还会承担一定比例的保额。日本作物保险体系的显著特点是采取农民互助共济的保险模式，并且建立了三级再保险制度及发行巨灾证券，因此日本的农业巨灾保险险种与其他农业险种并无太大差别，这对提升保险机构的承保能力起到了重要作用。此外，日本政府采取强制与自愿投保相结合的运行方式，其完备的保险法律体系也为农民的生产经营提供了重要保障。

3. 休耕政策

日本的休耕制度具有较强的法制性。主要体现在日本政府出台了《粮食法》，将休耕计划上升至制度层面，确立了休耕政策的法律地位。日本针对农业用地以及耕地利用和调整颁布了 60 多部法律，建立了健全完备的法律体系，依据法律条文有效解决休耕过程中遇到的一系列问题。

第 10 章

粮食种植业经营风险治理政策优化

10.1 我国农业经营风险治理政策

10.1.1 金融支持

1. 保险政策

我国从 20 世纪 30 年代开始进行小范围农业保险的实验，后又经历停办（1934~1948 年）、再次试办（1950~1958 年）、再次停办（1958~1982 年），以及改革开放初期的恢复（1982~1993 年）和保险公司转向商业化（1993~2003 年）的曲折过程。[①] 2004 年"中央一号"文件第一次提出加速设立政策性农业保险制度，并可对参保农户给予一定的保费补贴。同年，保监会批设了上海安信农业保险股份公司、吉林安华农业保险股份有限公司和黑龙江阳光农业相互保险公司 3 家专业的农业保险公司[②]，并在黑龙江、吉林、上海、新疆、内蒙古、湖南、安徽、四川和浙江 9 个省份进行农业保险试点，标志着我国步入现代农业保险发展阶段。2005 年"中央一号"文件支持商业性保险机构经营农业保险业务。2006 年国务院出台文件将

---

① 张玉环. 中国农业保险的功能和作用 [J]. 社会科学家，2018（11）：39-46.

② 庹国柱. 我国农业保险的发展成就、障碍与前景 [J]. 保险研究，2012（12）：21-29.

农业保险纳入农业支持保护体系，写明了政策性农业保险的业务范围，逐步建立政策性农业保险与财政补助相结合的农业风险防范与救助机制。对进行农业投保的，中央和地方将按照品种和比例进行补贴；保险机构在经营政策性农业保险的条件下也会对管理费进行补贴，并逐步建立中央、地方财政支农的再保险体系。[①] 2007 年开始在吉林、四川、新疆、江苏、湖南、内蒙古 6 省区进行水稻、玉米、小麦、大豆和棉花 5 种主要农作物保险试点[②]，中央及地方提供保费补贴支持。2013 年实施的《农业保险条例》提出要完善政策性农业保险制度，鼓励保险机构开展形式多样的农业保险。

目前我国的农业保险采取以"政策性保险"为主的运营模式。通过保费补贴、再保险以及"保险 +"等方式来分散经营风险，提高农户及经营企业的抗风险能力，加大对农业生产的投入，促进农业规模化经营高质量发展。

第一，农业保险保费补贴。2016 年财政部印发的《中央财政农业保险保险费补贴管理办法》是在前几年中央财政部所规定的种植业农险、养殖业农险、森林农险相关保费补贴办法的基础上，再次对农业保险的补贴问题进行了规范，同时将中央财政所补贴的农险标的范围和补贴比例进一步扩大。补贴险种在包括玉米、水稻、小麦、棉花、油料作物基础上增加了马铃薯、糖料作物、青稞和玉米、水稻、小麦制种。补贴范围扩大到全国和新疆生产建设兵团、中央直属垦区、中国储备粮管理总公司、中国农业发展集团有限公司等中央单位[③]。

种植业保险费补贴标准方面，在省级财政至少补贴 25% 的基础上，中央财政依据中西部、东部地区划分，分别补贴 40% 和 35%；对于在补贴范围内的新疆生产建设兵团、中央直属垦区等中央单位，

---

① 《国务院关于保险业改革发展的若干意见》。

② 张玉环 . 中国农业保险的功能和作用［J］. 社会科学家，2018（11）：39-46.

③ 财政部关于印发《中央财政农业保险保险费补贴管理办法》的通知。

提高到 65%。另外，中央还加大支持力度，对产粮大县三大粮食作物保险承担更多比例的保费补贴：省级财政提供的补贴比例高于 25% 的部分由中央承担一半；对中央单位符合产粮大县条件的下属单位，补贴比例由 65% 提高至 72.5%。[①]

第二，大灾保险。我国地形复杂，自然灾害种类繁多，农业受灾体脆弱，一旦遭受到大灾风险，农业生产将面临重大经济损失。2007 年的"中央一号"文件指出"完善农业巨灾风险转移分摊机制，探索建立中央、地方财政支持的农业再保险体系"，这里第一次提出建立农业大灾风险分散机制，需要"中央和地方财政支持"。2013 年 3 月 1 日付诸实施的《农业保险条例》明确提出"国家建立财政支持的农业保险大灾风险分散机制"，并"鼓励地方人民政府建立地方财政支持的农业保险大灾风险分散机制"。2017 年，财政部发出通知（《关于在粮食主产省开展大灾保险试点的通知》，在河北、内蒙古、辽宁、吉林、黑龙江、江苏、安徽、江西、山东、河南、湖北、湖南、四川 13 个粮食主产省区选择 200 个产粮大县，开展农业大灾保险试点，以适度规模经营农户为参保对象推出专属农业保险，主要以水稻、小麦、玉米为主的粮食作物为试点标的物，进一步提高试点地区保险的保障水平和赔付能力，保障水平覆盖"直接物化成本 + 地租"。在补贴方面，省级财政至少补贴 25%，中央对中西部地区补贴 47.5%、对东部地区补贴 45%。[②] 在农业大灾保险试点过程中，保险公司承担了更多的保险责任，不仅要对包括台风、洪涝、干旱、低温冻害等自然灾害造成的农业生产损失进行理赔，还要对山体滑坡、泥石流、地震等间接灾害造成的农业生产损失进行理赔。

另外，与以往农业保险相比，大灾保险降低了费率和起赔点。以安徽省为例，中央、省、市、县财政共补贴保费 80%，农户自费

---

① 财政部关于印发《中央财政农业保险保险费补贴管理办法》的通知。

② 财政部《关于在粮食主产省开展大灾保险试点的通知》。

20%，起赔点由 30% 降为 20%；水稻保险金额暂定 800 元 / 亩，费率 6%，其中直接物化成本保额为 406 元 / 亩，地租保额为 394 元 / 亩；小麦保险金额暂定 650 元 / 亩，费率 4.5%，其中直接物化成本保额为 367 元 / 亩，地租保额为 283 元 / 亩；玉米保险金额暂定 550 元 / 亩，费率 6%，其中直接物化成本保额为 282 元 / 亩，地租保额为 268 元 / 亩。[①]

第三，完全成本保险和收入保险。为进一步完善农业保险运行机制，健全农业保险大灾风险分散机制，稳定农民基本收益，保护和调动农民种粮积极性。2018 年 8 月 28 日，财政部、农业农村部、银保监会共同印发《关于开展三大粮食作物完全成本保险和收入保险试点工作的通知》。完全成本保险的保额包括物化、人工和土地成本等农业生产总成本，收入保险的保额则体现农业生产产值。试点保险标的为水稻、小麦、玉米三大主粮作物。内蒙古、辽宁各选择 2 个玉米主产县开展收入保险试点，另外各选 2 个县与安徽、湖北各 4 个水稻主产县开展完全成本保险试点。山东、河南各选择 4 个小麦主产县开展完全成本保险试点。在补贴标准方面，中央对中西部和东北地区补贴保费的 40%，东部地区补贴保费的 35%，同时支持有条件的地区对建档立卡贫困户自缴部分保费给予减免。保险费率按照保本微利原则厘定，含大灾风险准备金的风险保费至少占到 80%，费用附加不高于 20%。不设置绝对免赔，相对免赔最高为 30%，试点险种应将不低于 20% 的风险成数分保给中国农业保险再保险共同体。完全成本和收入保险试点，展现了我国农业保险由"保成本"过渡到"保收入"。

第四，"农业保险 +"模式。2019 年，财政部会同农业农村部发文鼓励探索开展"农业保险 +"。提出要健全保险机构与灾害预报、

---

① 中安在线. 大灾有保险，农民种地更放心［N/OL］. 2017-7-24. http://ah.anhuinews. com/system/2017/07/24/007672901.shtml.

农业农村、林业草原等部门的合作机制，加强农业保险赔付资金与政府救灾资金的协同运用。推进农业保险与信贷、担保、期货（权）等金融工具联动，扩大"保险＋期货"试点，探索"订单农业＋保险＋期货（权）"试点。①

以"保险＋期货"模式为例，自 2015 年起，连续四年的"中央一号"文件都明确提出了大力推广"保险＋期货"在我国的发展应用。2015 年"保险＋期货"模式由大连商品交易所率先推出，次年开始由大连商品交易所、郑州商品交易所相继开展试点项目。在该模式下，保险公司销售保险产品给农户、农企，同时在期货市场，保险公司通过向期货公司购买场外看跌期权产品实现风险对冲。"保险＋期货"模式是一种外循环的市场补偿模式。该模式利用期货市场，对农产品价格风险进行转移，对农户、农企的损失进行一定程度的补偿，并发挥市场价格调节机制，稳定农民收入。另外，在该模式下衍生出了巨灾风险证券等一系列风险分散渠道。②"保险＋期货"运作模式不仅降低了农业经营者及保险公司的经营风险，而且让我国农产品的定价机制得到了优化。

2. 贷款政策

自 2004 年以来，每年的"中央一号"文件在农村金融发展的问题上给予了高度关注，强调农村金融的开展对农业发展至关重要，多次对农村金融改革进行部署。2020 年"中央一号"文件提出要设置与农业生产周期相匹配的农业贷款期限，发挥全国农业信贷担保体系作用，做大面向新型农业经营主体的担保业务。推动大型农机、土地经营权等依法合规抵押融资，推出更多免抵押、免担保、低利率、可持续的普惠金融产品。

---

① 财政部、农业农村部等部门发布的《关于加快农业保险高质量发展的指导意见》的通知。

② 孙林.我国农业保险制度："保险＋期货"的原理、路径及建议［J］.改革与战略，2017，33（9）：91-93.

第一，农业信贷体系建立。为解决"融资难、融资贵"问题，国家近年来致力于建立农业信贷担保体系。《关于财政支持建立农业信贷担保体系的指导意见》提出了要建成覆盖粮食主产区及主要农业大县的农业信贷担保网络，推动形成覆盖全国的政策性农业信贷担保体系，为农业尤其是粮食适度规模经营的新型经营主体提供信贷担保服务。

当前我国粮食信贷的主要投放地区集中在 13 个粮食主产区，在国家和省级层面建立健全专门服务粮食融资的政策性担保机构，2016 年 5 月，经国务院批准，由财政部会同农业部、银监会组建的国家农业信贷担保联盟有限责任公司成立；截至 2017 年 4 月，全国各省市基本完成设立省级农业信贷担保公司。[①] 各农业信贷担保公司以农业适度规模经营的家庭农场、种养大户、农民合作社、农业社会化服务组织、小微农业企业等为贷款对象，将在保余额控制在 10 万～300 万元之间，为粮食生产，农资、农机、农技等农业社会化服务，农业基础建设，以及与农业生产直接相关的一二三产业融合发展项目等业务提供支持。采取担保费补助、业务奖补等方式，降低适度规模经营主体融资成本。[②] 初步建立起的农业信贷担保体系，通过创新信贷扶持方式，拓宽了农业信贷融资渠道，放贷审批流程速度明显加快，保证农业生产稳定持续发展，增强了农业经营风险的可控性。

第二，"两权"抵押贷款。为推动土地和宅基地流转规模的不断扩大，提高土地利用价值，促进农业生产向规模化经营发展，满足农民资金需求，减轻农民农业生产经营风险。2015 年，国务院明确了农村承包土地的经营权和农民住房财产权抵押贷款试点的总体要

---

① 郭力.我国粮食生产的银行信贷融资问题及其对策研究［J］.粮食科技与经济，2019，44（9）：37-41+59.

② 财政部、农业部、银监会《关于做好全国农业信贷担保工作的通知》。

求和试点任务。① 2016 年开始，在北京市大兴区等 232 个县（市、区）开展农村承包土地的经营权抵押贷款试点，在天津市蓟县等 59 个县（市、区）开展农民住房财产权抵押贷款试点。

土地经营权抵押贷款的模式主要有土地经营权直接抵押、农户联保抵押和反担保抵押。在直接抵押模式中，只有贷款人和发放贷款的金融机构两方参与，金融机构风险难以通过其他方式分散，管理难度增加。所以，该模式的申请条件也较为严苛。农户联保模式以 3 名种植大户组成的联保组作为贷款申请人互相提供担保，降低了直接抵押模式下金融机构的信贷风险。反担保模式中，农业经营主体作为贷款申请人通过参加土地合作社的形式，以该组织为贷款申请人的担保人进行借款，且贷款申请人以其拥有的土地经营权抵押给土地合作社提供反担保。② 农民住房财产权抵押贷款，必须在宅基地所有权不变的情况下，将农民住房所有权和所占宅基地使用权作为抵押向金融机构申请贷款。申请贷款时需要抵押房产的产权明晰，无任何纠纷，不属于拆迁范围；另外，借款人还要有良好的信用，且有长期固定居住场所等条件。③

另外，试点地区金融机构还积极创新抵押贷款模式，创新推出"两权"为单一抵押的贷款"'两权'+多种经营权组合抵押""'两权'+农业设施权证""农户联保+'两权'反担保"等模式，进一步释放"两权"抵押担保权能，有力支持了农业高质量发展和适度规模经营。④

---

① 《国务院关于开展农村承包土地的经营权和农民住房财产权抵押贷款试点的指导意见》。

② 曾秀云．我国农村土地经营权抵押问题研究［D］．合肥：安徽财经大学，2020．

③ 人民银行、银监会、保监会、财政部、国土资源部、住房城乡建设部关于印发《农民住房财产权抵押贷款试点暂行办法》。

④ 《国务院关于"两权"抵押贷款改革试点情况的总结报告》。

10.1.2 财政支持

粮食安全是关乎国计民生的重大问题，也是国家安全、社会稳定的重要保障之一。2004～2019年我国粮食产量实现"十六连丰"，但仍存在粮食产量低速增长、粮食播种面积总体呈负增长、粮食供求的品种结构存在突出矛盾，缺乏价格竞争力等问题，农业经营风险问题仍然严峻。[①]

我国粮食补贴政策总体来说历经两个阶段：第一个阶段从1978年的改革开放到2002年我国粮食补贴政策改革，被称为"粮食补贴的间接补贴阶段"。这一阶段，国家出台了多项调整和改革措施。例如，1985年农民交售的定购粮采用"三挂钩"补贴措施，主要补贴粮食企业经营费用和购销差价，1993年彻底取消了统购统销制度，补贴方式变成对粮食企业流通环节进行补贴等。[②]第二阶段以21世纪为时间起点，国家采取了一系列促进粮食生产，提高农民收入的补贴政策，覆盖农业生产的各个环节。我国粮食补贴从流通环节开始转向生产环节，标志着粮食补贴政策改革的开始。2001年，国家将原先的粮食保护价制度改为粮食直接补贴，并于2002年起在安徽来安、天长，吉林东丰进行试点。2002年在东北地区启动大豆良种补贴政策试点工作，之后逐步扩大到小麦和水稻等农作物。2004年"中央一号"文件提出要进一步完善粮食流通体制改革，建立对农民的直接补贴制度，同年启动实施了农机购置补贴政策。2006年由于柴油、化肥、农药等生产资料价格上涨，种粮生产成本上升，农业生产资料综合直补政策应运而生。[③]至此，我国农业补贴政策体系已相对成熟，形成了以良种补贴、农机具购置补贴、种粮农民直接补

---

① 陈锡文.落实发展新理念 破解农业新难题［J］.农业经济问题，2016，37（3）：4-10.

② 高增玉.粮食直接补贴对粮食生产的影响分析［D］.昆明：云南财经大学，2019.

③ 杨芷晴，孔东民.我国农业补贴政策变迁、效应评估与制度优化［J］.改革，2020（10）：114-127.

贴和农业生产资料综合补贴为主体的农业四项补贴制度。

目前，我国采用的粮食补贴政策有：

第一，农业支持保护补贴。随着农业农村发展形势发生深刻变化，农业补贴政策效应递减，政策效能逐步降低，而且对一些主要农产品的补贴已接近世贸组织规则承诺上限。[①]财政部、农业部2015 年 5 月发布指导意见，选择安徽、山东、湖南、四川和浙江 5省开展试点，将农作物良种补贴、种粮农民直接补贴和农资综合补贴合并为农业支持保护补贴，政策目标调整为支持耕地地力保护和粮食适度规模经营。[②]2016 年 4 月，财政部、农业部印发了《关于全面推开农业"三项补贴"改革工作的通知》，正式全面推广农业支持保护补贴。

根据《关于调整完善农业三项补贴政策的指导意见》，适用于粮食适度规模的补贴资金，由中央下达的农资综合补贴资金（20%）、种粮大户补贴试点资金和农业"三项补贴"增量资金组成。种粮大户、家庭农场、农民合作社、农业社会化服务组织等新型经营主体都可作为被支持对象，与主要粮食作物的适度规模生产经营者一同享受补贴。并通过直补、贷款贴息、重大技术推广与服务补助等方式发放补贴。而耕地地力保护的补贴资金由农资综合补贴资金（80%），种粮农民直接补贴和农作物良种补贴组成。拥有耕地承包权的种地农民通过各省市实际规定的原二轮承包耕地面积、原计税耕地面积或确权耕地面积等衡量方式计算补贴金额。大多数省份都是首先确定补贴资金总额，然后将补贴资金总额逐级从省到户进行分解。

第二，农业机械购置补贴。农机购置补贴政策对从事农业生产的个人和农业生产经营组织提供补贴。生产者自主提出购买所需农

---

① 周静，曾福生.农业支持保护补贴的政策认知及其对满意度的影响研究——基于湖南省 419 个稻作大户的调查［J］.农村经济，2019（4）：88-94.

② 财政部、农业部《关于调整完善农业三项补贴政策的指导意见》。

机申请后，由县农机局审查公示，与申请者签订购机补贴协议并进行结算，最后直接下发补贴资金到卡。省农机化主管部门根据耕地面积、农作物播种面积、主要农产品产量、购机需求等因素统筹测算补贴资金规模。[①]农业机械购置补贴政策的出台，大大提高了我国农业生产水平，推动我国农业机械化快速发展，有效减轻因农机具问题导致的种植经营风险。

第三，目标价格补贴。由于我国粮食市场长期靠政府托底主导，粮食价格形成机制逐渐扭曲，国内外粮食市场价格"倒挂"，价差持续扩大，市场主体不愿入市收购，国家收储压力和财政负担日益增加。[②]2014年，我国试点目标价格改革，正式取消了棉花、大豆临时收储政策。对新疆的棉花、东北地区和内蒙古的大豆实行目标价格补贴。[③]2017年试点期满后，国家取消效果不明显的东北地区和内蒙古的大豆目标价格政策，改为与玉米统筹考虑的市场化收购加补贴机制，棉花继续实施目标价格试点。[④]

实施过程中，目标价格水平采取生产成本加基本收益的方法确定全省（自治区）统一价，市场价格均由采集到厂（库）价格确定，采价期为集中上市期。[⑤]目标价格补贴额按照种植面积、产量或销售量计算，多种多补，不种不补。当市场价格高于目标价格时，不发放补贴，低于目标价格时，根据价差发放补贴。并且目标价格会在农产品开始种植前，向农户和市场发出信号，能合理引导和安排

---

① 农业部办公厅、财政部办公厅《关于印发2018—2020年农机购置补贴实施指导意见》的通知。

② 胡迪，刘婷，薛平平，等．我国粮食目标价格补贴政策的作用机制分析［J］．江苏社会科学，2019（4）：107-113.

③ 《关于大豆目标价格补贴的指导意见》和《关于发布2014年棉花目标价格的通知》。

④ 《关于切实做好2017年东北地区玉米和大豆收购工作的通知》。

⑤ 田聪颖，肖海峰．农产品目标价格补贴政策的国际比较与启示［J］．经济纵横，2016（1）：123-128.

农民和农业企业的经营种植，各种类农产品种植结构更加趋向于合理。[①]

10.1.3　粮食产销政策

1. 收购政策

种植业经营风险是阻碍粮食种植集约化和规模化的重要因素，风险的存在使农民的农业收入具有很大的不确定性，从而可能使农民作出不利于粮食安全的生产决策。帮助农民有效管理农业风险，对于保障农民收入水平、提高农民种粮积极性、维护国家粮食安全来说意义重大。长期以来，粮食种植业"靠天吃饭"的局面一直没有改变，粮农最担忧的是遭受自然灾害风险。但在市场化改革持续深入的背景下，市场风险也开始迅速放大，甚至超越自然风险，与此同时，从 2014 年起，我国农产品价格支持政策逐渐松绑，政策风险给农民收入造成的影响同样不容忽视。[②] 在我国相关政策体系中，降低市场风险对农户种植行为的冲击主要依靠最低收购价和收储政策等调控工具。政策效率偏低、市场职能缺位是我国粮食价格支持政策目前存在的主要问题。

第一，双重价格并存。粮食价格对经济社会系统的影响集中表现在两个方面：一是物价水平，以粮食价格为基础的食品价格在我国物价总水平构成指标中占比约为 1/3，粮食价格的波动将直接引致整体物价水平的波动[③]；二是农民收入，粮食价格作为影响农户经营性收入的关键要素，其价格波动将直接影响农户收入水平以及农业

---

① 张巍，佟丹丹. 我国农产品目标价格补贴制度的优点、风险与完善对策［J］. 改革与战略，2017，33（10）：82-85.

② 方蕊，安毅. 粮食种植大户的农业风险管理策略选择——基于风险感知视角［J］. 农业现代化研究，2020，41（2）：219-228.

③ 朱信凯，吕捷. 中国粮食价格与 CPI 的关系（1996—2008）——基于非线性关联积分的因果检验［J］. 经济理论与经济管理，2011（3）：16-24.

生产和农村发展[①]。长期以来，我国存在着以粮食生产价格为代表的政府价和以集贸市场价格为代表的市场价两种价格体系，且我国粮食价格体系演进具有长周期性和异质性的特征，自1978年实施粮食市场改革以来，我国两种价格并存的"双重价格"特征便一直存在，在不同阶段主导型的价格体制存在差异性。[②] 1985年开始实施粮食流通市场改革后，粮食市场化程度不断加深，到1997年时我国的粮食集贸市场已经相对成熟，在2002年以后我国粮食市场逐步形成以市场价为主、政府价格为辅的价格体系（龚芳，高帆，2012）。

为保障国家粮食安全，保护种粮农民利益，2004年国务院先后发布《粮食流通管理条例》《国务院关于进一步深化粮食流通体制改革的意见》。相关文件指出要健全粮食市场体系，应由市场供求主导粮食收购价格，国家在充分发挥市场机制的基础上实行宏观调控。当粮食供求发生重大变化时，为保证市场供应、保护农民利益，国务院在必要时可决定在粮食主产区对短缺的重点粮食品种实行最低收购价格政策。[③]该文件标志着粮食最低收购价格政策出台，我国粮食流通体制进入到市场化的新阶段。同年，中央政府出台早籼稻最低收购价政策，随后两年内扩大至中晚籼稻、粳稻和小麦，自此，基本口粮全面进入最低收购价政策调整阶段。[④]

粮食最低收购价格的执行主体是中国储备粮总公司、分公司、各省的地方储备粮管理公司以及中储粮委托的企业。当市场价格低于最低收购价时，这些公司必须按照最低收购价收购粮食，而其他

① 彭克强.中国粮食生产收益及其影响因素的协整分析——以1984～2007年稻谷、小麦、玉米为例 [J].中国农村经济，2009（6）：13-26.
② 龚芳，高帆.中国粮食价格波动趋势及内在机理：基于双重价格的比较分析 [J].经济学家，2012（2）：51-60.
③《国务院关于进一步深化粮食流通体制改革的意见》.
④ 童馨乐，胡迪，杨向阳.粮食最低收购价政策效应评估——以小麦为例 [J].农业经济问题，2019（9）：85-95.

粮食企业可以按照市场价格自行收购。[1]

粮食最低收购价格政策的执行有三个条件[2]：一是当市场价格低于最低收购价时，粮食最低收购价预案才启动；二是政策实施范围有限制。粮食最低收购价政策只限于规定品种的重点主产区，范围之外的省份粮食价格完全由市场决定，不执行最低收购价政策；三是政策运行时间有规定。最低收购价政策并不是全年实施，而是按照粮食收获季节和农民售粮习惯规定了一定的时间期限，农民在此时间内售粮可以按照最低收购价进行收购，超出期限则按市场供求关系自主决定价格。

总的来说，粮食最低收购价政策的出台与实行起到了不错的成效性，具体表现为以下几点：首先，粮食价格显著提升，市场上粮价的下滑趋势得以制止，可以说真正发挥了不错的托市作用。其次，粮源被牢牢掌控在国家手中。最低价政策出台前，伴随着高价粮和陈化粮食的销售，国有粮食企业的粮食库存不断下滑，甚至跌破历史最低点。而最低价收购政策一颁布，指定收购库点的粮食收购量显著提升，国有粮食购销企业渠道性再次充分施展出来，保障了粮源的掌控权不外流。最后，确保农民种粮收入稳步增加，极大地调动了农民种粮的积极性，这是一项惠民的举措，深得农民拥护。[3]

综合考虑粮食生产成本、市场供求、国内外市场价格和产业发展等各方面因素，2015 年国家停止上调粮食最低收购价格，从 2016 年起，国家下调了早籼稻最低收购价格，此后三年国家连续下调粮食最低收购价格，粮食最低收购价格政策从 2015 年起进行了新一轮的改革，当年粮食最低收购价未作调整，打破了价格持续上调的预

---

① 施勇杰.新形势下我国粮食最低收购价政策探析［J］.农业经济问题,2007（6）:76-79.

② 王瑾.我国粮食最低收购价格政策改革与思考［J］.农业经济,2020（10）:118-119.

③ 刘晓然.粮食最低收购价收购政策分析与研究［J］.财富时代,2020（1）:159.

期，2016～2019 年最低收购价持续向下微调（王瑾，2020）。

目前，我国市场价和最低收购价相结合的粮食价格体制，曾经对农业生产和农产品流通发挥了良好的作用。但是也应看到，这种体制主要适用于生产和市场紧缺的时代。在粮食生产和供应面貌已经根本改善情况下，最低收购价政策也暴露了一些不足之处。在市场粮价下跌时，最低收购价起点本来就低，而且农民向国家卖粮难。如果市场粮价提高时，最低收购价又无实效，也不能靠它增加农民收入。据国家发展改革委产业研究所农业经济专家研究，"粮食最低收购价并没有给农民带来利益"，却带来"巨大财政风险、延缓国有粮食企业改革，干扰农业结构调整，增加仓容压力，扭曲市场结构，削弱中央政策权威"。[①]

现阶段，国内外粮食市场环境发生深刻变化，最低收购价政策已经无法更好地适应新形势与新变化提出的新要求，财政支出低效、粮食库存高企、种粮收益无法保障等问题已将该项政策置于改革的十字路口。粮食生产问题的实质是价格问题。随着农业和农村改革进程的深入，农产品和农资价格较大幅度的波动将成为常态。农产品价格的相对变化将引起种粮比较收益的变化，进一步引起农户生产的项目种类、规模及要素投入的变动并影响到农户收入的稳定和提高。粮食实现连增的背后是政策对价格的扭曲以及由此引起的要素配置扭曲和社会福利的下降。[②]在深化农村改革的背景下，如何发挥市场在粮食种植业资源配置中的决定作用和政府的引导作用是重要的现实问题。

第二，目标价收购。我国粮食价格的政策目标是保护口粮安全、调节粮食供求、预防市场异动风险、提高农民收入。有学者在

---

① 国家发改委产业经济研究所课题组，齐援军，蓝海涛.我国中长期粮食安全若干重大问题研究综述［J］.经济研究参考，2006（73）：36-48.

② 赵玉，严武.市场风险、价格预期与农户种植行为响应——基于粮食主产区的实证［J］.农业现代化研究，2016，37（1）：50-56.

2007 年曾提出过建立粮食三元价格形成机制，并把目标价格与市场价、最低收购价并列，作为我国未来粮食三元价格模式的价格形式之一。[①]在我国粮食三元价格模式中，不同的价格形式应能互相合作、各司其职，共同实现粮食价格的政策目标；其中，市场价的职能是调节粮食供求关系，最低收购价的职能是保护粮食储备安全、防止谷贱伤农，而目标价是国家公布的高于前两个价格的保证持续提高农民种粮收入的目标价位，不是实际收购价格；在这三种价格形式中，前两种价格形式不应承担保证农民收入的职能，只有目标价能够起到不断提高农民收入的职能作用。[②]

　　粮食主产区粮农一半左右的收入来自粮食生产，因此，粮价政策作为最重要的农业政策之一，关系到粮农收入和城乡差距。粮价政策常常被误解为粮农增收政策。随着国内外粮食市场的融合，国内粮食市场价上涨承压，最低收购价只能起到对农民收入"保底"的作用，起不到对收入"拉高"的作用。曾经试点的目标价格政策则属于收入补贴政策。政府在产前制定的目标价格一般高于市场价或最低收购价，通过给农民补贴差价，保证农民收入每年都有一定提高。但从试点经验来看，目标价格政策的实施成本过高，给国家和地方财政带来了巨大压力。另外，在丰歉保收的政策下，粮农往往缺乏对接市场的动力，导致粮食供求关系发生变化对资源配置的作用不明显。也有部分学者认为在确定目标价格的价位时应充分考虑该政策对农民的直接补贴职能。这就可以对国家的收购价位、收购数量考虑得更科学一些，或少收一些，或收购成本低一些，即保证粮食储备安全，也能降低储备成本，国家才可以真正做到低价入市、顺价销售。同时，还可以打破国有粮食企业的垄断地位，真正

---

　　①　中国价格协会召开工业反哺农业价格政策研讨会［J］.价格理论与实践，2007（11）：54.

　　②　戴冠来.确定粮食目标价格的一些思考［J］.价格理论与实践，2009（10）：17-19.

发挥市场价格的调节作用。[①]

2. 仓储政策

粮食托市政策体系有效运作的关键环节有两点，一是国家要有足够的财力支持收储；二是国家要建立足够的库容吸纳国内市场上的余粮。财力或库容能力不足，则会使托市政策体系的效力受到限制。根据李宁等学者（2017）的数据，自 2006 年国家实行从粮食主产区向主销区进行粮食的跨省移库政策以来，平均每年有 157.71 亿斤粮食进行跨省移库，平均占到各年国有粮食企业收购粮食数量的比重为 4.93%；同时，中国主要谷物的库存消费比呈现长期上升趋势，其中，玉米的各年平均库存消费比为 34.66%，小麦的各年平均库存消费比为 51.93%，稻谷的各年库存消费比为 32.93%，均显著超过国际公认的 18% 的合理粮食库存消费比标准。[②]在丰年丰产的情况下，国家用以支持粮食托市政策的财力和库容压力日益紧张。

我国对粮食储备的规制，目前主要以行政法规和部门规定的形式体现，代表性的行政法规有 2003 年国务院出台的《中央储备粮管理条例》，具体规定了我国粮食储备的计划、实施、监督检查以及相应的责任等，为中央储备粮的管理提供了主要依据。2004 年国务院颁布了《粮食流通管理条例》，突出了粮食经营企业在粮食收购、储存、加工、运输、销售等环节的规范要求。[③]为了配合《中央储备粮管理条例》和《粮食流通管理条例》的贯彻实施，规范中央储备粮代储、轮换资格审查和粮食收购质量监管，财政部颁布了《中央储备粮代储资格认定办法》，国家粮食局则先后颁布了《粮食收购资格审核管理暂行办法》《中央储备粮代储资格认定办法实施细则》

---

① 戴冠来.确定粮食目标价格的一些思考［J］.价格理论与实践，2009（10）：17-19.

② 李宁，辛毅，黎嘉家.中国粮食托市收购政策体系绩效评价研究——兼论粮食价格政策改革方向［J］.价格理论与实践，2017（3）：61-65.

③ 骆庆国.论粮食储备的法律规制［J］.中国流通经济，2017，31（2）：122-128.

《粮食流通监督检查办法》和《粮食库存检查暂行办法》等一系列配套的规章制度。2010 年，国家发展和改革委员会又制定了《粮油仓储管理办法》。

贾晋（2012）将我国粮食储备体系的特点概括为如下两个方面[1]:（1）储备体系中存在多元化储备主体，政府储备规模较大。三次粮食流通体制改革以来，我国逐渐形成了政府储备（中央专储、地方储备）、社会储备多元化的粮食储备体系。除储备规模较大外，政府储备的粮权在各级政府手中，当发生粮食公共危机时，政府可通过计划手段直接无偿调拨粮食，确保缺粮地区的粮食供给。而当市场供给失衡时，政府也可通过市场手段适时调整库存，向市场吞吐储备粮以调节供需。与此相对应，社会储备包括农户储备和民营企业储备[2]，企业储备主要是保障企业加工用粮需求，基于成本考虑，储备数量一般不超过一个粮食生产周期的加工用粮数，可用于调节市场供求的数量比较有限。同时，我国农户在粮食生产和储备环节分别受土地规模和仓储设施的制约，粮食储备主要用以满足口粮和部分饲料用粮需求，可用于调剂市场余缺的总量并不大。（2）政府储备体系实施中央专储和地方储备两种制度安排。从管理体制来看，中央专储由中储粮总公司（以下简称中储粮）承担储备任务。中储粮是国资委管理的大型国有企业，内部实施"两级法人、三级架构"的治理结构，在仓储管理制度上严格做到"一符""三专""四落实"。具体为：账实相符、专仓储存、专账记载、数量落实、质量落实、品种落实、地点落实。中央储备主要包括战略储备和专项储备，实行垂直管理制度，以中储粮垂直管理为核心，辅以"中央—地方"分级管理。地方储备分为省、市、县三个层次，主要由地方

---

① 贾晋 . 中国粮食储备体系：历史演进、制度困境与政策优化［J］. 广西社会科学，2012（9）：97-102.

② 蒋和平，朱福守 . 我国粮食储备管理现状和政策建议［J］. 中国农业科技导报，2015，17（6）：8-14.

政府委托地方国有控股或者国有独资的粮食企业负责。从储备资金来看，中央专储的收购资金由农发行全额贷款，贷款利息和购销费用由中央财政包干负责。而地方储备的贷款由承担储备任务的企业以资产进行抵押获取贷款，贷款利息和购销、仓储管理费用都由地方财政按统一打包的方式支付给承担储备任务的企业。社会储备以周转储备为主，数量较少，没有形成国家层面专门的管理制度。

兰录平（2013）概括了我国以最低收购价为核心的粮食收储政策体系存在的问题[①]：

（1）责任主体不一致，影响政策实施效果。

责任主体不一致主要体现在两个方面：一是粮食行政主管部门与中储粮公司。按照粮食行政首长负责制，政府粮食行政管理部门是责任的具体承担者，担负着落实粮食收购政策、保护农民利益的职责。而粮食最低收购价政策预案规定，中国储备粮管理总公司及其分公司是执行最低收购价政策的主体，具体落实执行粮食最低收购价政策。造成粮食行政主管部门作为粮食政策落实的责任主体，却不是粮食最低收购价预案的执行主体，权责不对称。二是中储粮系统与委托收储库点。中储粮库承担着最低价粮的信贷偿还、储存和监管责任。由于中储粮系统的库点严重不足，大部分最低价收购任务不得不委托国有粮食购销企业去完成，事实上，真正落实最低价粮食收购任务在国有粮食购销企业肩上，导致政策执行的责任主体与粮食收购主体分离。两对责任主体的矛盾，影响政策的执行效果。

（2）政策没有明确或细化收购贷款与利息补贴等相关问题。

一是"库贷分离"的问题。最低价收购信贷实行"统贷统还"，资金贷款人是各地的农发行市级分行，而最低价粮食库存的实际监管人是各地农发行县级支行，造成资金贷款、粮食库存分别由市级

---

① 兰录平.我国粮食最低收购价政策的效应和问题及完善建议［J］.农业现代化研究，2013，34（5）：513-517.

分行和县级支行分别管理，增加了贷款风险。二是利息转嫁的问题。最低价收购铺底资金一般层层拨付路径：市级农发行→中储粮直属库→延伸收购库点。时间延长就造成在途资金利息承担问题。收储库点相对中储粮库是弱势群体，在途利息费用被转嫁给一线的粮食收购库点、企业，增加了收储库点的费用，恶化了中储库与承储库点、收购库点的关系，不利于政策的有效落实。三是最低价粮收购费用和保管费用补贴拨付问题。收购和保管费用补贴一般都是先由财政统一层层"慢慢"下拨承储企业，这个过程往往需要 4 个月以上，造成两个直接后果，一是承储企业要承担这 4 个月的利息，二是拨付过程中容易出现克扣承储库点费用补贴的现象，不利于最低价粮食的储粮安全和政策落实。

中国粮食储备体系过去在稳市、备荒和恤农上发挥了重要作用，但随着政策干预程度加深和国内外经济形势变化，在促进农民增收和保障粮食安全的压力下，托市逐渐从过去特殊情况下确保市场稳定的单一目标，逐渐扩大到确保农民增收、粮食安全、稳定市场的多重目标。① 粮食储备体系的目标重叠是造成政策困境的关键因素。目标重叠和偏向引发政策目标失衡、执行范围扩大，承储主体的政策依赖惯性进一步加剧托市收储泛化。政策干预不仅导致粮食市场内部出现矛盾，而且通过经济体系层层传导放大，扭曲市场供求和资源配置，甚至引发贸易争端，重构政策性粮食储备体系迫在眉睫。

10.2　粮食种植业经营风险治理目标与思路

10.2.1　粮食种植业经营风险治理目标

围绕实施乡村振兴战略，深化农业供给侧结构性改革，全力抓

---

① 郑风田，普冀喆.反思政策性粮食储备体系：目标分解与制度重构［J］.中州学刊，2019（11）：42-48.

好农业稳产保供和农民增收，应当重视粮食种植业经营风险治理，推动粮食种植业向好发展。对粮食种植业经营风险治理的进一步优化需要结合当前实际，提出符合发展方向与要求的目标。

1. 调整种植结构，保障粮农收益

粮食种植业经营风险治理，首要目标应当是保障农户收入。要把握好粮食种植业的发展与保障粮农收益等内容，稳步实现粮食种植效益提高与粮农收入增长。通过一系列政策及举措推动粮食生产结构调整、提质增效，尽快促进粮食种植业发展质量提升。协调运用各种政策打造完善的政策保障机制，优化政策实施环境和体制，统筹粮食种植业发展的全过程。同时在粮食种植业整个生产过程中，要充分发挥财政、保险等多种政策对粮农收入保障作用。

2. 稳定粮农预期，保障粮食生产

当前粮食种植业的发展已经逐步向高质量阶段迈进，但是粮食生产的数量问题仍然是粮食安全的核心问题。粮食种植业经营风险治理，还需要关注粮食产量的稳定。通过完善的政策制度，解决粮农的实际问题，充分保护与调动粮农种粮积极性。粮食种植业需要政策的持续统筹，毫不放松地紧抓粮食生产，确保小康之年实现丰收。进一步强化对粮农的一系列政策支持，完善粮食收购价格政策和补贴政策，稳定粮农政策预期。继续推进水稻、小麦等产品的成本保险和收入保险试点，稳定粮农收益预期。通过稳定粮农预期来稳定粮食生产。

3. 推进产业融合，释放市场机制活力

不断深入推进粮食供给侧结构性改革，发挥政府政策的宏观调控作用。不断引导实行适度规模化经营的新型农业经营主体，根据实际消费需求，开展政府订单式粮食生产。鼓励农户开展多种形式的合作与联合，依法组建合作社。促进各类农业新型经营主体融合发展，培育和发展农业产业化联合体，鼓励建立产业协会和产业联盟。通过产业融合政策积极引导市场发挥作用，实现粮食生产资源的优化配置，降低粮食种植业经营风险。

4. 调节农户行为，提升种植业发展质量

以政策为抓手调节农户的经营行为，既要控制经营风险又要推进粮食种植业的可持续发展。第一，持续推进化肥减量增效，通过政策引导形成化肥减量增效可复制、可推广的技术模式和工作机制，实现更大范围地推广应用，使得化肥利用率提高而使用量下降。第二，持续推进农药减量增效，推行统防统治与绿色防控融合，推广精准高效施药、轮换用药等科学用药技术，着力提升科学安全用药水平。第三，稳步推进耕地轮作休耕试点，以轮作为主、休耕为辅，扩大轮作、减少休耕，逐步退出地方积极性不高、试点效果一般、三年试点到期的休耕任务。[①]最终达到控制粮食供给、节约投入成本等目的。

10.2.2 粮食种植业经营风险治理思路

1. 创新粮食生产经营方式，提升农户经营水平

尽管随着现代农业的进一步发展，逐步推进规模化、集约化经营，但是粮食种植业的经营者还是以小农户为主。因此，粮食种植业经营风险的治理，应重点关注小农户的经营风险管理，从粮食种植业的多个方面构建治理对策以及优化当前政策。要应对粮食种植存在的诸多风险，农户必须不断提升经营水平，进一步创新粮食生产经营方式。加快构建以新型农业经营主体和小农户为主体、利益联动为纽带、社会化服务为支撑的立体复合型现代粮食生产经营体系。[②]一方面，新型农业经营主体是推动农业现代化发展的主力军，应当制定更多的政策给予充分支持，吸引更多人才加入新型农业主体之中。另一方面，受到资源禀赋与人口结构的限制，小农户仍将

---

① 农业农村部办公厅关于印发《2020 年农业农村绿色发展工作要点》的通知。

② 王晓君，何亚萍，蒋和平."十四五"时期我国粮食安全：形势、问题与对策 [J]. 改革，2020（9）：27-39.

是粮食生产的重要主体，也需要一定的政策支持推动小农经营与现代化农业有机结合。

重点要提升小农户的经营能力，通过调动小农户的种粮积极性，逐步提升应对各种经营风险的能力，实现保障小农户收益的目标。针对农户经营水平提高的问题，需要从各方面稳步推进，制定更多的策略。一方面，需尽快提升农户的组织化程度。单一小农户应对经营风险的能力有限，即使有政策的扶持，所承担的风险也非常大，可能造成的损失也相对难以承受。因此，通过合理的政策，激励、引导农户形成合作机制，对于提升小规模农户整体抵御经营风险的能力非常重要。可以采取多种形式如补贴与税收优惠等措施推动农户之间的合作，建立或加入合作社等方式都有利于帮助农户降低经营成本。并且采取集体经营与合作的形式，能够提高农户的积极性，从而更有效地稳定收益预期。另一方面，为农户提供稳定的粮食种植经营的社会化服务。粮食种植经营涉及的产业较多，于是影响粮食种植经营的因素较多。农业机械、粮食流通等方面的变化都会一定程度上增加粮食种植的经营风险。任何粮食种植的经营主体都离不开诸多社会化的服务，为农户提供更加稳定且高效的社会化服务能够提升农户的经营效益，降低成本等方面的风险。同时要注重服务的创新与多样性，通过政策措施进行调节与推广，将社会化服务体系不断健全与完善。

2. 持续深化粮食体制改革，完善体制机制

深化粮食体制改革，需要从多方面统筹推进，通过体制机制的完善，达到粮食种植业经营风险治理的目标。重点应当考虑的问题是如何实现小农户与大市场的对接，解决这一矛盾有利于更好地治理粮食种植经营风险。小农户的各方面能力有限，如何将农户的经营风险转移需要政策的进一步优化，即如何将小农户联结起来形成规模化经营的问题。

从宏观层面进行制度改革与提供政策支持，是实现粮食种植经

营风险的重要前提与保障。粮食种植业经营的诸多风险如价格、成本等，都能够通过扶持政策的推行与制度的完善，实现更好地治理。在价格方面，要继续推进"价补分离"，充分发挥市场定价的作用，深化粮食价格的形成机制。而从长远角度来看，推进粮食种植提质增效与可持续发展，是有效治理经营风险的重要方向。稳定粮食产量，优化粮食种植结构，建立优质优价的粮食市场化收购机制。继续完善财政政策与金融政策的改革与创新，为治理粮食种植风险提供稳定的制度支持。并且要加快推动相关法律法规的制定和完善，起到对政策实施的监管，形成法律支撑。

在财政政策与金融政策的创新与完善中，要注重与市场的协调，以调动粮食种植经营主体的积极性为目标。通过政策形成合理的框架与规范，让市场机制更好地发挥作用，弥补市场配置资源可能出现的失灵问题，以此降低粮食种植经营风险。政策支持调整最重要的方面应当是推进粮食补贴政策的改革。粮食补贴政策实施效果的好坏，在很大程度上影响着粮食种植经营的收益与成本，即该政策是否能够为经营者提供保障与降低经营风险。要提高补贴政策实施的精准度，更多地向新型粮食种植经营主体和小农户等经营主体倾斜。粮食生产补贴要从粮食价格补贴转到粮农收入补贴上，积极扩展财政补贴类型，全面覆盖粮食种植经营，充分保障农户的经营收益。在保障农民收益的前提下，稳步推进粮食价格体制改革，通过政府资本降低粮食生产风险吸引私人资本进入，激发粮食产业的活力，推进粮食市场化改革。[①] 充分发挥税收与保险政策的调节作用，提高农户种粮积极性，提高种粮预期。并且要引导多元化主体参与到粮食市场中，为粮食种植业各方提供贷款服务，建立银企合作的模式，增强粮食种植相关企业和农户的风险抵御能力。

---

① 贾凡.农业供给侧结构性改革背景下粮食生产安全问题研究 [D].长春：吉林大学，2020.

3. 重视科技创新，提高风险防范能力

尽管近年来农业科技水平得到提高，但总体发展质量还存在不足，提升科技实力对促进农业现代化发展有巨大作用。因此，对粮食种植业经营风险进行治理，需要重视提升粮食生产的科技水平，用技术创新等方式为粮食种植经营者提供稳定产量与收益提高的有力支撑。同时，注重粮食种植绿色生产方式发展，转变当前粮食种植业发展方式。由传统的依靠增加种植面积或加大化肥、农药等投入来增加粮食产量的粗犷发展模式，向更加集约化、专业化的发展模式转型。① 粮食种植的可持续发展，从长远来看能够提升农户收益，降低粮食种植户经营风险。此外，通过坚实的技术支撑，能够更加有效地防范自然灾害风险，降低重大灾害所带来的损失。

必须重视粮食种植业科技水平的提升，在粮食种植整个过程中不断增加技术含量，强化粮食生产科技支撑。加强种业创新，培育绿色优质品种，完善高效育种技术体系，促进粮食质量提高。此外，推进农业科技体制的改革也是重要方面，根据粮农的实际生产需要进行科技研发，为粮食种植业技术创新提供稳定的财政支持，助力粮食生产质量进一步提升。同时加快构建粮食种植业技术的推广服务体系，培养专业的技术服务人才，使得粮农能够更好地掌握专业知识，应用先进的生产技术与生产机械。在粮食种植业科技体制中引入市场要素，让企业成为粮食种植技术创新的主体，加大对粮食生产的投资。实施粮食绿色生产激励补贴机制，加快粮食种植绿色化进程。要切实解决粮食种植中的生态环境污染，政策导向应重点关注化肥农药减量增效、良种培育与种植技术改进等方面。政府对更低成本粮食科技的研发提供更多的政策支持和资金激励，有利于形成更加完善的绿色粮食科技研发模式。

---

① 邓灿辉，马巧云，魏莉丽. 基于碳排放的河南省粮食绿色全要素生产率分析及对策建议［J］. 中国农业资源与区划，2019，40（9）：12-19.

4.加强基础设施建设，改善经营基本环境

气候异常变化频繁的背景下，发生重大自然灾害的频率提高，自然灾害可能带来更大损失。就目前我国农业基础设施建设情况来说，总体水平较为薄弱，抵御自然灾害的能力不足。加强粮食种植基础设施建设，以改善经营基本环境，降低自然灾害受灾与成灾损失。

需要加强农田水利设施、交通基础设施等方面的建设与完善。完善大中小型农田水利设施，增加有效灌溉面积。积极推进现代化新型基础设施建设，引入互联网技术，提升农业信息化水平。并且要有针对性地加强农业基础设施建设，例如我国水旱灾害较多，应在主要粮食生产区建设相应地抵御自然灾害的基础设施，完善农业灾害监测设施和预警系统。农业基础设施的完善需要较大资金的投入，政府可以通过财政支持提供一部分项目建设资金，同时通过给予优惠政策，让社会资本参与到农业基础设施建设投资过程中，解决农业基建融资难题。

另外，加强粮食仓储设施建设，提高仓储技术水平，也是提升粮食种植经营风险应对能力的重要方面。政府应采取信贷支持、财政补贴等多种形式，鼓励粮企、规模化粮食种植主体等开展仓储设施建设与升级，做到藏粮于民。通过政策的引导，促进多方主体在粮食收储方面发挥作用，既能够推动仓储网络化发展，也能够降低粮食种植经营者的风险。

10.3　粮食种植业经营风险治理的政策优化

就当前粮食种植业经营风险治理的相关政策来说，虽然涉及众多方面，吸取了国外的先进经验。但是，对于新时期粮食种植业发展面临的诸多挑战与风险，单独采用一种政策工具很难对粮食种植业风险进行有效管理，难以全面保障农户的收益。因此，为了更好地实现粮食种植业经营风险的治理，必须对相关政策进行优化组合，

这是构建现代化粮食种植业经营风险的关键部分。农业保险是 WTO 规则中的"绿箱"政策之一。保险政策在农业支持保护政策体系中的作用与地位日益提高，保险政策的优化对增强粮食种植业经营能力以及应对风险的能力有着重要意义。而探索新的政策形式和项目，将保险政策与其他政策互为补充，能更好地提升经营风险的保障水平，降低农户损失。

10.3.1　推广"农业保险＋期货"项目

中国的粮食种植经营规模远小于国外粮食经营规模，以小农户为主，正向新型经营主体和家庭农场发展。在这种情况下，小农户在一定程度上缺乏风险管理手段，仍旧需要缓解小农户大市场的矛盾。"保险＋期货"试点项目的开展为农户提供了卖粮价格和收入的保障标准，稳定了农户的收益预期；并且农户能够得到合理的风险补偿，保持了粮食种植经营的积极性。[1]通过"保险＋期货"的模式来帮助粮食种植业经营者抵抗市场风险是行之有效的方式，其本质是利用场外期权为农户实现保价。购买期货产品是美国规模化农场规避价格风险的主要途径，美国农场主直接或间接参与期货市场进行价格风险管理的比重高达 80% 以上，美国农业部和商品期货交易委员会通过政策支持和组织开展多种活动，帮助农场主了解期货、期权的运行机制。[2]因此，随着我国粮食种植规模化的进一步发展，例如合作社经营、家庭农场等主体，对"保险＋期货"这种形式的风险管理工具将会有更大的需求。

促进"保险＋期货"模式的发展，首先要在财政支持的基础上

---

① 方蕊，安毅，刘文超."保险＋期货"试点可以提高农户种粮积极性吗？——基于农户参与意愿中介效应与政府补贴满意度调节效应的分析 [J].中国农村经济，2019（6）：113-126.

② 范庆泉，王成刚.我国农产品价格保险产品设计研究——以玉米为例 [J].保险理论与实践，2017（11）：53-67.

充分发挥市场机制作用。一方面，要改善政府的财政补贴方式，加大财政支持力度。建立专项补贴，加大对参保农户以及保险公司购买期权权利金的财政补贴力度。同时通过政府的支持，保险公司积极向基层农户宣传与推广"保险＋期货"这种模式，提高农户的参保率。为了提升小农户参与保险的意愿，可以通过组织建立合作社与保险公司合作，增强在合约中的地位，能够更好地保障自身利益。另一方面要加强保险和期货的行业合作。在政策制定方面，通过借鉴发达国家成熟的市场模式，进一步完善政策协调机制，推动财政、税收等相关配套政策全面落地。在市场机制方面，需要进一步加强制度设计与市场监管，例如考虑建立场外中央清算机制，以解决保险公司顾虑的期货公司信用风险等问题，有效降低"保险＋期货"的违约风险。[①] 除此之外，还可建立再保险体系，以稳定保险公司的经营。最后要将政策性工具与市场化工具结合起来，尽快将补贴政策和"保险＋期货"项目有机融合在一起，提高农户参与该项目的意愿与积极性。

促进"保险＋期货"模式发展需要注意以下几个问题：第一，根据风险区域确定保险保障水平。在不同的风险区域，由不同的保障政策对农户的经营风险进行保障，同时兼顾各方的利益，从整体上形成一个有效的风险保障体系。第二，逐步扩展期货市场的规模，以便更好地发挥承担种植业经营风险转移的作用。将粮食加工企业作为潜在客户，以扩大期货市场的规模和交易量。第三，该模式涉及审计、税务等方面的问题，监管政策与管理机制也需要进一步完善。需要在较高层次建立政策协调机制，以保障该模式的平稳运行和推广。

---

① 李铭，张艳."保险＋期货"服务农业风险管理的若干问题［J］.农业经济问题，2019（2）：92-100.

10.3.2 完善"保险 + 目标价格"政策

当前实施的粮食最低收购价政策和临时收储政策在一段时期内保障了农户的最低收入，提高了农户的种粮积极性。但是这些政策也带来了一定的负面影响。由政府制定的粮食最低收购价格政策，弱化了市场机制的作用。不断提高的最低收购价格，造成国外粮食价格倒挂。粮食生产出现阶段性过剩，有效供给不足。随后对最低收购价格的逐步下调，又使得农户收入有所减少，影响了积极性。因此，政府开展了目标价格政策的试点，以补充最低收购价政策和托市收购政策的不足。但是目标价格政策也存在一定的问题。一方面目标价格的确定缺乏对市场的合理估计，另一方面在计算目标价格得价差损失时，采集的市场价格是农产品收购企业的收购价，而不是农户的出售价，因此目标价格补贴未能较好地弥补粮食价格波动风险。[①] 因此，需要对当前政策进行调整，将保险政策与目标价格政策有效结合，以便更好地降低农户的粮食种植经营风险。

"保险 + 目标价格"政策可以作为托市收购政策的补充，应该得到更加全面的推广与不断完善。粮食价格保险通过保险的形式将粮食价格风险转移给保险公司，而保险公司再通过其他形式将风险进行转移。与托市收购政策相比，将保险与目标价格政策结合，具有很多优势。采用粮食目标价格保险能够具备更高的灵活性，满足不同层次粮食种植经营者的需求。根据农户的经营规模、种植成本等因素，再结合市场波动的风险情况，制定不同层次的保险产品，形成风险转移的梯度效应。此时价格的形成方式更加市场化，能够更好地反映种植成本与市场流通等各方面因素对价格的影响。

推广"保险 + 目标价格"政策，首先要满足农户的需求。而多数农户的收入水平较低，对于此类保险的购买力降低。同时农户的

---

① 叶明华. 农产品目标价格保险的政策定位与发展策略 [J]. 中州学刊，2015（12）：45-49.

风险认知水平不足，需要对农户进行保险产品及合约等相关事宜进行讲解与宣传。政府需要发挥财政补贴的作用来提高农户对价格保险的有效需求。一方面，通过保费补贴来降低农户购买保险的成本；另一方面，转变农户观念，提高农户的风险管理意识，充分发挥价格保险的市场优势，建立以价格保险为主，财政补贴以及信贷支持为辅的多样化粮食价格风险管理体系（叶明华，2015）。此外，粮食目标价格的确定也需要具备保障性与平衡性，既能保障粮农的收益，也要在保险公司承担范围之内。所以，粮食价格保险的目标价格应该根据粮食市场的发展规律，结合各地区种植成本等因素综合考虑，确定一个相对合理的价格。从多方面完善"保险＋目标价格"的政策，形成长期稳定的粮食价格风险管理机制。

10.3.3 创新"农业保险＋信贷"制度

农户从事粮食种植经营，为了增加收益，需要扩大种植规模、提高农机化水平，需要更多的资金支持。农村信贷仍以农户联保贷款和小额信贷等传统信贷产品为主，但不同地区的金融产品有所创新。而在获取信贷支持方面，农户依旧面临着信用风险大以及贷款门槛较高等问题，制约了农户粮食种植经营规模的进一步扩展。现有的信贷产品供给不足，未能充分满足农户的需求，对此需要对信贷产品的进行创新。

农业保险与农业信贷存在协调发展的关系，将二者有机结合，能够成为粮食种植经营风险管理的重要手段。一方面，农业保险能够降低信贷机构向农户发放贷款的风险。当自然灾害使得农户收益受损，此时保险能够提供一定的补偿，稳定农户的经营收益，具备更好的偿还贷款的能力。并且通过保险的兜底，农户的积极性得到提高，增加对信贷的需求。另一方面，信贷在为农户提供资金的同时，也刺激了对保险产品的需求。相对于保险来说，信贷机构拥有更多的客户群体，具备更加完善的农户信息，因此可以作为保险公司改进产品的重要指导。

创新"保险+信贷"制度，满足农户在农业保险与农业信贷的双重需求。在保险产品开发方面，制定满足多样化需求的保险方案。针对不同的农业贷款项目开展专项农业保险支持，尝试信贷与保险相结合的新型模式，从风险和收益的角度实现农民、信贷机构与保险公司之间的合理分配。[①]建立和完善保险机构与信贷机构信息共享机制。保险公司可以根据农户的具体信息，对其风险情况厘定不同费率，例如小农户与规模经营农户的保险费率可以有所区别。此外，信贷机构也可以根据农户的投保情况，制定不同的信贷策略。依照农户的投保实际情况，在贷款利率方面有所浮动，给予一定的优惠，增强农户的贷款和投保意向。加快开发符合现代粮食种植业发展趋势的信贷产品，满足农户的融资需求。拓宽信贷抵押贷款形式，例如"两权"抵押、保险抵押等。

10.3.4 促进"农业保险+科技"发展

目前美国的农业保险公司正普遍推广将现代化的数字技术与农业保险相结合的形式来进行风险管理。而应用数字工具不仅能够提高风险管理的水平，也能够提高保险服务的效率。利用无人机、传感器、大数据互联等数字技术，不仅可以收集精算数据、监测道德风险，还可以有效确认和支付索赔以及开发满足农户的产品。在粮食保险中应用数字工具，能够提高整个保险服务流程的效率，进一步推动保险行业的发展。为推动我国粮食种植业保险服务水平的提高，采用数字工具来破解保险发展困境，符合现代化保险业的发展趋势。

此外，保险的承保理赔服务效率也影响着农户参保的积极性。将大数据应用于保险服务质量提升当中，能够为农户经营水平提高

---

① 刘素春，智迪迪.农业保险与农业信贷耦合协调发展研究——以山东省为例[J].保险研究，2017（2）：29-39.

提供有力的支持。可参考美国的经验，建立统一管理的信息服务中心，对客户关系进行有效管理，稳定保险市场的秩序。同时加强与其他信息系统的联系与对接，实现信息数据的互通共享，以便更好地对承保客户进行筛选，提高承保质量。此外，利用农户参加保险业务所收集到的数据，可以进一步拓展营销模式、产品开发、信贷管理和客户盈利能力分析等相关业务，节约成本，提高效率。[①] 通过提高保险服务质量，提高参保农户的满意度，能够将保险政策进一步推广开来，全面提高农业保险业务的参保率。

10.3.5　推动"农业保险 + 收储"落地

粮食最低价和临时收储政策的主要目的是为了保护农户的利益，但在多年的实行过程中，这项政策承担了越来越多的作用。其连年实行使得粮食收购价格不断提高，且缺乏推出机制，一旦中止或取消这项政策，将会损害多方主体的利益。目前，粮食收储政策执行产生了如下的问题：第一，在生产方面，该政策的实施使得粮食价格不断上涨，农户的收入情况较好，使得粮食结构越来越不合理，同时忽视了粮食的质量。长此以往，将对农户的粮食生产产生不良后果，不利于粮食种植业的长期发展，最终影响农户的收益。并且农户收益期望过高，使得土地流转费用上升，对于规模经营的粮农及家庭农场的具有一定规模的粮食种植经营主体来说，增加了种粮成本，且规模收益降低。第二，在流通方面，扭曲了粮食价格形成机制，阻碍了市场机制发挥作用。粮食供需和粮食价格的严重扭曲，使得国内市场与国际市场粮食价格出现倒挂。要解决这些问题，必须对收储政策进行调整，避免由于政策风险影响农户的收益。

积极探索"保险 + 目标价格 + 收储"政策。要改变当前收储政策的弊端，重要方向就是减少政府对粮食价格的干预，通过市场化

---

① 郑军，支金鑫. 农业保险服务乡村振兴战略的制度创新：美国经验与启示 [J]. 贵州大学学报（社会科学版），2020，38（1）：114-123.

的保险手段，为农户提供粮食价格风险的转移途径。将保险、目标价格和收储结合起来，发挥市场和政府的双重作用，减少对市场干预的同时能够保障农户的收入。由市场决定粮食价格，农户将处于更大的风险当中，此时目标价格保险将发挥作用。当预估产量降低、价格下降或两种情况同时出现，保险公司需要对农户的损失进行补偿。而较低的粮食价格有利于粮食加工企业等进行粮食收购，降低成本。此时政府可对保险公司提供一定的财政补贴或税收减免等优惠政策，降低保险公司的成本风险。

促进"保险＋信贷＋收储"政策的发展。让用粮加工企业等企业主体成为粮食收购政策的主体，开放粮食收购市场。将粮食种植贷款与收购贷款结合起来，鼓励订单粮食种植生产发展，农户以合作社为中介，直接对接粮食加工企业，签订粮食生产、销售合约。金融机构根据该粮食企业的信用，为农户扩大种植规模与购买农机、基础设施建设提供信贷支持。而农户在种植经营中遭遇自然灾害风险、产量风险等所造成的损失，由保险公司承担，保险费率的厘定依据农户贷款情况而定。在后续的粮食收购环节，将贷款的债务人从农户转为粮食收购企业，粮食收购企业仅需投入使用自有资金支付利息及保证金，即可维持对粮食产品的占有。同时鼓励农户开展粮食自储，对于规模化种植大户和合作社等主体，出台仓储设施建设补贴以及提供相应低息贷款等支持措施，帮助加快仓储基础设施、烘干设施等储粮设施的建设，推广成本低、维护费用便宜的仓储设备。也可以鼓励有仓储设施的规模户开展烘干仓储等社会化服务，带动小农户发展粮食自储，充分降低粮食自储的成本，增强抵御市场波动风险的能力。①

---

① 郑风田，普蓂喆.反思政策性粮食储备体系：目标分解与制度重构［J］.中州学刊，2019（11）：42-48.

附　录

附录一：原始数据

附表 1   早稻亩产量数据

单位：千克 / 亩

年份	浙江	安徽	福建	江西	湖北	湖南	广东	广西	海南
1978	339.8	291.6	291.6	269.0	302.7	290.5	278.0	269.6	291.6
1979	403.0	348.0	329.5	318.5	334.5	326.3	324.3	280.8	333.1
1980	363.2	332.3	333.1	317.5	303.0	320.5	341.6	315.0	328.3
1981	394.5	371.5	325.0	303.0	357.0	327.5	338.0	303.5	340.0
1982	398.5	392.0	352.5	344.5	407.0	369.5	341.0	345.5	368.8
1983	317.5	344.4	373.5	370.0	339.5	391.5	375.1	333.9	355.7
1984	408.0	371.0	373.0	372.5	397.5	396.0	370.0	375.0	382.9
1985	401.0	320.8	364.5	338.0	447.5	387.5	373.0	366.5	374.9
1986	418.5	365.0	374.0	362.5	403.8	394.0	345.4	346.6	376.2
1987	337.0	320.0	370.5	360.0	394.0	361.5	361.0	386.0	361.2
1988	368.0	328.0	363.5	341.4	356.0	368.7	358.0	359.8	355.4
1989	374.8	343.5	377.2	345.3	393.6	370.9	371.3	391.1	370.9
1990	404.5	364.2	374.1	367.4	414.7	380.9	374.4	413.1	334.6
1991	412.2	268.1	390.4	346.3	306.9	368.0	370.6	381.3	360.5
1992	394.3	376.2	397.5	336.1	361.2	361.7	357.4	366.8	350.3
1993	392.0	345.0	365.2	284.1	362.4	369.8	357.2	348.3	310.5

年份	浙江	安徽	福建	江西	湖北	湖南	广东	广西	海南
1994	370.6	372.2	356.5	336.5	399.5	378.1	338.0	358.8	319.0
1995	361.1	366.1	389.9	328.3	413.2	363.9	360.4	399.8	312.0
1996	376.6	370.3	421.8	351.0	351.5	378.1	387.6	379.9	315.9
1997	395.0	384.1	403.3	345.6	384.3	390.0	360.7	409.6	384.1
1998	380.3	349.0	363.2	286.5	379.7	347.5	359.3	386.7	309.4
1999	325.7	306.5	388.6	330.8	375.3	345.3	386.3	391.7	325.0
2000	379.5	343.5	385.5	347.0	382.8	396.8	395.7	405.6	319.2
2001	385.7	387.5	386.6	354.8	407.5	395.3	340.4	386.4	328.6
2002	379.6	350.2	397.7	346.7	398.9	317.8	375.8	389.6	323.7
2003	391.4	360.0	399.6	354.0	377.0	347.5	383.6	387.9	333.8
2004	389.4	362.1	422.2	383.6	389.4	393.7	416.8	386.1	361.9
2005	381.0	358.6	409.0	374.0	393.1	372.7	373.4	378.2	326.5
2006	381.8	368.9	390.6	381.3	419.7	393.6	369.0	399.0	367.8
2007	398.5	374.4	402.4	396.0	428.1	407.0	394.6	405.7	370.1
2008	390.5	356.7	419.4	401.8	434.8	409.9	380.4	408.2	388.1
2009	424.3	428.2	438.4	418.6	435.8	400.4	416.7	414.5	375.5
2010	365.2	384.1	427.1	374.7	400.7	355.7	404.2	407.8	365.1
2011	406.3	395.1	443.4	413.3	409.0	400.6	424.1	412.1	399.0
2012	406.1	437.7	437.8	391.5	429.3	401.9	424.4	418.7	408.2
2013	426.7	432.0	434.0	436.6	425.8	418.4	401.8	419.0	396.9
2014	425.2	452.6	443.1	434.5	429.2	390.3	420.7	418.4	400.7
2015	394.0	429.6	453.2	436.6	433.5	411.3	415.0	415.9	397.8
2016	441.1	405.6	452.7	436.7	401.6	380.4	427.3	433.1	417.1
2017	431.6	448.1	455.9	441.1	432.1	403.0	416.4	421.2	423.3
2018	449.6	463.7	469.9	438.4	432.7	410.2	418.9	437.2	413.8

资料来源：笔者根据《全国农产品成本收益资料汇编》整理得到。

附表2   早稻价格数据

单位：元／千克（1978年为基期）

年份	浙江	安徽	福建	江西	湖北	湖南	广东	广西	海南
1978	0.194	0.192	0.192	0.190	0.190	0.190	0.195	0.190	0.192
1979	0.228	0.222	0.228	0.227	0.228	0.227	0.235	0.227	0.228
1980	0.213	0.208	0.212	0.211	0.212	0.212	0.218	0.211	0.212
1981	0.208	0.203	0.205	0.206	0.207	0.207	0.213	0.206	0.207
1982	0.203	0.200	0.201	0.202	0.203	0.202	0.209	0.202	0.203
1983	0.201	0.196	0.198	0.198	0.201	0.198	0.205	0.198	0.199
1984	0.249	0.243	0.258	0.261	0.258	0.258	0.274	0.254	0.257
1985	0.236	0.236	0.239	0.238	0.242	0.238	0.255	0.236	0.240
1986	0.229	0.226	0.243	0.226	0.241	0.230	0.243	0.232	0.234
1987	0.233	0.239	0.257	0.233	0.239	0.235	0.313	0.273	0.253
1988	0.205	0.233	0.278	0.204	0.268	0.222	0.340	0.263	0.252
1989	0.241	0.239	0.279	0.237	0.261	0.257	0.299	0.242	0.257
1990	0.219	0.218	0.243	0.230	0.232	0.237	0.253	0.225	0.280
1991	0.210	0.203	0.225	0.222	0.212	0.223	0.245	0.221	0.330
1992	0.202	0.195	0.222	0.197	0.168	0.215	0.273	0.220	0.290
1993	0.224	0.217	0.335	0.202	0.190	0.188	0.320	0.252	0.339
1994	0.314	0.335	0.363	0.265	0.272	0.292	0.467	0.337	0.388
1995	0.322	0.363	0.410	0.288	0.254	0.312	0.463	0.406	0.451
1996	0.317	0.357	0.397	0.306	0.298	0.331	0.401	0.411	0.398
1997	0.292	0.294	0.327	0.250	0.282	0.276	0.322	0.309	0.294
1998	0.288	0.241	0.323	0.242	0.244	0.239	0.294	0.285	0.276
1999	0.257	0.221	0.272	0.230	0.203	0.236	0.297	0.254	0.278
2000	0.227	0.160	0.206	0.168	0.163	0.172	0.234	0.213	0.235
2001	0.240	0.201	0.233	0.203	0.191	0.193	0.239	0.222	0.218
2002	0.235	0.193	0.233	0.207	0.194	0.211	0.241	0.232	0.228
2003	0.254	0.237	0.238	0.226	0.211	0.219	0.250	0.245	0.232
2004	0.363	0.310	0.356	0.325	0.309	0.311	0.360	0.338	0.364
2005	0.342	0.294	0.320	0.298	0.286	0.295	0.352	0.315	0.355

续表

年份	浙江	安徽	福建	江西	湖北	湖南	广东	广西	海南
2006	0.343	0.294	0.326	0.302	0.296	0.301	0.346	0.343	0.318
2007	0.339	0.282	0.351	0.320	0.303	0.308	0.361	0.342	0.338
2008	0.399	0.332	0.395	0.355	0.336	0.343	0.400	0.405	0.388
2009	0.379	0.352	0.385	0.355	0.343	0.345	0.399	0.406	0.370
2010	0.380	0.360	0.394	0.369	0.365	0.365	0.397	0.412	0.397
2011	0.403	0.394	0.464	0.405	0.408	0.417	0.473	0.501	0.448
2012	0.444	0.437	0.478	0.437	0.440	0.446	0.456	0.483	0.444
2013	0.445	0.428	0.468	0.431	0.407	0.422	0.451	0.461	0.453
2014	0.445	0.426	0.476	0.423	0.424	0.434	0.461	0.468	0.441
2015	0.438	0.424	0.479	0.413	0.403	0.421	0.474	0.471	0.427
2016	0.430	0.392	0.457	0.385	0.389	0.402	0.458	0.442	0.411
2017	0.422	0.400	0.444	0.385	0.389	0.393	0.456	0.450	0.406
2018	0.378	0.353	0.410	0.343	0.349	0.341	0.436	0.437	0.369

资料来源：笔者根据《全国农产品成本收益资料汇编》整理得到。

附表 3 早稻生产成本数据

单位：元 / 亩（1978 年为基期）

年份	浙江	安徽	福建	江西	湖北	湖南	广东	广西	海南
1978	65.500	58.785	58.785	48.030	59.890	58.110	60.190	60.990	58.785
1979	57.458	50.854	60.491	54.249	58.371	62.169	55.878	51.727	56.400
1980	50.027	42.110	51.406	49.123	53.553	60.183	53.881	50.575	51.357
1981	54.955	46.658	53.922	46.809	54.759	62.166	62.692	53.057	54.377
1982	54.869	42.002	53.409	47.150	53.724	57.177	65.306	54.843	53.560
1983	45.904	39.811	52.382	53.496	52.374	57.721	64.756	55.947	52.799
1984	58.332	55.596	59.033	63.520	69.867	66.439	72.911	65.813	63.939
1985	58.734	46.064	55.591	59.451	63.315	71.945	65.217	61.327	59.016
1986	54.413	47.908	54.764	54.019	61.060	58.467	61.884	69.398	57.739
1987	51.555	49.479	62.757	64.199	71.295	62.457	68.792	65.694	62.029
1988	60.939	46.869	63.406	66.206	65.441	64.109	68.651	72.569	63.524
1989	62.682	49.848	66.837	68.757	67.161	66.029	70.643	76.274	66.029

年份	浙江	安徽	福建	江西	湖北	湖南	广东	广西	海南
1990	63.923	56.599	69.302	71.299	71.899	67.603	74.298	82.371	51.137
1991	66.202	53.762	71.372	75.728	85.760	73.382	74.920	82.020	64.589
1992	66.325	57.602	68.652	70.773	81.390	63.818	68.816	67.018	58.769
1993	63.826	46.258	63.599	66.360	57.865	64.800	69.711	60.364	50.494
1994	60.965	51.587	68.298	69.979	63.537	75.062	67.684	64.163	56.192
1995	71.381	77.715	79.975	79.607	71.484	78.901	81.978	93.170	65.228
1996	78.414	86.042	90.144	87.690	84.455	87.164	88.458	106.185	65.822
1997	74.388	84.904	85.266	84.601	80.901	83.987	83.046	102.141	76.170
1998	65.372	66.068	78.597	74.357	74.585	76.348	77.708	89.275	59.186
1999	66.460	59.118	74.789	68.522	72.071	70.979	72.617	85.141	58.054
2000	65.553	58.525	69.389	65.806	66.433	67.253	72.486	82.230	58.157
2001	36.121	66.314	70.128	65.396	63.073	68.014	68.730	77.716	58.810
2002	60.524	61.213	73.292	67.878	59.615	71.721	68.971	76.851	60.016
2003	57.413	60.700	70.807	66.763	64.666	70.752	67.673	79.316	56.841
2004	68.749	75.693	85.834	79.691	73.181	81.018	84.208	94.875	63.203
2005	70.071	73.494	95.282	81.849	74.692	86.386	86.403	102.373	73.858
2006	76.338	77.522	97.684	85.743	76.590	90.359	85.159	108.125	75.238
2007	78.414	87.395	105.908	87.771	78.793	90.802	89.469	107.054	76.005
2008	88.940	96.834	114.519	96.072	90.735	100.737	102.158	115.368	87.014
2009	92.297	99.884	111.904	99.291	95.836	101.083	102.549	122.401	93.580
2010	91.684	100.948	121.699	105.346	106.939	102.492	110.787	130.522	102.028
2011	106.340	111.411	149.963	116.071	119.894	113.947	128.347	145.202	114.133
2012	122.032	132.134	175.713	129.070	142.776	128.653	156.264	169.036	133.481
2013	132.026	142.742	185.266	137.537	151.713	137.838	162.725	178.865	149.958
2014	134.388	140.490	192.260	137.313	149.759	135.223	169.299	182.370	153.524
2015	139.269	139.542	192.650	135.790	145.088	135.935	169.371	185.047	154.436
2016	135.859	131.908	190.029	135.273	133.445	132.110	169.400	179.981	154.228
2017	138.282	125.084	195.079	131.586	143.142	128.303	173.547	171.856	154.779
2018	135.328	116.164	189.147	135.689	141.815	123.417	167.683	166.366	146.282

资料来源：笔者根据《全国农产品成本收益资料汇编》整理得到。

附表 4   早稻收益数据

单位：元/亩（1978 年为基期）

年份	浙江	安徽	福建	江西	湖北	湖南	广东	广西	海南
1978	65.940	55.848	55.848	51.110	57.550	55.200	54.150	51.260	55.848
1979	91.855	77.115	75.083	72.316	76.418	74.082	76.310	63.660	75.863
1980	77.306	69.014	70.685	67.123	64.082	67.909	74.557	66.457	69.617
1981	81.996	75.312	66.631	62.424	74.100	67.718	71.996	62.567	70.341
1982	80.813	78.418	70.804	69.563	82.745	74.607	71.302	69.808	74.778
1983	63.753	67.344	73.865	73.368	68.312	77.729	76.821	66.084	70.905
1984	101.476	90.042	96.314	97.364	102.377	102.235	101.401	95.271	98.345
1985	94.737	75.713	87.178	80.359	108.268	92.159	95.195	86.644	89.996
1986	95.931	82.529	90.831	81.941	97.479	90.709	83.804	80.423	87.972
1987	78.451	76.562	95.160	83.985	94.166	84.820	113.117	105.394	91.318
1988	75.318	76.374	101.130	69.646	95.363	81.692	121.866	94.531	89.408
1989	90.481	81.953	105.403	81.796	102.711	95.324	111.182	94.645	95.324
1990	88.674	79.538	90.827	84.353	96.081	90.409	94.686	92.763	93.618
1991	86.591	54.464	87.851	76.975	65.054	82.042	90.885	84.450	119.053
1992	79.735	73.205	88.064	66.216	60.794	77.833	97.404	80.784	101.659
1993	87.982	74.830	122.318	57.440	68.773	69.553	114.251	87.721	105.196
1994	116.336	124.720	129.525	89.283	108.460	110.584	157.932	120.970	123.841
1995	116.193	132.958	160.055	94.611	105.057	113.364	166.798	162.298	140.582
1996	119.349	132.368	167.432	107.418	104.759	125.311	155.438	156.148	125.822
1997	115.227	112.912	131.892	86.558	108.248	107.703	116.103	126.544	112.912
1998	109.610	84.067	117.169	69.343	92.466	83.187	105.748	110.112	85.522
1999	83.785	67.867	105.664	76.205	76.071	81.534	114.745	99.373	90.393
2000	86.046	54.970	79.293	58.323	62.486	68.396	92.671	86.198	75.083
2001	92.581	77.686	90.066	72.062	77.764	76.158	81.348	85.842	71.474
2002	89.230	67.458	92.837	71.649	77.366	67.105	90.574	90.450	73.693
2003	99.261	85.316	95.058	79.959	79.704	75.984	96.009	95.051	77.429
2004	141.180	112.220	150.116	124.669	120.154	122.527	149.989	130.522	131.810
2005	130.315	105.265	130.832	111.519	112.315	110.112	131.427	119.078	115.856

续表

年份	浙江	安徽	福建	江西	湖北	湖南	广东	广西	海南
2006	130.915	108.594	127.367	115.166	124.348	118.586	127.815	136.707	117.132
2007	134.945	105.450	141.317	126.722	129.753	125.265	142.615	138.630	125.061
2008	155.730	118.596	165.810	142.588	145.971	140.738	152.101	165.219	150.626
2009	160.977	150.763	168.746	148.547	149.528	138.106	166.056	168.156	138.877
2010	138.926	138.360	168.385	138.377	146.081	129.674	160.455	168.101	144.773
2011	163.844	155.699	205.692	167.512	166.996	167.170	200.729	206.542	178.745
2012	180.283	191.440	209.377	170.961	188.818	179.301	193.597	202.205	181.095
2013	189.807	185.042	202.898	188.252	173.401	176.755	181.273	193.174	179.934
2014	189.214	192.782	210.903	183.755	182.172	169.237	193.987	195.658	176.532
2015	172.572	181.983	217.138	180.387	174.771	173.033	196.612	196.107	169.945
2016	189.473	158.899	207.015	168.206	156.174	152.798	195.552	191.517	171.485
2017	182.132	179.271	202.370	169.771	167.969	158.205	189.853	189.702	171.962
2018	170.092	163.580	192.776	150.433	150.790	139.951	182.702	191.092	152.650

资料来源：笔者根据《全国农产品成本收益资料汇编》整理得到。

附表5　　　　　　　　　　晚稻亩产量数据

单位：千克/亩

年份	浙江	安徽	福建	江西	湖北	湖南	广东	广西	海南
1978	196.5	196.5	196.5	174.1	91.5	219.5	238.9	258.6	196.5
1979	401.9	282.8	317.5	238.5	212.5	267.5	263.7	278.0	282.8
1980	276.0	262.4	322.7	240.0	147.0	275.0	296.0	280.4	262.4
1981	246.0	242.6	327.5	197.0	199.5	265.5	235.0	228.0	242.6
1982	381.5	313.1	381.5	294.0	221.0	316.5	331.4	265.5	313.1
1983	409.5	336.5	349.5	291.5	336.5	390.5	293.3	284.8	336.5
1984	346.6	423.0	367.5	302.0	346.6	373.5	356.0	257.5	346.6
1985	350.1	409.2	364.5	316.0	350.1	410.0	301.0	300.2	350.1
1986	333.0	333.0	340.5	287.0	333.0	417.7	334.2	285.6	333.0
1987	346.9	346.9	371.5	307.5	346.9	398.7	342.5	314.4	346.9
1988	315.0	315.0	327.0	311.0	315.0	382.7	307.0	247.6	315.0
1989	348.7	348.7	374.0	344.0	348.7	348.7	372.6	304.3	348.7

年份	浙江	安徽	福建	江西	湖北	湖南	广东	广西	海南
1990	374.3	374.3	378.4	323.0	418.5	409.5	381.9	334.4	374.3
1991	430.9	371.5	377.9	371.2	385.4	422.9	357.3	330.8	295.3
1992	410.5	344.9	363.6	377.7	431.1	413.3	346.7	350.2	236.6
1993	439.2	352.6	379.6	382.1	446.7	397.2	317.5	333.1	301.0
1994	420.9	343.6	356.1	364.7	423.9	384.0	316.4	284.5	287.9
1995	436.2	352.1	376.3	384.5	394.9	401.1	326.0	306.3	288.9
1996	477.8	332.6	394.8	381.7	385.6	405.4	342.9	299.3	229.2
1997	419.9	375.3	360.4	381.2	406.5	407.9	340.5	315.4	272.2
1998	438.1	402.9	393.7	389.9	391.2	379.9	373.5	359.9	289.7
1999	424.0	397.5	357.6	371.3	416.4	388.3	348.1	338.4	257.5
2000	423.1	408.5	379.3	353.9	425.9	392.3	345.7	333.7	225.9
2001	440.8	432.2	383.9	402.3	422.4	433.4	359.5	349.6	268.1
2002	423.9	408.6	377.6	377.9	432.5	384.8	336.4	329.5	262.6
2003	450.1	364.9	396.5	383.9	434.3	384.7	369.1	342.1	284.0
2004	424.7	471.8	395.2	416.6	457.9	423.9	364.0	345.7	301.9
2005	408.7	425.6	411.0	383.8	406.8	378.3	388.9	358.9	220.1
2006	437.7	440.2	420.2	390.6	429.1	427.1	391.2	368.0	296.8
2007	429.2	452.6	407.1	409.1	459.6	402.0	400.2	386.3	307.4
2008	463.6	469.0	406.2	426.8	445.9	435.3	371.9	388.8	301.4
2009	453.1	484.6	409.9	446.7	448.6	433.2	382.2	377.5	250.3
2010	436.1	472.1	408.6	399.5	444.2	404.5	390.2	377.2	220.3
2011	483.5	505.5	416.0	452.5	481.3	395.7	386.3	343.2	243.4
2012	480.5	514.3	439.4	464.6	490.7	443.9	423.0	384.1	297.5
2013	501.6	488.7	441.6	468.1	487.7	416.0	377.3	390.0	262.6
2014	483.2	523.8	453.6	490.5	492.9	449.7	426.7	401.0	283.3
2015	473.0	535.4	447.9	468.8	520.9	459.2	394.2	398.3	308.3
2016	481.6	543.3	417.9	473.1	497.6	439.0	389.3	411.0	248.2
2017	496.9	497.7	449.6	484.4	479.0	433.7	374.6	363.2	260.9
2018	526.6	527.1	451.1	476.7	510.3	456.2	379.8	384.1	286.5

资料来源：笔者根据《全国农产品成本收益资料汇编》整理得到。

附表 6　　　　　　　　　　晚稻价格数据

单位：元 / 千克（1978 年为基期）

年份	浙江	安徽	福建	江西	湖北	湖南	广东	广西	海南
1978	0.219	0.219	0.219	0.196	0.316	0.190	0.195	0.198	0.219
1979	0.228	0.231	0.233	0.227	0.232	0.227	0.235	0.236	0.231
1980	0.223	0.217	0.220	0.212	0.218	0.212	0.218	0.218	0.217
1981	0.209	0.210	0.211	0.206	0.211	0.206	0.213	0.213	0.210
1982	0.208	0.207	0.207	0.202	0.210	0.202	0.209	0.209	0.207
1983	0.204	0.202	0.204	0.198	0.202	0.198	0.205	0.205	0.202
1984	0.264	0.256	0.265	0.269	0.264	0.258	0.269	0.268	0.264
1985	0.253	0.249	0.254	0.247	0.253	0.238	0.264	0.268	0.253
1986	0.250	0.250	0.262	0.246	0.250	0.234	0.255	0.255	0.250
1987	0.277	0.277	0.272	0.258	0.277	0.246	0.324	0.284	0.277
1988	0.295	0.295	0.322	0.240	0.295	0.258	0.419	0.237	0.295
1989	0.269	0.269	0.270	0.272	0.269	0.269	0.291	0.243	0.269
1990	0.252	0.252	0.255	0.251	0.267	0.259	0.255	0.223	0.252
1991	0.225	0.247	0.235	0.257	0.230	0.232	0.254	0.216	0.324
1992	0.239	0.196	0.154	0.223	0.199	0.214	0.319	0.231	0.366
1993	0.312	0.269	0.360	0.334	0.265	0.264	0.449	0.372	0.372
1994	0.436	0.364	0.478	0.355	0.374	0.391	0.549	0.417	0.430
1995	0.411	0.325	0.439	0.364	0.350	0.415	0.502	0.459	0.434
1996	0.367	0.334	0.372	0.325	0.295	0.362	0.415	0.419	0.369
1997	0.322	0.312	0.338	0.293	0.281	0.309	0.347	0.321	0.259
1998	0.333	0.289	0.332	0.281	0.270	0.305	0.345	0.317	0.273
1999	0.266	0.246	0.281	0.261	0.219	0.255	0.299	0.273	0.268
2000	0.258	0.245	0.259	0.262	0.229	0.263	0.266	0.268	0.238
2001	0.245	0.218	0.238	0.240	0.219	0.249	0.274	0.263	0.242
2002	0.239	0.214	0.239	0.231	0.206	0.214	0.281	0.270	0.222
2003	0.304	0.300	0.290	0.281	0.286	0.274	0.315	0.295	0.260
2004	0.363	0.331	0.370	0.339	0.327	0.343	0.410	0.382	0.344
2005	0.335	0.318	0.323	0.314	0.306	0.306	0.365	0.367	0.327

续表

年份	浙江	安徽	福建	江西	湖北	湖南	广东	广西	海南
2006	0.353	0.312	0.347	0.325	0.332	0.326	0.394	0.371	0.332
2007	0.361	0.337	0.379	0.356	0.337	0.342	0.402	0.395	0.349
2008	0.374	0.342	0.395	0.358	0.347	0.364	0.414	0.429	0.362
2009	0.382	0.355	0.390	0.365	0.354	0.363	0.428	0.425	0.373
2010	0.450	0.417	0.448	0.437	0.442	0.446	0.461	0.466	0.428
2011	0.503	0.468	0.505	0.462	0.458	0.472	0.556	0.563	0.453
2012	0.497	0.446	0.493	0.454	0.454	0.451	0.533	0.530	0.460
2013	0.468	0.446	0.485	0.436	0.426	0.427	0.510	0.505	0.450
2014	0.494	0.443	0.490	0.443	0.441	0.441	0.526	0.519	0.437
2015	0.473	0.398	0.482	0.425	0.416	0.430	0.524	0.513	0.424
2016	0.462	0.411	0.467	0.408	0.426	0.416	0.518	0.486	0.423
2017	0.450	0.409	0.462	0.413	0.422	0.417	0.507	0.529	0.414
2018	0.418	0.363	0.429	0.376	0.370	0.379	0.511	0.510	0.394

资料来源：笔者根据《全国农产品成本收益资料汇编》整理得到。

附表 7　　　　　　　　　　　晚稻生产成本数据

单位：元／亩（1978 年为基期）

年份	浙江	安徽	福建	江西	湖北	湖南	广东	广西	海南
1978	51.020	51.020	51.020	39.450	52.760	52.420	56.440	54.030	51.020
1979	55.957	52.480	56.811	45.250	54.190	55.682	53.425	46.045	52.480
1980	41.598	46.751	47.872	38.767	49.370	53.087	48.941	47.626	46.751
1981	36.203	48.364	50.579	39.118	49.929	55.053	60.187	47.478	48.364
1982	39.913	48.972	49.956	38.601	44.126	51.093	67.465	51.652	48.972
1983	39.306	51.020	50.763	46.512	51.020	53.256	63.925	52.356	51.020
1984	59.919	64.053	56.047	51.126	59.919	60.259	71.326	56.706	59.919
1985	55.114	49.008	54.058	49.199	55.114	60.061	61.144	57.216	55.114
1986	54.383	54.383	52.643	44.964	54.383	50.587	60.824	62.894	54.383
1987	62.001	62.001	63.538	53.785	62.001	56.756	71.535	64.393	62.001
1988	64.592	64.592	70.972	58.718	64.592	60.585	68.094	64.592	64.592
1989	68.031	68.031	69.071	63.840	68.031	68.031	70.395	68.818	68.031

续表

年份	浙江	安徽	福建	江西	湖北	湖南	广东	广西	海南
1990	67.163	67.163	68.031	59.039	72.338	63.313	70.984	69.270	67.163
1991	71.953	69.842	68.070	67.324	78.168	61.108	72.864	76.287	62.967
1992	79.299	50.323	66.896	64.414	87.270	62.927	68.093	73.704	55.447
1993	76.218	57.060	61.315	62.607	61.007	56.104	68.620	67.170	48.726
1994	81.631	56.932	65.891	66.979	64.929	71.867	71.699	73.611	54.245
1995	84.208	64.540	77.297	82.008	76.629	81.519	81.590	92.459	62.492
1996	83.319	61.754	88.565	81.919	90.800	86.699	84.634	97.667	60.921
1997	74.904	68.647	85.784	77.208	83.526	83.089	81.994	95.243	59.022
1998	67.525	70.862	75.463	69.163	72.883	70.607	74.158	78.406	56.398
1999	73.154	65.884	70.905	66.800	72.834	69.324	70.706	77.763	56.775
2000	68.726	69.131	65.694	63.756	69.143	66.952	70.753	75.396	55.820
2001	63.751	58.135	63.535	64.416	64.723	67.419	67.195	72.847	57.778
2002	60.092	63.110	67.709	66.800	62.674	66.867	67.922	76.247	57.903
2003	66.004	62.036	69.571	67.028	67.342	65.979	68.831	77.094	54.320
2004	76.180	81.093	85.601	82.688	83.104	79.122	82.911	97.323	66.744
2005	81.927	81.955	94.485	85.845	78.599	84.806	83.304	101.224	70.026
2006	84.851	87.274	102.471	84.628	87.081	88.860	86.193	104.503	73.577
2007	94.763	99.874	102.670	85.885	87.543	87.923	88.770	100.845	75.105
2008	102.688	108.022	108.142	96.507	101.068	99.675	102.326	115.841	86.256
2009	101.272	105.757	109.994	95.472	102.553	102.035	100.541	115.686	89.037
2010	110.304	113.906	124.990	101.041	115.381	108.135	115.730	124.790	95.624
2011	123.920	128.887	148.228	115.044	127.264	119.239	127.480	140.366	108.662
2012	139.990	148.794	177.131	134.575	146.588	136.455	155.687	167.956	131.330
2013	152.197	157.318	192.550	141.858	157.487	147.520	166.722	176.153	143.378
2014	152.805	159.375	191.792	141.665	157.165	144.010	172.512	173.173	145.626
2015	152.411	154.217	195.306	140.969	151.113	143.032	178.210	179.293	149.017
2016	148.266	162.346	190.852	140.444	146.454	138.531	177.307	175.490	151.909
2017	153.595	163.896	189.573	136.496	151.097	130.900	175.068	165.429	149.509
2018	154.325	150.005	185.400	140.651	148.961	127.968	173.578	163.559	146.869

资料来源：笔者根据《全国农产品成本收益资料汇编》整理得到。

附表 8   晚稻收益数据

单位：元 / 亩（1978 年为基期）

年份	浙江	安徽	福建	江西	湖北	湖南	广东	广西	海南
1978	43.026	43.026	43.026	34.120	28.860	41.700	46.560	51.280	43.026
1979	91.492	65.368	73.906	54.112	49.382	60.746	61.953	65.692	65.368
1980	61.498	57.031	71.068	50.849	32.000	58.265	64.594	61.242	57.031
1981	51.435	50.944	69.064	40.597	42.148	54.706	50.062	48.636	50.944
1982	79.502	64.754	79.038	59.388	46.495	63.907	69.292	55.516	64.754
1983	83.470	68.030	77.266	57.798	68.030	77.326	60.060	58.269	68.030
1984	91.574	108.240	97.531	81.359	91.574	96.372	95.680	68.982	91.574
1985	88.688	101.785	92.700	77.933	88.688	97.551	79.336	80.557	88.688
1986	83.324	83.324	89.155	70.487	83.324	97.794	85.050	72.851	83.324
1987	96.057	96.057	101.228	79.379	96.057	98.091	111.028	89.179	96.057
1988	93.007	93.007	105.250	74.750	93.007	98.791	128.494	58.730	93.007
1989	93.762	93.762	100.943	93.440	93.762	93.762	108.375	73.964	93.762
1990	94.220	94.220	96.543	81.067	111.705	106.067	97.463	74.607	94.220
1991	96.903	91.615	88.646	95.308	88.700	98.199	90.907	71.546	95.617
1992	97.997	67.623	86.468	84.137	85.842	88.652	110.470	81.042	86.531
1993	136.972	94.987	136.613	119.074	118.202	104.676	142.640	123.753	112.021
1994	183.534	125.121	170.327	129.310	158.696	150.074	173.864	118.519	123.726
1995	179.307	114.424	165.029	139.816	138.239	166.523	163.527	140.610	125.392
1996	175.199	110.928	146.960	123.906	113.673	146.930	142.233	125.469	84.524
1997	135.248	117.122	121.887	111.498	114.291	125.945	118.158	101.113	70.493
1998	145.773	116.223	130.858	109.421	105.744	115.842	128.821	114.129	79.124

年份	浙江	安徽	福建	江西	湖北	湖南	广东	广西	海南
1999	112.749	97.767	100.345	96.997	91.261	99.211	103.926	92.520	68.871
2000	109.346	79.136	98.219	92.710	97.631	103.230	92.014	89.341	53.765
2001	107.789	94.270	91.378	96.675	92.375	107.851	98.664	91.950	64.812
2002	101.250	87.428	90.441	87.253	88.923	82.254	94.404	88.849	58.245
2003	136.982	109.289	114.899	107.894	124.117	105.468	116.373	100.743	73.773
2004	154.269	155.989	146.415	141.211	149.945	145.480	149.164	131.911	103.787
2005	136.948	135.388	132.920	120.347	124.519	115.787	142.101	66.942	71.940
2006	154.327	137.529	145.656	126.756	142.469	139.304	153.972	136.535	98.590
2007	154.781	152.314	154.439	145.500	154.783	137.569	160.861	152.492	107.261
2008	173.262	160.450	160.622	152.715	154.771	158.383	154.046	166.723	109.156
2009	172.886	171.859	160.017	163.108	158.638	157.437	163.692	160.337	93.462
2010	196.225	196.881	183.029	174.794	196.461	180.259	180.032	175.902	94.374
2011	243.053	236.411	210.225	209.014	220.451	186.575	214.703	193.258	110.253
2012	238.894	229.491	216.816	210.816	222.581	200.378	225.449	203.469	136.905
2013	234.908	217.893	214.217	204.082	207.821	177.692	192.344	196.799	118.166
2014	238.810	232.024	222.143	217.274	217.348	198.279	224.597	208.225	123.725
2015	223.945	213.100	215.787	199.477	216.595	197.583	206.577	204.134	130.756
2016	222.578	223.221	194.967	193.147	212.045	182.499	201.756	199.700	104.904
2017	223.542	203.652	207.801	200.044	202.340	180.728	189.771	192.204	107.909
2018	219.860	191.523	193.443	179.220	188.650	172.735	194.165	195.941	112.965

资料来源：笔者根据《全国农产品成本收益资料汇编》整理得到。

附表 9

小麦亩产量数据

单位：千克/亩

年份	河北	山西	内蒙古	黑龙江	江苏	安徽	山东	河南	湖北	四川	云南	陕西	甘肃	宁夏	新疆
1978	171.5	162.6	162.6	109.5	215.2	162.6	189.0	197.9	152.1	167.2	138.5	162.6	208.3	160.0	79.1
1979	183.5	131.0	120.5	120.0	260.0	166.5	223.5	197.5	161.0	159.0	117.0	156.5	182.0	159.5	167.0
1980	143.5	98.5	79.5	113.5	228.0	168.0	185.0	198.5	164.0	150.0	153.0	127.5	184.8	219.0	153.4
1981	182.5	147.3	143.5	119.1	207.0	195.5	227.0	209.0	148.5	153.0	145.3	159.6	174.2	246.0	138.5
1982	199.5	168.4	157.0	98.2	245.0	220.3	211.5	212.0	180.6	211.7	144.4	202.0	214.3	259.8	158.5
1983	260.4	222.0	178.5	140.4	223.5	229.5	264.5	234.5	165.7	226.5	169.8	201.2	222.0	248.6	176.5
1984	254.5	256.0	155.5	132.0	249.0	248.5	265.0	269.5	178.5	218.0	174.0	223.0	229.0	251.0	213.5
1985	249.0	239.1	166.5	130.5	257.0	176.5	276.5	237.9	175.7	211.5	262.3	199.5	232.5	205.0	227.5
1986	257.0	249.8	160.5	133.0	279.0	245.0	285.0	262.6	200.7	212.6	112.5	212.0	225.9	226.5	284.1
1987	251.6	225.2	167.5	128.5	248.0	251.6	276.5	265.2	203.0	222.0	184.0	216.0	224.2	192.5	273.2
1988	255.8	198.8	160.5	136.0	249.0	216.5	267.0	240.0	191.5	197.0	186.0	194.0	204.5	175.1	262.0
1989	289.6	262.4	203.3	148.7	226.0	195.5	301.8	268.8	171.1	197.3	152.2	214.6	263.7	226.8	280.6
1990	298.7	280.9	208.6	179.6	249.5	200.5	283.7	267.8	166.6	217.9	194.3	213.7	289.5	366.5	283.7
1991	261.4	230.0	151.9	168.6	231.7	122.1	322.3	200.3	209.7	219.8	199.6	186.1	263.1	323.5	274.4
1992	320.6	209.1	215.7	187.0	302.4	223.9	358.9	263.4	250.1	210.6	250.1	186.2	250.2	233.6	290.1
1993	286.8	266.2	201.0	262.4	276.2	245.5	328.5	309.8	232.9	207.0	214.5	236.3	302.8	260.6	305.4
1994	292.6	210.4	225.2	168.7	270.1	220.3	321.3	269.9	219.3	231.9	197.0	211.7	246.2	251.3	276.8

年份	河北	山西	内蒙古	黑龙江	江苏	安徽	山东	河南	湖北	四川	云南	陕西	甘肃	宁夏	新疆
1995	375.5	245.4	267.5	184.7	280.8	253.8	369.8	290.0	201.6	231.7	248.6	221.1	201.1	263.6	319.4
1996	351.2	233.5	271.4	187.1	316.8	293.4	360.3	317.6	273.8	204.2	199.4	210.3	267.8	317.1	304.1
1997	382.3	291.4	229.9	221.1	318.3	336.8	389.2	334.9	297.2	227.1	225.0	293.9	279.0	305.3	326.9
1998	323.4	247.8	233.8	226.9	192.4	209.7	339.3	259.1	208.6	214.8	220.0	219.2	308.9	330.2	330.5
1999	349.6	211.3	269.0	182.7	326.9	308.0	381.3	309.1	162.4	214.9	194.9	183.9	304.1	294.2	328.0
2000	340.4	217.8	304.1	139.2	283.4	254.2	312.3	303.7	199.1	230.5	197.9	218.7	277.1	275.3	340.8
2001	338.5	222.7	316.7	129.1	305.4	306.4	334.9	324.3	215.7	210.7	198.8	251.9	316.9	276.0	348.3
2002	343.2	254.0	322.5	226.7	307.6	273.3	314.3	294.2	205.4	242.8	179.2	263.6	299.8	266.7	359.8
2003	342.9	268.0	311.5	186.3	285.4	223.6	338.9	290.5	188.9	206.6	191.0	252.1	293.6	247.5	343.1
2004	387.5	291.7	340.0	190.6	363.3	343.5	393.2	394.3	290.0	226.1	182.3	331.9	298.1	268.8	369.3
2005	383.4	216.5	361.1	202.4	365.9	319.6	388.8	353.3	258.4	260.2	180.8	325.0	271.7	253.3	368.0
2006	378.8	291.6	367.6	241.1	395.7	368.4	399.8	394.2	301.8	258.2	193.4	353.2	284.0	291.7	386.9
2007	401.0	239.6	352.3	291.7	394.2	396.2	383.6	406.0	346.3	229.2	200.2	322.0	309.1	248.4	381.7
2008	418.9	311.9	358.4	268.6	412.7	426.9	431.9	426.7	346.9	244.7	182.8	350.4	335.6	302.0	359.0
2009	412.9	252.0	370.1	296.5	403.5	409.5	430.7	405.2	305.5	229.3	184.8	349.4	323.3	317.5	412.7
2010	374.2	249.5	329.2	285.3	376.7	409.3	410.6	414.6	331.8	223.0	100.9	376.1	338.0	308.9	390.0
2011	429.4	284.0	371.3	323.3	381.2	375.4	435.2	446.6	299.3	249.1	208.9	396.5	321.4	313.3	393.6
2012	426.2	350.7	356.8	294.0	368.3	395.2	436.5	397.9	308.9	256.5	181.5	397.3	385.5	321.6	385.6

续表

年份	河北	山西	内蒙古	黑龙江	江苏	安徽	山东	河南	湖北	四川	云南	陕西	甘肃	宁夏	新疆
2013	425.9	286.3	363.9	240.5	383.7	387.4	429.1	392.1	363.7	219.9	174.9	345.4	276.0	316.1	426.7
2014	459.1	360.7	369.5	290.7	440.3	466.8	462.7	494.3	345.1	247.5	204.0	406.5	323.8	331.0	403.8
2015	450.1	387.2	375.5	290.0	399.7	426.2	461.7	493.9	338.2	252.3	205.7	414.3	312.0	342.8	406.2
2016	461.3	388.2	377.6	300.5	386.6	407.8	446.1	448.7	344.7	235.0	206.6	425.4	309.3	372.9	397.3
2017	473.5	390.1	382.6	314.6	428.0	447.6	457.1	476.2	322.6	240.1	235.6	412.7	288.0	343.7	411.5
2018	384.0	333.1	398.6	345.2	396.5	338.2	421.5	374.2	277.2	254.5	215.3	380.0	274.3	372.0	413.0

资料来源：笔者根据《全国农产品成本收益资料汇编》整理得到。

附表 10 小麦价格数据

单位：元/千克（1978 年为基期）

年份	河北	山西	内蒙古	黑龙江	江苏	安徽	山东	河南	湖北	四川	云南	陕西	甘肃	宁夏	新疆
1978	0.287	0.274	0.274	0.283	0.267	0.274	0.273	0.273	0.277	0.260	0.261	0.274	0.270	0.295	0.271
1979	0.345	0.324	0.324	0.330	0.323	0.323	0.336	0.332	0.313	0.306	0.306	0.327	0.322	0.320	0.324
1980	0.325	0.304	0.287	0.312	0.298	0.298	0.308	0.302	0.292	0.286	0.287	0.295	0.297	0.302	0.306
1981	0.313	0.302	0.297	0.305	0.290	0.289	0.302	0.299	0.286	0.290	0.280	0.292	0.292	0.294	0.302
1982	0.303	0.301	0.291	0.300	0.288	0.289	0.295	0.299	0.279	0.275	0.274	0.290	0.287	0.290	0.309
1983	0.299	0.292	0.284	0.300	0.281	0.278	0.289	0.287	0.273	0.268	0.269	0.278	0.281	0.284	0.290

续表

年份	河北	山西	内蒙古	黑龙江	江苏	安徽	山东	河南	湖北	四川	云南	陕西	甘肃	宁夏	新疆
1984	0.425	0.346	0.372	0.393	0.366	0.357	0.348	0.387	0.342	0.319	0.320	0.369	0.381	0.369	0.419
1985	0.362	0.350	0.345	0.351	0.334	0.265	0.350	0.340	0.327	0.299	0.175	0.329	0.329	0.335	0.372
1986	0.351	0.357	0.343	0.336	0.320	0.329	0.347	0.339	0.322	0.288	0.313	0.334	0.332	0.325	0.351
1987	0.327	0.359	0.342	0.321	0.302	0.310	0.324	0.310	0.301	0.283	0.297	0.306	0.342	0.283	0.319
1988	0.298	0.326	0.320	0.307	0.284	0.298	0.309	0.291	0.287	0.267	0.307	0.286	0.313	0.284	0.286
1989	0.294	0.319	0.410	0.282	0.267	0.289	0.344	0.285	0.293	0.257	0.302	0.288	0.290	0.299	0.261
1990	0.279	0.313	0.343	0.285	0.256	0.257	0.281	0.267	0.260	0.239	0.271	0.264	0.267	0.287	0.253
1991	0.262	0.312	0.311	0.259	0.233	0.221	0.270	0.235	0.259	0.236	0.256	0.240	0.264	0.262	0.252
1992	0.286	0.317	0.295	0.263	0.257	0.259	0.278	0.286	0.277	0.269	0.277	0.244	0.280	0.287	0.275
1993	0.254	0.282	0.271	0.260	0.254	0.245	0.262	0.255	0.244	0.293	0.254	0.263	0.255	0.265	0.248
1994	0.363	0.330	0.341	0.325	0.315	0.312	0.317	0.314	0.316	0.322	0.327	0.322	0.305	0.370	0.321
1995	0.371	0.345	0.389	0.368	0.351	0.333	0.385	0.370	0.327	0.335	0.373	0.343	0.313	0.357	0.401
1996	0.376	0.399	0.374	0.334	0.349	0.349	0.385	0.363	0.368	0.343	0.378	0.369	0.364	0.397	0.372
1997	0.326	0.322	0.329	0.300	0.281	0.307	0.297	0.297	0.317	0.327	0.322	0.311	0.316	0.353	0.354
1998	0.313	0.303	0.336	0.283	0.282	0.291	0.287	0.288	0.278	0.282	0.299	0.286	0.308	0.328	0.328
1999	0.282	0.292	0.296	0.246	0.250	0.271	0.248	0.265	0.250	0.277	0.282	0.275	0.291	0.311	0.291
2000	0.226	0.254	0.280	0.217	0.185	0.226	0.229	0.217	0.168	0.213	0.195	0.223	0.248	0.288	0.278
2001	0.237	0.255	0.270	0.222	0.231	0.221	0.235	0.235	0.196	0.221	0.229	0.229	0.250	0.277	0.277

续表

年份	河北	山西	内蒙古	黑龙江	江苏	安徽	山东	河南	湖北	四川	云南	陕西	甘肃	宁夏	新疆
2002	0.239	0.245	0.272	0.216	0.207	0.219	0.243	0.226	0.200	0.227	0.229	0.234	0.241	0.272	0.271
2003	0.265	0.264	0.276	0.246	0.247	0.244	0.283	0.294	0.210	0.231	0.251	0.235	0.276	0.293	0.253
2004	0.343	0.331	0.356	0.313	0.314	0.311	0.338	0.322	0.312	0.309	0.333	0.327	0.330	0.362	0.320
2005	0.315	0.324	0.384	0.295	0.281	0.272	0.298	0.287	0.253	0.305	0.317	0.308	0.320	0.368	0.293
2006	0.316	0.311	0.377	0.257	0.294	0.299	0.309	0.306	0.283	0.295	0.272	0.291	0.312	0.341	0.279
2007	0.320	0.304	0.371	0.297	0.291	0.289	0.325	0.303	0.274	0.292	0.307	0.321	0.301	0.365	0.271
2008	0.319	0.306	0.435	0.313	0.296	0.292	0.321	0.312	0.291	0.324	0.339	0.323	0.333	0.393	0.365
2009	0.382	0.370	0.414	0.317	0.335	0.334	0.368	0.359	0.297	0.332	0.366	0.332	0.356	0.403	0.384
2010	0.385	0.383	0.431	0.341	0.357	0.350	0.382	0.361	0.338	0.380	0.395	0.370	0.389	0.415	0.373
2011	0.372	0.380	0.486	0.362	0.348	0.346	0.376	0.358	0.347	0.381	0.383	0.359	0.409	0.464	0.381
2012	0.393	0.368	0.463	0.374	0.350	0.360	0.404	0.342	0.327	0.395	0.402	0.364	0.395	0.453	0.399
2013	0.419	0.418	0.467	0.418	0.375	0.380	0.416	0.371	0.353	0.402	0.423	0.382	0.413	0.478	0.436
2014	0.410	0.414	0.535	0.428	0.384	0.379	0.408	0.382	0.368	0.389	0.403	0.382	0.408	0.479	0.446
2015	0.385	0.377	0.535	0.317	0.366	0.358	0.381	0.373	0.345	0.390	0.391	0.357	0.338	0.448	0.440
2016	0.383	0.362	0.465	0.320	0.301	0.330	0.387	0.337	0.319	0.364	0.369	0.336	0.337	0.399	0.429
2017	0.383	0.374	0.470	0.310	0.357	0.352	0.383	0.345	0.332	0.368	0.366	0.341	0.355	0.406	0.421
2018	0.366	0.363	0.472	0.355	0.334	0.317	0.367	0.319	0.233	0.353	0.369	0.361	0.347	0.395	0.369

资料来源：笔者根据《全国农产品成本收益资料汇编》整理得到。

附表 11

小麦生产成本数据

单位：元/亩（1978 年为基期）

年份	河北	山西	内蒙古	黑龙江	江苏	安徽	山东	河南	湖北	四川	云南	陕西	甘肃	宁夏	新疆
1978	65.470	52.904	52.904	21.620	50.720	52.904	51.600	67.110	38.280	61.030	55.900	52.904	77.800	61.820	30.590
1979	65.132	45.250	37.498	21.747	53.906	43.543	56.075	64.504	40.402	55.103	42.787	46.447	57.831	58.773	49.214
1980	59.224	40.639	27.799	21.041	52.721	38.995	50.712	56.037	38.128	47.470	46.694	39.982	51.525	58.868	38.320
1981	58.538	43.850	34.180	21.934	52.968	38.993	53.761	56.872	37.282	53.725	46.622	44.857	53.253	62.790	35.036
1982	63.794	41.792	32.666	20.927	47.500	40.953	50.490	52.815	37.622	48.374	43.636	41.434	51.914	52.535	40.717
1983	67.378	41.782	34.713	22.682	46.007	40.051	51.440	51.165	39.846	46.478	40.943	39.897	52.442	44.062	37.249
1984	72.594	54.095	42.102	28.023	55.279	46.947	57.264	58.782	45.388	57.573	53.978	49.091	60.175	54.178	46.414
1985	61.815	47.864	34.851	26.766	50.633	48.116	56.651	53.410	46.529	51.381	46.377	42.777	56.506	47.536	47.437
1986	55.487	45.609	36.905	25.953	48.460	43.309	51.483	51.160	45.401	50.107	42.880	40.781	50.093	44.119	46.082
1987	60.648	49.513	38.238	28.344	47.350	49.640	56.796	52.770	50.814	57.290	49.940	48.371	59.673	50.921	47.911
1988	57.021	45.031	37.617	27.971	46.504	48.966	57.077	48.314	55.312	54.649	47.397	44.834	55.402	45.947	53.131
1989	60.767	50.200	41.601	28.366	48.137	47.041	66.117	56.879	52.711	55.650	47.861	46.803	55.650	50.896	54.759
1990	64.256	54.672	44.473	30.887	52.269	48.956	72.648	64.177	55.716	58.424	52.823	52.874	61.086	72.357	56.049
1991	63.919	57.976	34.080	29.964	57.029	54.254	74.446	55.192	61.014	61.877	55.027	53.164	66.555	65.500	62.708
1992	65.489	57.715	48.795	32.381	55.871	50.911	71.680	61.453	57.159	58.887	57.159	48.681	66.375	61.718	63.112
1993	61.329	49.949	43.339	54.845	51.838	43.658	65.163	54.848	53.797	55.463	51.271	49.110	66.152	56.445	65.474
1994	56.360	44.867	53.578	30.687	53.136	44.634	64.310	54.392	49.386	49.758	50.348	50.531	62.224	69.853	62.021

续表

年份	河北	山西	内蒙古	黑龙江	江苏	安徽	山东	河南	湖北	四川	云南	陕西	甘肃	宁夏	新疆
1995	68.713	59.463	58.685	38.985	57.533	57.836	73.341	61.202	58.395	61.668	63.762	55.299	70.010	61.114	70.705
1996	76.936	69.251	68.272	44.201	70.212	62.573	85.534	69.218	73.632	71.291	71.017	73.068	89.072	102.105	78.095
1997	77.762	66.146	61.681	38.968	66.015	67.341	79.796	66.465	71.595	73.569	69.303	71.172	92.718	86.748	84.650
1998	67.121	53.734	57.680	36.225	67.083	56.622	78.330	59.396	66.227	69.560	66.889	56.348	79.585	71.216	75.205
1999	72.212	62.554	74.132	35.093	60.400	59.218	76.603	64.627	63.677	66.546	57.233	55.571	94.646	74.917	73.938
2000	73.000	57.037	74.415	32.638	52.800	54.733	69.684	59.062	55.988	63.869	54.528	55.774	82.546	72.797	65.942
2001	69.481	59.348	75.998	30.199	51.085	50.110	69.314	56.270	54.847	63.346	56.025	53.652	84.341	66.757	67.867
2002	72.533	61.262	83.216	31.068	52.985	51.915	72.798	57.516	54.777	67.250	56.484	57.068	83.573	77.859	68.632
2003	68.026	58.190	74.873	29.697	51.117	46.316	68.001	54.094	51.327	61.691	58.258	56.102	79.638	74.338	66.414
2004	78.170	61.047	94.335	34.120	60.496	60.717	77.905	56.084	56.964	64.379	64.996	79.340	94.721	82.466	74.601
2005	80.558	63.129	104.185	38.069	64.478	60.578	81.515	66.944	54.907	73.662	67.494	85.627	89.162	91.541	76.539
2006	86.688	70.679	108.524	40.699	68.766	64.110	85.113	65.796	54.813	65.834	64.291	82.671	93.463	97.839	81.868
2007	87.026	71.756	102.316	79.603	68.545	79.603	86.647	79.603	53.412	79.603	68.612	85.344	92.765	95.255	79.340
2008	87.025	76.325	113.094	49.152	73.055	68.395	89.964	70.561	58.676	71.071	72.401	82.925	102.028	102.766	90.800
2009	96.981	84.310	108.416	49.096	80.803	83.570	100.304	83.969	69.322	85.692	73.674	99.667	109.164	110.200	88.150
2010	103.637	90.638	117.569	55.749	84.107	79.114	101.078	85.913	73.264	95.510	80.367	102.990	123.419	111.735	98.963
2011	116.602	104.434	133.727	57.963	93.253	89.329	112.096	96.058	79.963	106.303	97.963	109.611	137.441	117.441	105.655
2012	135.163	126.065	142.843	58.075	106.459	93.862	125.889	113.374	93.146	131.461	117.078	132.817	161.192	133.524	117.751

续表

年份	河北	山西	内蒙古	黑龙江	江苏	安徽	山东	河南	湖北	四川	云南	陕西	甘肃	宁夏	新疆
2013	141.839	139.322	153.531	56.856	109.544	99.190	138.070	125.509	91.925	149.558	133.109	149.309	159.200	146.047	126.488
2014	140.499	142.697	144.243	54.848	113.605	102.870	137.747	125.174	91.731	149.296	139.362	151.755	170.188	149.866	133.484
2015	141.414	143.394	142.651	54.234	112.438	101.452	135.124	121.078	93.729	152.271	137.667	152.581	165.263	154.833	129.098
2016	139.044	145.407	140.723	52.909	110.609	104.185	134.604	126.037	90.629	153.701	147.536	153.468	158.670	152.796	128.785
2017	138.582	134.727	134.495	55.743	108.876	100.580	131.580	124.316	90.486	146.841	132.861	150.702	153.828	153.651	129.870
2018	137.827	133.714	136.451	129.073	105.757	98.936	128.115	120.763	89.816	144.730	137.270	144.889	152.123	148.798	127.835

资料来源：笔者根据《全国农产品成本收益资料汇编》整理得到。

附表 12 小麦收益数据

单位：元/亩（1978 年为基期）

年份	河北	山西	内蒙古	黑龙江	江苏	安徽	山东	河南	湖北	四川	云南	陕西	甘肃	宁夏	新疆
1978	49.290	44.583	44.583	30.940	57.460	44.583	51.520	54.010	42.120	43.460	36.100	44.583	56.220	47.270	21.460
1979	63.327	42.502	39.048	39.607	84.024	53.710	75.162	65.476	50.461	48.587	35.800	51.178	58.636	51.070	54.043
1980	46.566	29.991	22.776	35.397	67.890	50.091	56.968	59.900	47.808	42.932	43.927	37.607	54.913	66.091	46.913
1981	57.086	44.465	42.620	36.275	60.071	56.488	68.645	62.442	42.513	44.314	40.660	46.524	50.891	72.442	41.809
1982	60.420	50.682	45.629	29.449	70.621	63.601	62.413	63.365	50.367	58.208	39.624	58.654	61.425	75.306	49.012
1983	77.883	64.910	50.694	42.117	62.811	63.702	76.427	67.249	45.253	60.651	45.690	56.015	62.382	70.600	51.217

续表

年份	河北	山西	内蒙古	黑龙江	江苏	安徽	山东	河南	湖北	四川	云南	陕西	甘肃	宁夏	新疆
1984	108.257	88.624	57.781	51.860	91.043	88.707	92.168	104.379	60.976	69.633	55.613	82.352	87.206	92.694	89.391
1985	90.076	83.768	57.452	45.759	85.950	46.796	96.682	80.984	57.445	63.310	45.820	65.698	76.590	68.711	84.577
1986	90.287	89.105	55.100	44.749	89.384	80.559	98.926	89.076	64.606	61.153	35.265	70.845	75.086	73.660	99.850
1987	82.296	80.774	57.310	45.200	74.887	78.044	89.706	82.176	61.068	62.770	54.686	66.008	76.609	54.413	87.136
1988	76.251	64.733	51.304	41.692	70.714	64.559	82.546	69.865	54.935	52.631	57.049	55.537	63.991	49.753	74.834
1989	85.188	83.721	83.397	41.982	60.448	56.536	103.726	76.517	50.033	50.734	45.998	61.891	76.417	67.752	73.187
1990	83.323	87.925	71.617	51.160	63.775	51.497	79.658	71.470	43.392	52.047	52.620	56.428	77.204	105.250	71.701
1991	68.557	71.685	47.279	43.668	54.062	26.930	87.136	47.131	54.361	51.792	51.180	44.651	69.482	84.866	69.245
1992	91.550	66.279	63.671	49.168	77.724	57.929	99.845	75.384	69.181	56.720	69.181	45.426	69.929	67.115	79.719
1993	72.882	75.005	54.390	68.307	70.278	60.128	86.001	78.858	56.770	60.710	54.464	62.241	77.217	69.055	75.749
1994	106.171	69.540	76.900	54.891	85.050	68.735	101.953	84.876	69.218	74.702	64.381	68.271	75.224	93.044	88.764
1995	139.320	84.681	104.056	67.987	98.546	84.432	142.210	107.405	65.926	77.700	92.635	75.888	62.877	94.219	127.944
1996	132.021	93.210	101.447	62.545	110.647	102.349	138.628	115.369	100.782	70.093	75.438	77.567	97.430	125.785	113.033
1997	124.632	93.852	75.567	66.228	89.572	103.345	115.524	99.389	94.282	74.177	72.369	91.521	88.242	107.812	115.608
1998	101.357	75.071	78.513	64.138	54.231	61.086	97.404	74.510	58.020	60.614	65.826	62.655	95.278	108.385	108.374
1999	98.510	61.738	79.748	44.956	81.728	83.568	94.755	81.858	40.618	59.500	54.942	50.599	88.644	91.624	95.558
2000	76.924	55.265	85.288	30.224	52.304	57.385	71.618	65.853	33.530	49.071	38.571	48.684	68.680	79.306	94.687
2001	80.144	56.787	85.474	28.719	70.449	67.794	78.682	76.208	42.178	46.462	45.597	57.719	79.158	76.428	96.421

年份	河北	山西	内蒙古	黑龙江	江苏	安徽	山东	河南	湖北	四川	云南	陕西	甘肃	宁夏	新疆
2002	81.963	62.173	87.795	48.950	63.785	59.935	76.418	66.588	41.050	55.137	40.987	61.564	72.111	72.630	97.474
2003	90.780	70.827	85.943	45.767	70.490	54.611	95.762	85.327	39.752	47.730	47.850	59.143	81.035	72.425	86.729
2004	132.835	96.540	121.196	59.735	114.111	106.885	133.006	126.946	90.373	69.932	60.693	108.495	98.328	97.409	118.137
2005	120.806	70.093	138.595	59.614	102.683	86.871	115.845	101.444	65.498	79.468	57.336	100.198	86.899	93.254	107.653
2006	119.563	90.616	138.643	61.898	116.433	110.132	123.350	120.747	85.505	76.161	52.561	102.682	88.648	99.361	108.113
2007	128.158	72.938	130.527	86.665	114.895	114.419	124.822	123.057	95.049	66.935	61.515	103.229	92.980	90.741	103.604
2008	133.790	95.493	155.871	84.079	121.997	124.722	138.617	133.338	100.790	79.395	61.907	113.231	111.802	118.678	130.930
2009	157.586	93.191	153.046	94.052	135.355	136.603	158.597	145.665	90.719	76.098	67.717	116.119	115.040	128.077	158.601
2010	144.171	95.620	141.800	97.331	134.507	143.102	156.710	149.642	111.988	84.686	39.875	139.105	131.543	128.036	145.654
2011	159.775	107.855	180.612	117.189	132.492	130.041	163.439	159.802	103.798	94.972	80.044	142.260	131.405	145.267	149.781
2012	167.335	128.955	165.018	109.879	128.948	142.387	176.250	136.224	101.073	101.337	72.965	144.704	152.315	145.708	153.961
2013	178.589	119.608	169.825	100.585	143.894	147.122	178.292	145.605	128.492	88.309	73.956	131.851	113.949	151.116	186.125
2014	188.182	149.492	197.689	124.279	168.975	176.722	188.762	188.724	126.919	96.174	82.214	155.197	132.090	158.434	180.214
2015	173.324	145.979	201.050	92.033	146.401	152.672	175.692	184.360	116.570	98.355	80.343	147.903	105.559	153.675	178.917
2016	176.792	140.594	175.484	96.078	116.249	134.680	172.561	151.179	109.935	85.437	76.153	143.087	104.322	148.864	170.416
2017	181.189	145.981	179.837	97.459	152.988	157.613	174.899	164.334	107.049	88.304	86.260	140.894	102.224	139.531	173.300
2018	140.366	120.771	188.278	122.378	132.464	107.338	154.503	119.528	64.690	89.777	79.335	137.142	95.131	146.768	152.292

资料来源：笔者根据《全国农产品成本收益资料汇编》整理得到。

附表 13

玉米亩产量数据

单位：千克/亩

年份	河北	山西	内蒙古	辽宁	吉林	黑龙江	江苏	安徽	山东	河南	湖北	广西	重庆	四川	贵州	云南	陕西	甘肃	宁夏	新疆
1978	206.9	229.0	229.0	374.3	229.0	221.5	214.9	229.0	233.3	243.1	240.0	163.8	229.0	234.9	147.8	194.0	229.0	275.8	315.0	141.3
1979	231.0	340.5	214.0	358.5	280.0	222.0	248.5	168.0	250.5	212.0	250.0	170.0	237.2	234.0	175.0	178.5	207.5	298.5	230.5	237.2
1980	265.2	303.5	123.5	356.2	222.9	182.5	239.5	182.0	288.0	248.5	199.5	239.5	239.5	288.0	198.5	216.0	240.0	274.8	251.5	230.5
1981	234.0	278.5	220.5	361.0	198.5	171.4	318.0	220.1	251.5	220.0	215.0	223.7	243.4	223.0	216.5	226.1	182.0	242.2	350.5	273.0
1982	267.4	282.7	236.5	346.3	257.0	158.4	295.0	242.0	285.0	200.5	203.6	211.5	249.4	296.5	179.0	212.0	257.0	269.0	284.6	253.8
1983	286.0	340.5	353.0	452.0	399.4	203.8	321.0	210.5	296.5	278.0	223.9	223.8	290.3	276.5	172.5	198.8	284.0	309.9	420.2	266.2
1984	292.5	322.5	277.5	385.5	419.0	240.0	332.5	251.5	300.0	252.5	274.5	232.0	300.8	295.5	226.5	242.0	307.5	365.0	433.5	264.5
1985	299.0	294.8	305.0	384.5	366.5	218.0	344.5	299.0	300.0	242.6	313.3	209.5	296.4	274.0	220.0	252.2	277.0	409.5	358.5	264.0
1986	325.0	302.7	318.5	442.3	439.0	290.0	353.0	284.5	289.0	245.5	290.9	204.7	307.3	267.5	224.0	231.5	255.0	372.9	373.0	329.6
1987	303.7	310.1	329.5	439.6	439.0	230.0	344.5	282.5	324.5	283.1	291.0	186.6	309.3	262.5	217.3	228.5	282.0	400.5	383.5	338.5
1988	310.8	342.2	341.5	412.3	446.0	276.0	373.0	247.6	335.0	268.0	232.0	168.0	315.4	256.4	210.0	240.5	281.0	429.2	315.4	507.0
1989	330.2	362.3	379.1	402.0	402.6	290.4	361.0	295.0	335.1	327.1	291.8	236.9	334.9	267.9	224.3	265.6	295.8	502.9	365.4	428.5
1990	349.0	400.7	400.7	460.3	480.2	335.2	353.5	329.8	342.5	312.4	310.3	231.4	359.4	288.6	238.5	281.3	303.1	562.9	351.2	498.0
1991	350.8	333.8	473.6	465.0	452.2	375.5	345.0	316.3	381.0	319.7	232.4	178.9	350.8	254.1	244.6	265.5	302.7	495.6	379.6	498.6
1992	339.2	349.7	350.0	465.6	424.9	353.5	350.2	302.5	361.4	304.0	306.7	348.7	348.7	255.9	213.8	255.7	229.4	489.0	462.6	462.6
1993	361.2	367.7	433.4	481.5	485.4	383.9	390.4	332.1	337.0	346.4	310.5	376.7	376.7	275.6	235.0	272.0	302.1	484.1	454.2	527.5
1994	364.3	413.9	458.6	340.6	473.8	399.2	361.2	176.3	357.9	276.8	286.4	370.9	370.9	254.2	370.9	317.1	267.2	504.4	460.9	592.5

续表

年份	河北	山西	内蒙古	辽宁	吉林	黑龙江	江苏	安徽	山东	河南	湖北	广西	重庆	四川	贵州	云南	陕西	甘肃	宁夏	新疆
1995	360.6	323.5	491.8	422.7	486.5	390.3	379.5	334.7	336.6	330.3	320.9	265.4	363.1	287.3	323.9	302.7	236.6	463.9	395.4	447.3
1996	386.4	409.3	493.4	426.7	505.8	432.3	336.6	274.1	439.9	311.8	310.4	255.9	385.4	304.3	262.7	342.4	307.2	528.3	451.0	545.0
1997	341.1	351.8	428.8	308.3	221.6	417.9	378.1	309.9	302.9	292.7	268.4	281.5	292.1	327.2	377.7	335.2	259.9	527.0	461.6	478.9
1998	397.8	402.4	492.6	488.6	545.7	403.3	371.5	246.5	383.1	334.4	274.4	236.6	290.2	303.4	316.1	324.4	326.2	564.6	502.7	557.7
1999	346.1	328.3	438.8	421.9	479.8	385.7	402.5	294.7	370.4	335.8	285.8	257.1	309.8	335.9	299.6	304.7	310.5	565.1	474.5	528.0
2000	325.1	362.3	367.0	284.2	349.4	329.1	361.2	305.0	382.7	331.3	299.6	273.1	314.2	305.2	299.8	321.4	314.8	520.5	473.2	597.7
2001	345.0	370.9	483.4	395.6	381.6	326.3	409.3	328.3	422.1	383.9	338.2	272.8	335.9	258.5	288.0	331.3	282.7	517.5	488.2	565.1
2002	337.6	425.4	462.8	423.7	437.4	364.5	446.8	357.3	382.5	383.3	340.9	277.7	345.8	409.6	294.3	344.0	319.8	495.5	491.2	611.6
2003	379.4	437.8	483.0	439.5	448.7	330.1	201.8	126.0	406.6	285.4	315.7	282.9	352.7	337.7	283.4	340.2	286.8	550.9	471.8	604.6
2004	414.3	463.3	476.3	462.7	480.5	369.5	433.7	405.5	446.9	381.2	395.5	320.0	370.6	402.1	351.8	357.3	395.5	488.6	436.3	613.8
2005	434.6	432.4	502.1	421.1	473.0	429.7	250.0	306.2	441.7	390.2	369.7	315.5	388.6	425.5	337.7	330.6	392.7	512.2	450.6	603.9
2006	425.7	478.6	457.3	426.3	481.3	433.8	370.6	383.5	441.7	400.6	390.3	322.4	375.8	321.4	310.0	361.8	358.4	528.8	467.1	637.3
2007	430.6	516.5	466.9	428.3	416.0	358.0	362.6	363.4	470.9	406.7	414.0	429.3	389.8	317.7	355.6	357.0	382.9	568.7	472.3	679.3
2008	454.9	506.4	464.2	462.5	509.1	431.7	391.8	409.5	492.8	440.7	419.4	367.4	418.0	442.0	372.4	390.6	389.0	598.2	500.4	646.4
2009	440.1	468.5	434.7	377.3	421.4	421.9	434.9	437.1	485.8	423.9	410.4	376.9	418.0	373.3	360.0	384.6	400.8	560.3	510.3	600.1
2010	455.5	518.6	502.0	385.3	501.6	448.5	422.8	433.1	447.1	435.5	405.4	360.4	410.1	409.1	357.1	390.2	431.2	617.9	537.8	625.2
2011	480.0	585.6	532.0	467.5	532.0	460.3	385.9	436.7	477.8	442.6	432.3	350.2	415.1	426.8	229.9	357.1	417.9	655.5	543.3	652.6
2012	490.5	627.4	515.7	492.2	533.6	466.0	455.8	474.5	501.1	485.0	415.9	362.0	419.3	411.5	377.1	397.2	451.1	687.2	567.6	664.8

续表

年份	河北	山西	内蒙古	辽宁	吉林	黑龙江	江苏	安徽	山东	河南	湖北	广西	重庆	四川	贵州	云南	陕西	甘肃	宁夏	新疆
2013	500.2	589.4	539.1	503.7	547.4	474.8	424.8	416.5	476.6	448.0	355.9	377.0	420.2	437.2	261.2	413.7	457.1	643.0	552.3	690.2
2014	480.7	569.8	553.1	473.0	524.0	506.3	493.6	484.6	546.7	475.3	365.6	347.9	403.9	426.7	377.0	416.6	433.2	618.0	587.6	690.6
2015	482.0	577.7	518.8	408.9	512.3	447.4	490.9	500.7	516.0	540.2	413.0	317.0	410.0	424.7	386.7	420.2	461.5	632.5	576.2	672.9
2016	486.3	600.6	458.6	456.3	586.1	407.8	477.0	487.6	496.9	470.4	395.0	346.0	418.3	444.1	404.9	446.8	452.7	540.2	581.6	658.1
2017	498.1	601.5	518.1	473.8	602.6	460.8	487.9	459.3	524.4	479.5	382.3	342.0	418.9	447.3	398.9	452.3	439.8	530.8	614.5	714.7
2018	474.3	602.1	565.8	372.8	506.3	464.3	463.7	379.4	496.4	476.1	378.7	329.8	422.7	424.3	405.4	459.3	461.3	678.4	648.0	748.6

资料来源：笔者根据《全国农产品成本收益资料汇编》整理得到。

附表14 玉米价格数据

单位：元/千克（1978年为基期）

年份	河北	山西	内蒙古	辽宁	吉林	黑龙江	江苏	安徽	山东	河南	湖北	广西	重庆	四川	贵州	云南	陕西	甘肃	宁夏	新疆
1978	0.201	0.187	0.187	0.170	0.187	0.163	0.184	0.187	0.183	0.191	0.199	0.190	0.187	0.193	0.189	0.192	0.187	0.188	0.187	0.185
1979	0.240	0.232	0.201	0.201	0.196	0.193	0.230	0.229	0.228	0.227	0.222	0.228	0.221	0.228	0.228	0.227	0.220	0.222	0.222	0.221
1980	0.222	0.205	0.182	0.186	0.184	0.177	0.213	0.214	0.213	0.209	0.212	0.205	0.205	0.214	0.212	0.211	0.209	0.207	0.207	0.209
1981	0.217	0.203	0.184	0.180	0.181	0.174	0.211	0.209	0.209	0.206	0.207	0.207	0.244	0.206	0.203	0.207	0.204	0.202	0.201	0.204
1982	0.214	0.203	0.178	0.178	0.179	0.171	0.220	0.205	0.204	0.203	0.201	0.203	0.198	0.203	0.203	0.203	0.197	0.197	0.198	0.197
1983	0.208	0.202	0.178	0.176	0.192	0.168	0.201	0.198	0.201	0.199	0.197	0.199	0.195	0.201	0.199	0.199	0.196	0.194	0.194	0.195

续表

年份	河北	山西	内蒙古	辽宁	吉林	黑龙江	江苏	安徽	山东	河南	湖北	广西	重庆	四川	贵州	云南	陕西	甘肃	宁夏	新疆
1984	0.292	0.244	0.237	0.235	0.205	0.210	0.246	0.249	0.228	0.269	0.254	0.254	0.247	0.261	0.252	0.227	0.250	0.262	0.257	0.264
1985	0.242	0.231	0.226	0.215	0.208	0.203	0.240	0.246	0.237	0.239	0.240	0.283	0.237	0.253	0.231	0.243	0.235	0.235	0.236	0.254
1986	0.267	0.255	0.262	0.238	0.238	0.229	0.270	0.286	0.292	0.285	0.264	0.271	0.257	0.294	0.227	0.241	0.246	0.248	0.255	0.225
1987	0.240	0.233	0.263	0.226	0.210	0.203	0.256	0.255	0.244	0.243	0.236	0.305	0.244	0.284	0.218	0.225	0.242	0.294	0.232	0.219
1988	0.248	0.209	0.223	0.204	0.179	0.182	0.267	0.242	0.298	0.244	0.229	0.261	0.231	0.264	0.206	0.255	0.213	0.245	0.231	0.196
1989	0.244	0.214	0.269	0.219	0.205	0.178	0.265	0.259	0.291	0.242	0.259	0.210	0.232	0.261	0.192	0.259	0.218	0.250	0.215	0.167
1990	0.202	0.206	0.230	0.188	0.184	0.161	0.204	0.205	0.214	0.198	0.201	0.180	0.201	0.240	0.184	0.221	0.194	0.195	0.212	0.200
1991	0.194	0.199	0.184	0.170	0.169	0.154	0.198	0.182	0.206	0.196	0.184	0.188	0.187	0.215	0.190	0.219	0.180	0.184	0.198	0.159
1992	0.208	0.196	0.192	0.176	0.161	0.145	0.236	0.204	0.229	0.218	0.188	0.203	0.203	0.232	0.209	0.208	0.195	0.242	0.209	0.212
1993	0.217	0.194	0.234	0.182	0.158	0.187	0.240	0.207	0.231	0.234	0.245	0.228	0.228	0.283	0.276	0.330	0.217	0.218	0.207	0.238
1994	0.327	0.262	0.251	0.273	0.216	0.256	0.348	0.299	0.305	0.289	0.281	0.288	0.288	0.344	0.288	0.334	0.304	0.267	0.311	0.235
1995	0.350	0.363	0.312	0.287	0.249	0.240	0.375	0.365	0.299	0.370	0.343	0.422	0.338	0.372	0.353	0.374	0.368	0.332	0.344	0.305
1996	0.269	0.251	0.214	0.208	0.206	0.196	0.289	0.303	0.254	0.239	0.303	0.375	0.274	0.351	0.361	0.379	0.268	0.288	0.210	0.246
1997	0.267	0.254	0.229	0.232	0.216	0.194	0.289	0.257	0.273	0.250	0.264	0.283	0.285	0.314	0.211	0.323	0.233	0.234	0.227	0.236
1998	0.257	0.247	0.240	0.200	0.186	0.197	0.283	0.256	0.270	0.255	0.249	0.313	0.278	0.291	0.265	0.288	0.224	0.250	0.226	0.215
1999	0.196	0.199	0.181	0.162	0.162	0.153	0.197	0.226	0.191	0.203	0.218	0.289	0.217	0.231	0.234	0.265	0.184	0.212	0.163	0.149
2000	0.203	0.196	0.193	0.196	0.185	0.187	0.218	0.189	0.212	0.188	0.198	0.210	0.198	0.217	0.221	0.203	0.180	0.180	0.179	0.185
2001	0.212	0.208	0.208	0.206	0.183	0.189	0.230	0.222	0.221	0.213	0.228	0.260	0.239	0.242	0.241	0.244	0.212	0.225	0.199	0.215

续表

年份	河北	山西	内蒙古	辽宁	吉林	黑龙江	江苏	安徽	山东	河南	湖北	广西	重庆	四川	贵州	云南	陕西	甘肃	宁夏	新疆
2002	0.220	0.200	0.193	0.202	0.193	0.167	0.223	0.217	0.229	0.219	0.217	0.257	0.241	0.201	0.266	0.232	0.199	0.214	0.186	0.175
2003	0.248	0.223	0.212	0.227	0.215	0.196	0.295	0.262	0.258	0.266	0.265	0.255	0.271	0.254	0.271	0.260	0.229	0.246	0.231	0.211
2004	0.265	0.249	0.229	0.236	0.218	0.205	0.290	0.256	0.272	0.266	0.304	0.295	0.333	0.317	0.300	0.309	0.249	0.239	0.235	0.220
2005	0.237	0.227	0.224	0.238	0.221	0.201	0.279	0.255	0.251	0.248	0.279	0.268	0.276	0.292	0.270	0.292	0.234	0.231	0.229	0.196
2006	0.283	0.277	0.258	0.270	0.233	0.241	0.279	0.290	0.290	0.280	0.288	0.294	0.299	0.304	0.286	0.280	0.267	0.280	0.287	0.224
2007	0.318	0.310	0.288	0.306	0.280	0.252	0.330	0.328	0.329	0.323	0.322	0.305	0.314	0.315	0.306	0.302	0.302	0.301	0.301	0.262
2008	0.257	0.256	0.282	0.284	0.268	0.259	0.305	0.264	0.273	0.270	0.297	0.341	0.312	0.338	0.294	0.335	0.274	0.290	0.250	0.246
2009	0.326	0.313	0.315	0.315	0.292	0.272	0.348	0.340	0.337	0.324	0.335	0.327	0.314	0.331	0.377	0.360	0.311	0.309	0.315	0.292
2010	0.349	0.340	0.353	0.368	0.331	0.312	0.365	0.346	0.360	0.333	0.391	0.355	0.384	0.391	0.436	0.402	0.364	0.360	0.365	0.305
2011	0.386	0.395	0.368	0.384	0.372	0.347	0.399	0.367	0.394	0.367	0.390	0.383	0.395	0.402	0.420	0.390	0.375	0.369	0.369	0.322
2012	0.380	0.370	0.380	0.407	0.391	0.367	0.380	0.367	0.372	0.362	0.397	0.422	0.417	0.444	0.445	0.443	0.368	0.375	0.370	0.351
2013	0.365	0.353	0.365	0.379	0.364	0.355	0.383	0.356	0.364	0.353	0.392	0.416	0.412	0.417	0.426	0.418	0.360	0.358	0.345	0.287
2014	0.377	0.358	0.367	0.381	0.362	0.350	0.372	0.347	0.362	0.376	0.392	0.409	0.404	0.407	0.434	0.397	0.377	0.379	0.350	0.318
2015	0.302	0.281	0.311	0.327	0.326	0.311	0.295	0.269	0.282	0.268	0.305	0.367	0.366	0.381	0.378	0.372	0.289	0.307	0.278	0.246
2016	0.250	0.245	0.239	0.235	0.206	0.199	0.264	0.245	0.255	0.242	0.285	0.307	0.322	0.327	0.322	0.329	0.267	0.271	0.260	0.233
2017	0.260	0.259	0.242	0.266	0.249	0.220	0.257	0.242	0.255	0.248	0.283	0.301	0.316	0.316	0.335	0.331	0.272	0.285	0.273	0.247
2018	0.275	0.273	0.268	0.278	0.247	0.243	0.264	0.268	0.273	0.252	0.287	0.336	0.322	0.319	0.343	0.336	0.280	0.279	0.274	0.241

资料来源：笔者根据《全国农产品成本收益资料汇编》整理得到。

附表 15

玉米生产成本数据

单位：元/亩（1978年为基期）

年份	河北	山西	内蒙古	辽宁	吉林	黑龙江	江苏	安徽	山东	河南	湖北	广西	重庆	四川	贵州	云南	陕西	甘肃	宁夏	新疆
1978	48.780	47.445	47.445	60.790	47.445	22.350	48.600	47.445	39.960	46.420	33.590	34.300	47.445	60.280	46.560	50.900	47.445	83.680	61.060	26.960
1979	47.409	48.881	36.133	56.349	38.194	22.257	49.068	42.502	42.198	47.458	29.156	34.446	44.497	56.565	44.132	44.730	42.208	67.478	51.776	44.497
1980	45.991	42.539	29.963	54.256	32.466	20.393	45.918	31.626	40.484	36.831	32.155	40.388	40.388	51.689	32.932	45.215	38.977	63.854	45.772	35.918
1981	43.387	45.143	31.052	54.323	32.718	22.398	51.373	31.364	42.718	44.617	34.260	43.004	42.823	52.398	40.695	44.011	44.198	64.430	61.105	30.455
1982	44.205	39.598	37.561	51.320	37.010	21.495	41.503	27.177	37.614	35.393	34.886	41.451	40.241	50.253	35.577	43.182	39.449	60.717	48.960	37.229
1983	42.896	37.712	45.536	55.493	47.883	22.185	43.822	24.490	36.872	30.377	37.472	39.983	40.578	47.618	33.882	40.754	36.324	59.811	54.773	33.093
1984	45.580	51.443	43.636	56.906	51.001	32.636	53.912	31.501	42.177	34.087	42.027	49.450	48.303	58.924	53.928	56.305	43.620	72.369	54.404	43.862
1985	36.392	42.006	38.162	49.611	45.385	30.839	45.660	34.333	35.690	33.966	46.110	60.122	44.535	52.700	49.977	50.046	40.435	67.223	47.315	40.191
1986	33.825	39.635	34.298	44.628	40.695	31.519	44.277	34.355	36.819	31.913	49.900	47.192	43.245	51.691	47.357	49.441	36.734	62.808	52.027	52.550
1987	37.810	49.219	40.694	49.506	48.251	34.860	52.076	42.997	38.812	35.547	48.752	62.523	50.520	61.936	55.381	58.832	42.630	78.838	65.908	55.300
1988	35.239	43.508	43.406	48.499	44.632	29.921	53.187	40.483	41.771	34.508	49.815	63.457	48.397	54.615	50.866	54.952	43.114	75.593	48.397	63.581
1989	35.593	45.560	48.309	47.861	45.650	31.015	52.187	36.584	45.255	37.666	59.433	78.247	50.309	58.709	50.524	62.558	45.131	79.481	42.716	53.387
1990	44.524	53.443	53.849	54.122	50.735	33.933	61.072	45.753	44.908	40.268	63.960	74.459	55.788	63.674	54.482	66.386	47.532	105.254	40.379	61.243
1991	39.151	56.305	60.737	53.655	52.837	38.150	59.281	39.151	46.130	40.518	58.740	56.801	55.416	64.486	60.393	66.394	50.657	88.932	41.081	79.504
1992	38.715	58.736	42.297	51.281	52.331	37.043	62.974	37.253	52.696	42.243	58.429	57.554	57.554	64.179	62.184	66.900	42.827	162.654	41.789	61.449
1993	37.920	53.175	53.962	50.611	50.275	35.247	54.841	30.157	47.821	40.520	66.525	51.920	51.920	62.636	56.697	65.492	44.460	78.096	41.622	64.506
1994	42.696	55.012	59.316	48.103	54.038	44.994	55.434	36.227	50.720	44.658	65.153	54.441	54.441	60.619	54.441	63.782	46.979	84.941	52.053	60.773
1995	47.216	60.071	60.952	59.627	71.038	55.296	67.120	44.311	65.702	49.214	80.325	75.142	67.131	77.410	98.534	68.954	56.175	105.563	63.283	69.549

续表

年份	河北	山西	内蒙古	辽宁	吉林	黑龙江	江苏	安徽	山东	河南	湖北	广西	重庆	四川	贵州	云南	陕西	甘肃	宁夏	新疆
1996	52.991	70.393	73.245	62.228	69.286	58.695	72.798	56.625	65.064	56.085	86.339	88.118	75.420	88.611	84.873	99.037	64.545	129.935	70.702	83.408
1997	54.340	71.109	80.360	59.896	68.368	53.437	70.509	49.919	67.529	57.047	70.378	82.288	82.648	91.061	84.840	96.286	84.542	124.148	61.009	88.975
1998	49.879	69.548	84.635	52.292	60.109	42.133	60.668	41.426	58.636	48.200	70.479	76.099	83.244	80.490	74.808	78.579	61.658	111.624	56.779	80.529
1999	47.938	61.145	68.248	51.499	58.876	43.100	58.198	43.024	54.179	48.515	62.878	63.591	78.649	78.089	71.360	77.254	54.065	112.677	54.799	69.334
2000	46.622	59.544	63.205	47.101	56.475	39.995	57.827	41.309	51.574	48.461	61.908	65.627	74.680	72.892	69.055	74.493	56.696	112.664	57.111	73.442
2001	48.753	59.027	67.833	49.918	53.686	38.895	53.398	43.664	50.963	53.762	64.032	66.149	75.918	75.009	69.364	77.485	57.162	112.792	57.808	69.881
2002	52.249	61.142	60.713	52.849	56.341	38.505	55.140	46.295	61.725	55.063	52.812	69.746	82.782	80.791	78.768	81.040	59.241	104.854	60.584	69.239
2003	48.876	61.290	61.584	49.989	55.710	37.281	49.843	41.461	53.371	52.779	76.369	66.640	80.627	77.080	80.337	78.799	55.275	112.836	58.881	69.783
2004	58.791	68.293	72.793	65.505	68.712	42.938	62.282	56.422	63.385	51.880	87.049	81.584	99.017	82.161	98.539	103.192	82.960	122.468	73.881	82.977
2005	62.664	70.890	77.377	66.537	64.530	47.698	59.694	57.293	70.565	52.282	87.446	83.847	94.713	89.453	88.914	103.203	74.739	116.332	75.179	75.774
2006	63.265	74.070	77.036	69.739	73.968	47.378	63.866	57.180	71.989	54.132	81.873	87.626	100.161	76.340	88.495	106.516	78.450	126.565	75.301	80.964
2007	65.825	75.174	76.882	69.275	74.121	48.217	65.452	62.508	72.618	55.383	86.262	73.631	100.209	77.840	92.636	107.127	75.361	138.489	78.582	86.773
2008	72.326	86.912	80.446	78.123	81.161	56.543	70.547	69.809	81.194	63.809	90.178	104.859	106.973	92.963	95.481	119.426	79.436	149.550	92.305	90.245
2009	71.990	91.724	80.116	83.601	83.439	59.154	71.493	66.605	79.343	69.584	93.091	108.008	116.900	104.559	106.746	126.759	90.453	149.726	103.075	95.827
2010	81.315	103.742	85.975	87.670	92.755	64.837	78.741	74.924	84.050	78.064	106.724	117.256	132.945	108.888	121.809	145.299	106.948	172.462	121.291	109.269
2011	93.524	119.039	101.858	99.632	110.216	74.407	92.368	83.451	102.474	88.958	120.032	134.004	148.591	125.310	139.103	158.055	127.402	190.742	132.389	123.064
2012	108.077	142.776	110.440	118.582	129.878	87.890	114.380	109.791	119.610	110.352	155.737	159.800	191.496	151.366	177.469	199.165	154.344	242.142	155.687	148.932
2013	117.033	154.042	114.059	127.130	137.492	94.558	119.807	107.917	129.916	113.679	151.485	185.466	199.195	166.952	200.385	216.355	169.161	272.266	157.384	149.874
2014	124.599	157.308	110.368	122.794	134.763	92.514	127.275	113.104	134.338	125.291	152.914	170.722	198.378	173.166	209.324	219.538	173.606	272.980	159.919	142.786
2015	129.119	162.125	111.128	117.245	136.447	90.109	125.250	109.412	137.939	115.584	153.441	164.184	196.801	176.445	204.436	222.017	172.957	272.331	175.154	134.551
2016	122.712	156.250	101.527	112.272	128.241	89.106	124.731	100.440	127.870	109.436	143.591	167.645	190.117	173.203	199.827	226.275	173.050	267.663	169.084	131.968
2017	121.347	158.754	93.812	105.651	116.632	88.996	123.519	97.512	124.057	109.399	142.934	174.933	184.549	172.583	194.256	210.230	174.440	254.162	168.576	129.404
2018	119.216	156.505	96.783	105.516	111.826	88.205	123.175	92.470	122.218	109.127	140.914	161.906	175.180	172.034	190.124	207.756	168.543	253.276	165.250	127.609

资料来源：笔者根据《全国农产品成本收益资料汇编》整理得到。

附表 16

玉米收益数据

单位：元/亩（1978 年为基期）

年份	河北	山西	内蒙古	辽宁	吉林	黑龙江	江苏	安徽	山东	河南	湖北	广西	重庆	四川	贵州	云南	陕西	甘肃	宁夏	新疆
1978	41.680	42.798	42.798	63.540	42.798	36.050	39.590	42.798	42.780	46.540	47.820	31.120	42.798	45.280	27.900	37.200	42.798	51.870	59.030	26.140
1979	55.348	78.950	43.091	72.071	54.897	42.748	57.066	38.548	57.223	48.204	55.447	38.734	52.344	53.258	39.843	40.608	45.564	66.212	51.079	52.344
1980	58.886	62.292	22.438	66.256	41.023	32.320	51.005	38.959	61.333	51.881	42.374	49.044	49.044	61.498	42.055	45.598	50.283	56.813	51.973	48.283
1981	50.900	56.462	40.561	64.929	35.998	29.804	67.050	45.900	52.469	45.258	44.456	46.248	59.454	45.936	43.916	46.756	37.086	48.815	70.463	55.766
1982	57.264	57.544	42.019	61.792	45.918	27.142	65.035	49.502	58.243	40.769	40.997	42.893	49.329	60.280	36.364	42.990	50.682	53.086	56.206	49.921
1983	59.580	68.689	62.665	79.717	76.735	34.319	64.516	41.697	59.503	55.441	44.079	44.490	56.479	55.587	34.293	39.512	55.570	60.069	81.362	51.834
1984	85.530	78.532	65.805	90.642	85.963	50.434	81.643	62.627	68.374	67.807	69.641	58.899	74.335	77.248	57.048	55.021	76.756	95.771	111.543	69.775
1985	72.441	68.032	69.054	82.517	76.232	44.287	82.685	73.623	71.014	57.948	75.072	59.321	70.137	69.298	50.748	61.274	65.088	96.102	84.607	66.964
1986	86.948	77.049	83.603	105.036	104.556	66.461	95.244	81.368	84.284	69.850	76.683	55.566	79.123	78.510	50.824	55.759	62.686	92.572	95.201	74.198
1987	72.897	72.190	86.515	99.199	92.270	46.676	88.071	72.076	79.226	68.705	68.518	56.883	75.323	74.640	47.363	51.482	68.171	117.690	88.932	74.299
1988	77.060	71.501	76.110	84.019	79.674	50.315	99.466	59.820	99.753	65.289	53.058	43.895	72.937	67.634	43.182	61.428	59.803	105.188	72.937	99.483
1989	80.505	77.465	101.782	87.923	82.511	51.763	95.555	76.260	97.465	79.004	75.569	49.628	77.818	69.814	43.130	68.809	64.445	125.831	78.504	71.644
1990	70.582	82.389	92.287	86.335	88.230	54.090	72.195	67.639	73.207	61.848	62.384	41.714	72.269	69.242	43.956	62.186	58.725	110.023	74.547	99.584
1991	68.159	66.546	86.935	79.106	76.345	57.837	68.414	57.431	78.606	62.685	42.685	33.579	65.531	54.562	46.412	58.284	54.330	91.345	75.174	79.196
1992	70.571	68.555	67.354	81.903	68.488	51.155	82.625	61.768	82.713	66.178	57.589	70.889	70.889	59.357	44.591	53.230	44.763	118.370	96.598	97.963
1993	78.444	71.300	101.395	87.462	76.701	71.688	93.801	68.663	77.946	80.934	75.906	85.719	85.719	77.946	64.866	89.832	65.507	105.331	93.808	129.229
1994	118.985	108.504	115.047	92.929	102.150	102.375	125.867	52.794	109.245	79.903	80.499	106.969	106.969	87.528	106.969	105.897	81.224	134.454	143.507	139.410
1995	126.122	117.307	153.646	121.172	121.043	93.850	142.363	122.076	100.610	122.038	109.980	112.058	122.752	106.919	114.250	113.104	87.176	154.119	136.110	136.412

续表

年份	河北	山西	内蒙古	辽宁	吉林	黑龙江	江苏	安徽	山东	河南	湖北	广西	重庆	四川	贵州	云南	陕西	甘肃	宁夏	新疆
1996	104.094	102.598	105.462	88.809	104.417	84.703	97.318	83.066	111.561	74.564	94.243	95.825	105.687	106.746	94.773	129.781	82.389	152.012	94.731	134.008
1997	91.032	89.523	98.174	71.566	47.918	80.932	109.201	79.688	82.609	73.069	70.957	79.647	83.184	102.691	79.740	108.129	60.516	123.467	104.576	113.209
1998	102.249	99.546	118.376	97.737	101.453	79.512	105.002	67.879	103.613	85.338	68.438	73.980	80.748	88.187	83.686	93.280	73.011	141.380	113.433	119.936
1999	67.857	65.340	79.287	68.383	77.820	59.091	79.290	66.742	70.835	68.038	62.186	74.364	67.265	77.559	70.028	80.687	57.013	119.961	77.161	78.878
2000	65.952	70.961	70.908	55.806	64.521	61.514	78.832	58.357	81.217	62.184	59.325	57.479	62.346	66.233	66.323	65.219	56.776	93.770	84.571	110.871
2001	73.050	76.975	100.638	81.611	69.913	61.828	94.105	72.805	93.325	81.950	77.249	71.011	80.261	62.515	69.368	80.817	59.911	116.682	97.135	121.579
2002	74.208	85.013	89.520	85.458	84.390	60.821	99.624	77.661	87.493	84.009	73.813	71.407	83.271	82.494	78.408	79.735	63.626	105.933	91.144	107.292
2003	93.925	97.623	102.633	99.754	96.535	64.630	59.451	33.054	104.817	75.906	83.583	72.006	95.712	85.703	76.695	88.377	65.719	135.318	108.933	127.862
2004	109.961	115.314	108.907	109.098	104.682	75.728	125.555	103.910	121.523	101.378	120.382	94.280	123.583	127.332	105.658	110.559	98.638	116.678	102.444	134.822
2005	103.138	98.345	112.280	100.254	104.584	86.556	69.834	78.114	110.968	96.823	103.246	84.407	107.231	124.056	91.114	96.526	91.737	118.476	103.065	118.369
2006	120.544	132.382	117.989	114.887	112.059	104.730	103.510	111.274	128.212	112.265	112.414	94.756	112.263	97.561	88.601	101.236	95.796	148.183	134.146	142.497
2007	136.803	160.371	134.396	131.056	116.311	90.296	119.629	119.279	154.726	131.347	133.173	130.774	122.277	100.057	108.778	107.676	115.644	171.361	141.998	177.990
2008	117.107	129.552	131.054	131.418	136.663	111.942	119.606	107.984	134.712	119.170	124.542	125.452	130.626	149.476	109.550	130.668	106.660	173.560	125.213	159.036
2009	143.339	146.721	136.996	118.707	122.896	114.599	151.408	148.709	163.723	137.225	137.455	123.071	131.150	123.489	135.857	138.432	124.555	172.881	160.821	175.247
2010	158.780	176.469	177.230	141.699	165.967	139.853	154.344	149.688	160.804	145.180	158.396	128.112	157.424	159.944	155.825	157.062	156.807	222.623	196.221	190.588
2011	185.032	231.434	196.016	179.327	198.154	159.658	153.763	160.223	188.034	162.301	168.517	134.267	163.805	171.715	96.536	139.356	156.618	241.936	200.665	210.096
2012	186.426	232.198	195.957	200.390	208.746	170.954	173.405	174.290	186.531	175.401	165.063	152.826	174.797	182.531	167.744	175.875	165.896	257.759	209.798	233.624
2013	182.693	208.226	197.039	191.022	199.151	168.351	162.634	148.127	173.500	158.362	139.425	156.723	173.046	182.522	111.325	172.934	164.773	229.926	190.560	198.245
2014	181.259	204.200	203.064	180.028	189.721	177.003	183.727	167.992	197.964	178.787	143.224	142.116	163.104	173.773	163.573	165.405	163.275	233.910	205.934	219.723
2015	145.462	162.547	161.445	133.704	167.105	139.270	144.641	134.512	145.761	144.763	125.836	116.348	150.153	161.905	146.322	156.200	133.553	193.869	160.086	165.444
2016	121.667	147.375	109.581	107.415	120.508	81.304	125.839	119.257	126.806	113.947	112.658	106.367	134.869	145.238	130.558	147.116	120.684	146.218	151.162	153.465
2017	129.319	155.672	125.594	126.122	149.818	101.544	125.533	110.965	133.840	119.023	108.060	103.084	132.417	141.462	133.616	149.586	119.413	151.384	167.746	176.406
2018	130.301	164.411	151.810	103.815	125.154	113.007	122.198	101.833	135.509	120.132	108.634	110.799	136.294	135.529	139.074	154.190	128.965	189.123	177.298	180.289

资料来源：笔者根据《全国农产品成本收益资料汇编》整理得到。

附录二：Matlab 代码

```
%%HP 滤波并对波动项作描述性统计
[m,n]=size(A);
for i=1:n
    [T(:,i),C(:,i)]=hpfilter(A(:,i),100);
end
B=[mean(C),var(C),skewness(C),kurtosis(C),median(C),max(C),min
(C)];
%% 气象灾害 %%
[m,n]=size(A);
for i=1:n
B(i,:)=[mean(A(:,i)),var(A(:,i)),skewness(A(:,i)),kurtosis(A(:,i)),med
ian(A(:,i)),max(A(:,i)),min(A(:,i))];
[h(i,:),p(i,:),JBSTAT(i,:),CV(i,:)]=jbtest(A(:,i),0.05);
end
C=[B,JBSTAT,p,h];
%% 时间序列
A1=A';
[m,n]=size(A1);
for i=1:n
B(i,:)=[mean(A1(:,i)),var(A1(:,i)),skewness(A1(:,i)),kurtosis(A1
(:,i))];
end
%%% 空间特征
%1978-1989
```

```
[m,n]=size(A);
for i=1:n
    B1(i,:)=[mean(A(1:12,i)),var(A(1:12,i)),skewness(A(1:12,i)),kur
tosis(A(1:12,i)),max(A(1:12,i)),min(A(1:12,i))];
    %1990-1999
    B2(i,:)=[mean(A(13:22,i)),var(A(13:22,i)),skewness(A(13:22,i)),
kurtosis(A(13:22,i)),max(A(13:22,i)),min(A(13:22,i))];
    %2000-2009
    B3(i,:)=[mean(A(23:32,i)),var(A(23:32,i)),skewness(A(23:32,i)),
kurtosis(A(23:32,i)),max(A(23:32,i)),min(A(23:32,i))];
    %2010-2018
    B4(i,:)=[mean(A(33:41,i)),var(A(33:41,i)),skewness(A(33:41,i)),
kurtosis(A(33:41,i)),max(A(33:41,i)),min(A(33:41,i))];
end
B=[B1,B2,B3,B4];


%% 聚类分析
[x,textdata]=xlsread('chapter3');
X=zscore(x);
y=pdist(X);
Z=linkage(y,'ward');
obslabel=textdata(1:end,1);
H=dendrogram(Z,0,'orientation','right','labels',obslabel);
set(H,'LineWidth',2,'Color','k');
xlabel(' 标准化距离 ( 离差平方和法 )');
text(5,1.5,'2000-2009')
```

%% 计算全局 Moran 指数

% 把数据导入 A 中，把经纬度导入 L 中

```
X=A';
L=zeros(27,2);
open L
for i=1:41
[I(i,1),s_boot(i,2),z(i,3),p(i,4)]=moran_g(L(:,1),L(:,2),X(:,i));
end
 C=[I(:,1),s_boot(:,2),z(:,3),p(:,4)];
```

%%TOPSIS—熵权法代码

% 导入带有负向指标和正向指标标识的数据 A，负向指标为 –1，正向指标为 1.

% 熵权法代码 %

```
k=1;
[i,j]=size(A);
A_max=max(A(2:i,:));
A_min=min(A(2:i,:));
for n=1:j
if A(k,n)==-1
   X(:,n)=(A_max(1,n)-A(2:i,n))/(A_max(1,n)-A_min(1,n));
else
   X(:,n)=(A(2:i,n)-A_min(1,n))/(A_max(1,n)-A_min(1,n));
end
end
```

%% 平移 0.01

```
Y=X+0.01;
```

%% 求和并点除 %%

```
B=Y./repmat(sum(Y),i-1,1);
%% 式 4%%
K=1/log((i-1)*j);
e=-K.*sum(B.*log(B));
g=1-e;
% 四个二级指标求权重
%w(1:4)=g(1:4)./sum(g(1:4));
%w(5:7)=g(5:7)./sum(g(5:7));
%w(8:12)=g(8:12)./sum(g(8:12));
%w(13:17)=g(13:17)./sum(g(13:17));
w=g./sum(g);
%%TOPSIS 代码 %%
%% 用向量规范法求得规范决策矩阵 %%
for m=1:j
zj(1,m)=sqrt(sum(A(2:i,m).*A(2:i,m)));
end
z=repmat(zj,i-1,1);
Z=A(2:i,:)./z;
%% 构建加权规范矩阵 %%
W=repmat(w,i-1,1);
Z1=W.*Z;
%% 确定正理想和负理想 %%
for n=1:j
if A(k,n)==-1
  idea(1,n)=min(Z1(:,n));
  nidea(1,n)=max(Z1(:,n));
else
  idea(1,n)=max(Z1(:,n));
```

```
    nidea(1,n)=min(Z1(:,n));
end
end
```

%% 按行数，确定方案到正理想和负理想的距离 %%

```
for n=1:i−1
    d1(n,1)=norm(Z1(n,:)−idea,2);
    d2(n,1)=norm(Z1(n,:)−nidea,2);
    C(n,1)=d2(n,1)/(d1(n,1)+d2(n,1)); %% 计算得分 %%
end
```

%% 混合 Copula 模型代码

```
clear
%EM 算法
U=xlsread('clayton.xls');          % 利用 EM 算法进行估计计算
S=4;                               %S 为 Copula 个数
N=length(U);                       % 样本容量
th=0.0001;                         % 收敛条件
a=3.7; %2.21;
gama=0.65; %0.65; 0.7;
% 参数初始化
rana=[0.25 0.25 0.25 0.25]';       % 权重参数初始化
a11=copulafit('gauss',U);
a1=a11(1,2);
a2=copulafit('clayton',U);
a3=copulafit('gumbel',U);
a4=copulafit('frank',U);
theta=[a1,a2,a3,a4]';              % 相依结构参数初始化
t=inf;
```

```
count=0;                    % 迭代次数
COPULA=zeros(N,S);          %COPULA 函数矩阵
ranack=zeros(S,1);
RZNK=zeros(N,S);
SCADD=zeros(S,1);
turntheta_old=zeros(S,1);   %4 行 1 列，盛放转化的参数
linss1=zeros(4,51);         % 用来储存各个 COPULA 权重的变化
linss2=zeros(4,51);         % 用来储存各个 COPULA 相依参数变化
while t>=th && count<=50
  rana_old=rana;
  theta_old=theta;
  % 由于相依结构参数有约束限制，故参数进行变换，从而可以
用无约束最优化方法估计参数
  turntheta_old(1)=tan(pi*theta_old(1)/2);
  turntheta_old(2)=log(theta_old(2));
  turntheta_old(3)=log(theta_old(3)−1);
  turntheta_old(4)=theta_old(4);
  % 计算 COPULA 矩阵
  for n=1:N
      COPULA(n,1)=copulapdf('Gaussian',U(n,:),theta_old(1));
%Gauss COPULA 密度函数值
      COPULA(n,2)=copulapdf('Clayton',U(n,:),theta_old(2));
%Clayton COPULA 密度函数值
      COPULA(n,3)=copulapdf('Gumbel',U(n,:),theta_old(3));
%Gumbel COPULA 密度函数值
      COPULA(n,4)=copulapdf('Frank',U(n,:),theta_old(4));
%Frank COPULA 密度函数值
  end
```

% 惩罚函数计算权重

% 计算 SCADD

```
for k=1:S
        SCADD(k)=rana_old(k)*SCAD(rana_old(k), a, gama);
end
delta=N*(1-sum(SCADD));   % 计算 delta 的值。
```

%E 步

% 计算 rznk 的值

```
  for cn=1:N
      for cm=1:S
              ranack(cm)=rana_old(cm)*COPULA(cn,cm);
      end
      for cm=1:S
              RZNK(cn,cm)=ranack(cm)/sum(ranack);
      end
  end
```

%M step

% 求权重参数的更新方程

```
    for cm=1:S
        rana(cm)=(sum(RZNK(:,cm))-
N*rana_old(cm)*SCAD(rana_old(cm),a,gama))/delta;
    end
    if sum(rana<0)>=1   % 判断如果出现 rana 小于 0 的情况，则
终止跳出循环
        rana=rana_old;
        break;
    end
    linss1(:,count+1)=rana;
```

% 求相依结构参数的更新方程

% 采用 BFGS 方法（拟牛顿方法）求相依结构参数的更新方程

[turntheta, fval,exitflag,output,grad,hessian]=runtheta(N,U,RZNK,
turntheta_old);

% 把相依结构参数转换回来

```
theta(1)=atan(turntheta(1))*2/pi;

theta(2)=exp(turntheta(2));

theta(3)=exp(turntheta(3))+1;
```

% 防止出现 Frank Copula 的相依结构参数为 0

```
    if turntheta(4)==0

        theta(4)=turntheta(4)+0.000001;

    else

        theta(4)=turntheta(4);

    end

    linss2(:,count+1)=theta;
```

% 判断终止条件

```
    t=max([norm(rana_old(:)−rana(:));norm(theta_old(:)−theta(:))]);

    count=count+1;
```

end %while 语句结束

参考文献

［1］包璐璐，江生忠.农业保险巨灾风险分散模式的比较与选择［J］.保险研究，2019（8）：36-51.

［2］蔡胜勋，秦敏花.我国农业保险与农产品期货市场的连接机制研究——以"保险＋期货"为例［J］.农业现代化研究，2017，38（3）：510-518.

［3］蔡志强.我国"实施乡村振兴战略"的社会经济逻辑与政策措施——基于欧盟共同农业政策改革的启示［J］.天津商业大学学报，2019，39（4）：42-51.

［4］曹鑫光.美国、法国、日本农业保险政策的比较和启示［J］.现代交际，2019（14）：57+56.

［5］曾秀云.我国农村土地经营权抵押问题研究［D］.合肥：安徽财经大学，2020.

［6］陈会玲，陈紫嫣，顾成炜.印度储备粮流通制度及其对中国的启示［J］.世界农业，2017（2）：70-76.

［7］陈锡文.落实发展新理念 破解农业新难题［J］.农业经济问题，2016，37（3）：4-10.

［8］陈新华."保险＋期货"的基差风险及其影响因素研究——基于大豆基差数据的分析［J］.价格理论与实践，2019（10）：99-102.

［9］陈新建，陶建平.基于风险区划的水稻区域产量保险费率研究［J］.华中农业大学学报（社会科学版），2008（4）：14-17.

［10］崔静.基于 CoES 模型的系统性金融风险测度［J］.统计

与决策，2019，35（20）：148-151.

［11］戴冠来.确定粮食目标价格的一些思考［J］.价格理论与实践，2009（10）：17-19.

［12］邸浩，薛力，郭建鸾.基于稳定分布的投资组合 VaR 及 CVaR 风险度量研究［J］.南方金融，2018（3）：11-22.

［13］东湖.粮食主产区农业信贷支持问题研究［D］.北京：中国农业科学院，2009.

［14］董俊生.基于 CVaR 的风险均衡模型在 FOF 组合优化中的应用［D］.山东大学，2019.

［15］董婉璐，杨军，程申，李明.美国农业保险和农产品期货对农民收入的保障作用——以2012年美国玉米遭受旱灾为例［J］.中国农村经济，2014（9）：82-86+96.

［16］范庆泉，王成刚.我国农产品价格保险产品设计研究——以玉米为例［J］.保险理论与实践，2017（11）：53-67.

［17］方蕊，安毅.粮食种植大户的农业风险管理策略选择——基于风险感知视角［J］.农业现代化研究，2020，41（2）：219-228.

［18］方蕊，安毅，刘文超."保险＋期货"试点可以提高农户种粮积极性吗？——基于农户参与意愿中介效应与政府补贴满意度调节效应的分析［J］.中国农村经济，2019（6）：113-126.

［19］冯晶.基于小波分析的作物区域产量保险费率厘定研究［D］.中国海洋大学，2014.

［20］高庆鹏，周振，何新平.政策性农业保险巨灾风险分担模式比较——以北京、江苏、安徽为例［J］.保险研究，2012（12）：30-37.

［21］高涛，李锁平，邢鹏.政策性农业保险巨灾风险分担机制模拟——以北京市政策性农业保险为例［J］.中国农村经济，2009（3）：28-37.

［22］高莹，黄小原．具有 VaR 约束的跟踪误差投资组合鲁棒优化模型［J］．中国管理科学，2007（1）：1-5.

［23］高增玉．粮食直接补贴对粮食生产的影响分析［D］．昆明：云南财经大学，2019.

［24］龚芳，高帆．中国粮食价格波动趋势及内在机理：基于双重价格的比较分析［J］．经济学家，2012（2）：51-60.

［25］勾明，樊正堂．风险度量模型的研究［J］．纯粹数学与应用数学，2002（4）：379-382.

［26］古政，江惠坤，褚保金．农业保险费率厘定的小波—非参数统计方法及其实证分析［J］．系统工程，2008（8）：39-43.

［27］郭力．我国粮食生产的银行信贷融资问题及其对策研究［J］．粮食科技与经济，2019，44（9）：37-41，59.

［28］国家发改委产业经济研究所课题组，齐援军，蓝海涛．我国中长期粮食安全若干重大问题研究综述［J］．经济研究参考，2006（73）：36-48.

［29］胡迪，刘婷，薛平平，虞松波．我国粮食目标价格补贴政策的作用机制分析［J］．江苏社会科学，2019（4）：107-113.

［30］黄磊．税收政策对农产品加工业发展的影响效应研究［D］．哈尔滨：东北林业大学，2019.

［31］黄建风，陆文聪．基于小波—NAR 神经网络的气象要素时间序列预测与天气指数彩虹期权估值［J］．系统工程理论与实践，2016，36（5）：1146-1155.

［32］纪秀娟．英国与欧盟的关系问题研究［D］．青岛：山东大学，2014.

［33］贾凡．农业供给侧结构性改革背景下粮食生产安全问题研究［D］．长春：吉林大学，2020.

［34］贾晋．中国粮食储备体系：历史演进、制度困境与政策优化［J］．广西社会科学，2012（9）：97-102.

［35］蒋和平，朱福守. 我国粮食储备管理现状和政策建议［J］. 中国农业科技导报，2015，17（6）：8-14.

［36］金宵. 彩虹期权的有限元定价方法［D］. 哈尔滨：哈尔滨工业大学，2019.

［37］兰录平. 我国粮食最低收购价政策的效应和问题及完善建议［J］. 农业现代化研究，2013，34（5）：513-517.

［38］李聪，李丹. 日本种植业保险制度对我国种植业保险发展的启示［J］. 现代经济信息，2011（14）：177-178.

［39］李京福. 发达国家粮食储备管理制度的经验［J］. 世界农业，2016（1）：84-87，96，227.

［40］李铭，张艳. "保险＋期货"服务农业风险管理的若干问题［J］. 农业经济问题，2019（2）：92-100.

［41］李文芳. 基于非参数核密度法的农作物区域产量保险费率厘定研究［J］. 生态经济，2012（4）：61-64.

［42］李祥. 辽宁省义县玉米价格"保险＋期货"试点问题研究［D］. 沈阳：沈阳农业大学，2018.

［43］李雄英. 股票组合投资的稳健统计分析方法研究［D］. 广州：暨南大学，2016.

［44］李亚茹，孙蓉. 农产品期货价格保险及其在价格机制改革中的作用［J］. 保险研究，2017（3）：90-102.

［45］李政，梁琪，方意. 中国金融部门间系统性风险溢出的监测预警研究——基于下行和上行 Δ CoES 指标的实现与优化［J］. 金融研究，2019（2）：40-58.

［46］梁来存. 核密度法厘定我国粮食保险纯费率的实证研究［J］. 南京农业大学学报：社会科学版，2009，9（4）：28-34.

［47］刘福国，祝丽萍. 保险精算法在广义欧式期权定价中的应用［J］. 数学的实践与认识，2013，43（18）：78-82.

［48］刘俊山. 基于风险测度理论的 VaR 与 CVaR 的比较研究

［J］.数量经济技术经济研究，2007（3）：125–133.

［49］刘锐金，凌远云，王成丽.不同产量分布下湖北省县级水稻产量保险的纯费率厘定［J］.统计与决策，2010（13）：75–78.

［50］刘素春，智迪迪.农业保险与农业信贷耦合协调发展研究——以山东省为例［J］.保险研究，2017（2）：29–39.

［51］刘晓然.粮食最低收购价收购政策分析与研究［J］.财富时代，2020（1）：159.

［52］刘文倩，韦才敏，卜祥智.混合分数布朗运动环境下欧式障碍期权定价［J］.经济数学，2018，35（4）：16–20.

［53］刘文丽.农业灾害避险期权定价研究［D］.哈尔滨：哈尔滨工程大学，2012.

［54］刘小茂，李楚霖，王建华.风险资产组合的均值——CVaR有效前沿（Ⅰ）［J］.管理工程学报，2003（1）：29–33.

［55］刘小茂，李楚霖，王建华.风险资产组合的均值——CVaR有效前沿（Ⅱ）［J］.管理工程学报，2005（1）：1–5.

［56］娄伟平，吴利红，陈华江，毛裕定.柑橘气象指数保险合同费率厘定分析及设计［J］.中国农业科学，2010，43（9）：1904–1911.

［57］芦天宇.基于前景理论的欧式期权定价研究［D］.南京：南京财经大学，2018.

［58］陆岷峰，高伦.关于期权定价模型的比较分析与实证研究［J］.长春金融高等专科学校学报，2020（1）：5–12.

［59］栾庆祖，董鹏捷，叶彩华.面向气象指数保险的水果冰雹灾害灾损评估方法［J］.中国农业气象，2019，40（6）：402–410.

［60］骆庆国.论粮食储备的法律规制［J］.中国流通经济，2017，31（2）：122–128.

［61］任芳玲，蒋登智.基于交易成本和红利的欧式期权二叉树模型及算法［J］.山东科学，2018，31（5）：101–108.

［62］任有权.17世纪中叶以来的英国农业政策［D］.南京：南京大学，2014.

［63］宋桂林.试析美国农业信贷银行法律制度的中国意义［J］.西南石油大学学报（社会科学版），2017，19（1）：67-73.

［64］宋慧慧，龙宪军，龙强.基于CVaR带有改进的典型交易成本的多目标投资组合模型［J］.重庆师范大学学报（自然科学版），2019，36（3）：16-20.

［65］孙林.我国农业保险制度："保险＋期货"的原理、路径及建议［J］.改革与战略，2017，33（9）：91-93.

［66］孙中叶，黄向阳.粮食收储政策的国际比较及启示［J］.粮食科技与经济，2015，40（3）：17-19.

［67］唐启飞，何蒲明.国外经验对我国耕地休耕制度建立的启示——以美国、日本和欧盟为例［J］.长江大学学报（自科版），2017，14（22）：60-65+5.

［68］唐小我，曾勇，曹长修.变权组合预测模型研究［J］.预测，1993（3）：46-48，62.

［69］田聪颖，肖海峰.农产品目标价格补贴政策的国际比较与启示［J］.经济纵横，2016（1）：123-128.

［70］童馨乐，胡迪，杨向阳.粮食最低收购价政策效应评估——以小麦为例［J］.农业经济问题，2019（9）：85-95.

［71］庹国柱，朱俊生.农业保险巨灾风险分散制度的比较与选择［J］.保险研究，2010（9）：47-53.

［72］王春峰，张驰，房振明.基于蒙特卡洛方法的跳跃噪音对欧式期权定价影响［J］.系统工程，2016，34（2）：40-44.

［73］王丽红，杨华，田志宏，闫仲勇.非参数核密度法厘定玉米区域产量保险费率研究——以河北安国市为例［J］.中国农业大学学报，2007（1）：90-94.

［74］王瑾.我国粮食最低收购价格政策改革与思考［J］.农业

经济，2020（10）：118–119.

［75］王晓君，何亚萍，蒋和平."十四五"时期的我国粮食安全：形势、问题与对策［J］.改革，2020（9）：27–39.

［76］王煜宇.《美国农业信贷法》：法典述评与立法启示［J］.西南政法大学学报，2017，19（4）：63–75.

［77］魏正元，薛玲，谢挺.基于似然比检验的VaR回测研究［J］.统计与决策，2019，35（8）：26–29.

［78］文凤华，马超群，巢剑雄.风险度量新趋势分析［J］.湖南大学学报（自然科学版），2001（6）：122–127.

［79］吴烨.农产品"价格保险＋期货"模式选择机制研究——基于复杂适应性理论的分析［J］.价格理论与实践，2019（8）：112–115.

［80］肖宇谷，王克，王晔.Bootstrap方法在农业产量保险费率厘定中的应用［J］.保险研究，2014（9）：21–28.

［81］谢凤杰，王尔大，朱阳.基于Copula方法的作物收入保险定价研究——以安徽省阜阳市为例［J］.农业技术经济，2011（4）：41–49.

［82］许启发，王侠英，蒋翠侠，熊熊.基于藤copula–CAViaR方法的股市风险溢出效应研究［J］.系统工程理论与实践，2018，38（11）：2738–2749.

［83］许荣，肖海峰.美国新农业法案中农业补贴政策的改革及启示［J］.华中农业大学学报（社会科学版），2020（2）：135–142+169.

［84］杨恋黎.金融支撑现代农业发展问题研究［D］.长沙：湖南农业大学，2017.

［85］杨鹏.系统重要性银行的动态识别研究［D］.成都：西南财经大学，2016.

［86］杨莹.基于CIR随机波动率模型的障碍期权定价［D］.哈

尔滨：哈尔滨师范大学，2019.

［87］杨振，韩磊．美国粮食产业支持政策转型的制度路径与经验启示［J］．世界农业，2020（7）：25-31，114.

［88］杨芷晴，孔东民．我国农业补贴政策变迁、效应评估与制度优化［J］．改革，2020（10）：114-127.

［89］叶明华．农产品目标价格保险的政策定位与发展策略［J］．中州学刊，2015（12）：45-49.

［90］于晓华，武宗励，周洁红．欧盟农业改革对中国的启示：国际粮食价格长期波动和国内农业补贴政策的关系［J］．中国农村经济，2017（2）：84-96.

［91］于洋．农作物产量保险区域化差别费率厘定的可行性——基于非参数核密度估计实证［J］．统计与信息论坛，2013，28（10）：75-80.

［92］曾颖苗，张珺，张晴．马科维茨模型在股市最优投资组合选择中的实证研究［J］．湘潭师范学院学报（社会科学版），2009，31（4）：88-91.

［93］曾勇，唐小我，曹长修．市场指数模型下最优证券组合的简化算法［J］．控制与决策，1997（2）：119-125.

［94］张保帅，段俊，田盈．基于 Copula-GH-CoVaR 模型的风险溢出效应研究［J］．重庆师范大学学报（自然科学版），2019，36（4）：81-92.

［95］张保帅，姜婷，周孝华，段俊．投资组合优化的新方法：Mean-CoVaR 模型［J］．统计与决策，2019，35（11）：67-70.

［96］张冰洁，汪寿阳，魏云捷，赵雪婷．基于 CoES 模型的我国金融系统性风险度量［J］．系统工程理论与实践，2018，38（3）：565-575.

［97］张昌彩．国外粮食储备管理及其对我国的启示［J］．经济研究参考，2004（24）：33-43.

［98］张鹏，龚荷珊．可调整的均值—半方差可信性投资组合绩效评价［J］．模糊系统与数学，2018，32（1）：144-157.

［99］张巍，佟丹丹．我国农产品目标价格补贴制度的优点、风险与完善对策［J］．改革与战略，2017，33（10）：82-85.

［100］张峭，汪必旺，宋淑婷．北京市鸡蛋价格保险产品设计研究［J］．农业展望，2013，9（11）：46-50+57.

［101］张喜彬，荣喜民，张世英．有关风险测度及组合证券投资模型研究［J］．系统工程理论与实践，2000（9）：19-22.

［102］张译元，孟生旺．农业指数保险定价模型的研究进展及改进策略［J］．统计与信息论坛，2020，35（1）：30-39.

［103］张玉环．中国农业保险的功能和作用［J］．社会科学家，2018（11）：39-46.

［104］赵进文，张胜保，韦文彬．市场金融风险度量方法的比较与应用［J］．统计研究，2013，30（10）：46-53.

［105］赵丽丽，张波．基于 ICA 模型的投资组合稳健 VaR 方法研究［J］．数理统计与管理，2019，38（2）：367-380.

［106］赵玉，严武．市场风险、价格预期与农户种植行为响应——基于粮食主产区的实证［J］．农业现代化研究，2016，37（1）：50-56.

［107］赵月旭，刘洁．美国巨灾灾害保险期货期权的鞅方法定价［J］．数学的实践与认识，2019，49（22）：16-21.

［108］郑承利，周星宇，张怡雅，陈琨．鸡蛋期货价格保险设计以及农户最优投保选择——以湖北省为例［J］．保险研究，2018（10）：51-64.

［109］郑风田，普蕣喆．反思政策性粮食储备体系：目标分解与制度重构［J］．中州学刊，2019（11）：42-48.

［110］郑军，杨玉洁．农业保险市场创新与农户收入保障［J］．华南农业大学学报（社会科学版），2019，18（6）：45-54.

［111］郑军，支金鑫. 农业保险服务乡村振兴战略的制度创新：美国经验与启示［J］. 贵州大学学报（社会科学版），2020，38（1）：114-123.

［112］郑棣，严予若，雷蕾. 商业银行流动性风险的溢出效应——基于动态 CoVaR 的方法［J］. 财经科学，2019（1）：39-51.

［113］中国价格协会召开工业反哺农业价格政策研讨会［J］. 价格理论与实践，2007（11）：54.

［114］周静，曾福生. 农业支持保护补贴的政策认知及其对满意度的影响研究——基于湖南省 419 个稻作大户的调查［J］. 农村经济，2019（4）：88-94.

［115］周忠宝，刘湘晖，肖和录，刘文斌. 基于线性反馈策略的多阶段均值—方差投资组合优化［J］. 系统科学与数学，2018，38（9）：1018-1035.

［116］卓志，王禹. 生猪价格保险及其风险分散机制［J］. 保险研究，2016（5）：109-119.

［117］邹学荣，李娜，杨成理. 英国休耕制度对川渝地区耕作制度改革的启示［J］. 乐山师范学院学报，2016，31（3）：100-103.

［118］Acharya V., Pedersen L. H., Phillipson T., Richardson M. Measuring systemic risk［J］.The Review of Financial Studies, 2017, 30(1): 2-47.

［119］Adrian T., Brunnermeier M. K. CoVaR［J］. The American Economic Review, 2016, 106 (7): 1705-1741.

［120］Ahmed O., Serra T. Economic analysis of the introduction of agricultural revenue insurance contracts in Spain using statistical copulas［J］. Agricultural Economics, 2015, 46(1): 69-79.

［121］Alexander G. J., Baptista A. M. Economic implications of using a mean-VaR model for portfolio selection: A comparison with mean-variance analysis［J］. Journal of Economic Dynamics and Control, 2002, (26): 1159-1193.

[122] Artzner P., Delbaen F., Eber J. M., Eber J., Heath D. Coherent measures of risk [J] . Mathematical Finance, 1999, 9(3): 203–228.

[123] Basak S., Shapiro A. Value–at–Risk based risk management: Optimal policies and asset prices [J] . Review of Financial Studies, 2001, 14(2): 371–405.

[124] Benth F., Karlsen K., Reikvam K. A. Semilinear Black and Scholes partial differential equation for valuing American options. Finance Stochastics 2003, 7: 277–298.

[125] Black F., Scholes M. The pricing of options and corporate liabilities [J] . The Journal of Political Economy, 1973: 637–654.

[126] Bonaccolto G., Caporin M., Paterlini S . Decomposing and back testing a flexible specification for CoVaR [J] . Journal of Banking and Finance, 2019, 108(3): 923–942.

[127] Braiek S. M., Bedoui R. M., Belkacem L. M. Systemic risk contribution in islamic equity markets: CoVaR based model [J/OL] . SSRN Electronic Journal, 2018. http://dx.doi.org/10.2139/ssrn.3100908.

[128] Brennan M. J., Schwartz E. S. The valuation of American put options [J] . Journal of Finance, 1977, 32: 449–462.

[129] Brownlees C. T., Engle R. F. Volatility, correlation and tails for systemic risk measurement [Z] . Working Paper. New York University, 2011. http://citeseerx.ist.psu.edu/viewdoc/summary?doi=10.1.1.357.3783.

[130] Brownless C. T., Engle R. F. SRISK: A conditional capital shortfall measure of systemic risk [J] .The Review of Financial Studies, 2017, 30(1): 48–79.

[131]Cheung K., Yuen F. On the uncertainty of VaR of individual risk[J]. Journal of Computational and Applied Mathematics, 2020, 367(3): 1–14.

[132] Chiang S. L., Tsai M. S. Analyzing an elder's desire for a reverse mortgage using an economic model that consider house bequest motivation,

random death time and stochastic house price [J] . International Review of Economics and Finance, 2016, 42(12): 202–219.

[133] Cho H., Kim K. K., Lee K. Computing lower bounds on basket option prices by discretizing semi–infinite linear programming [J] . Optimization Letters, 2016, 10(8): 1629–1644.

[134] Cox R. Option pricing: A simplified approach [J] .The Journal of Financial Economics, 1979, 7: 229–263.

[135] Driedger J., Porth L., Boyd M. The potential to use futures and options to manage crop insurance losses [R] . 2016.

[136] Duarte G., Ozaki V. Pricing crop revenue insurance using parametric copulas [J] . Revista Brasileira de Economia. 2019, 73(3): 325–343.

[137] Duncan J., Myers R. J. Crop insurance under catastrophic risk [J] . American Journal of Agricultural Economics, 2000, 82(4): 842–855.

[138] Fishburn P. C. Mean–risk analysis with risk associated with below–target returns [J] . The American Economic Review, 1977, 67(2):116–126.

[139] Foellmer H., Schied A. Convex measures of risk and trading constraints [J] . Finance and Stochastics, 2002, 6(4): 429–47.

[140] Griffith A. P., Lewis K. E., Boyer C. N. Timing the purchase of livestock risk protection insurance for feeder cattle [R/OL] . Southern Agricultural Economics Association, 2015 Annual Meeting. https://ageconsearch. umn.edu/record/196869.

[141] Guegan D., Hassani B. K. More accurate measurement for enhanced controls: VaR vs ES? [J] . Journal of International Financial Markets, Institutions & Money, 2018, 54(5):152–165.

[142] Guo Y., Wood J., Pan W., Meng Q. Inventory optimization of airport perishable emergency supplies with replacement strategy facing stochastic occurrence time by CVaR approach [J] . International Journal of Disaster Risk

Reduction, 2018, 31: 170–183.

［143］Hajizadeh, E., Mahootchi, M. Developing a risk–based approach for American basket option pricing［J］. Computational Economics, 2019, 53(4): 1593–1612.

［144］Han B., Pun C. S., Wong H. Y. Robust mean–variance portfolio selection with state–dependent ambiguity aversion and risk aversion: A closed-loop approach［M］. Social Science Electronic Publishing, 2019.

［145］Han B., Wong H. Y. Mean–variance portfolio selection under Volterra Heston model［J/OL］. arXiv:1904.12442v1 Papers, 2020, https://arxiv.org/abs/1904.12442v1.

［146］Hill R. V., Hoddinott J., Kumar N. Adoption of weather–index insurance: Learning from willingness to pay among a panel of households in rural Ethiopia［J］. Agricultural Economics, 2013, 44: 385–398.

［147］Hosseini S. D., Verma M. A Conditional Value–at–Risk (CVaR) methodology to optimal train configuration and routing of rail hazmat shipments［J］. Transportation Research Part B Methodological, 2018, 110: 79–103.

［148］Kato N. Effective structure of reinsurance function for disaster risk in the Asia–Oceania region［J］. Asia–Pacific Journal of Risk and Insurance, 2016, 10(1): 57–90.

［149］Ke Y. M., Li C. G., Mckenzie A. M., Liu P. Risk Transmission between Chinese and U.S. agricultural commodity futures markets—A CoVaR approach［J/OL］. Sustainability, 2019, 11(1): 239. https://www.mdpi.com/2071-1050/11/1/239.

［150］Ker A. P., Goodwin B. K. Nonparametric estimation of crop insurance rates revisited［J］. American Journal of Agricultural Economics, 2000, 83: 463–478.

［151］Rusnakova M. Commodity price risk management using option strategies［J］. Agricultural Economics, 2015, 61(4): 149–157.

[152] Mahul O. Hedging price risk in the presence of crop yield and revenue insurance [C] . EAAE, Exploring Diversity in the European Agri-Food System, Zaragoza, Spain, 28-31 August 2002.

[153] Mahul O., Wright B. D. Designing Optimal Crop Revenue Insurance [J] . American Journal of Agricultural Economics, 2003, 85(3): 580-589.

[154] Markowitz H. Portfolio selection [J] . Journal of Finance, 1952, 7(1):77-91.

[155] Markowitz H. Portfolio selection: efficient diversification of investments [M] . New York: John Wiley &Sons,1959.

[156] Mateos R. A., Izquierdo R. J. Risk management tools for sustainable agriculture: A model for calculating the average price for the season in revenue insurance for citrus fruit [J] . Agronomy 2020, 10:180-198.

[157] Musser W. N., Eckman P. D. T. Risk and grain marketing behavior of large-scale farmers [J] . Review of Agricultural Economics, 1996, 18(1): 65-77.

[158] Parsons J. Managing cattle market risk with LRP insurance [R/OL] . 2017. https://digitalcommons.unl.edu/agecon_cornhusker/928.

[159] Pishbahar E., Abedi S., Dashti G., Kianirad A. Agricultural risk management through weather-based insurance in Iran [A] . Sustainable Agriculture and Agribusiness in Iran, 2019.

[160] Ranganathan T., Ananthakumar U. Hedging in presence of crop yield, crop revenue and rainfall insurance [J] . Journal of Quantitative Economics, 2017, 15(1):151-171.

[161] Rockafellar R. T., Uryasev S. Optimization of conditional Value-at-Risk [J] . Journal of Risk, 2000, 2: 21-41.

[162] Sampid M. G., Hasim H. M. Estimating value-at-risk using a multivariate copula-based volatility model: Evidence from European banks [J] . International Economics, 2018, 156(12): 175-192.

［163］Shah A. Pricing of Rainfall Insurance in India using Gaussian and t-Copulas［C］. 90th Annual Conference, April 4–6, 2016, Warwick University, Coventry, UK 236288, Agricultural Economics Society.

［164］Shah H. C., Dong W., Stojanovski P. Evolution of seismic risk management for insurance over the past 30 years［J］. Earthquake Engineering and Engineering Vibration, 2018, 17(1): 11–18.

［165］Lotfi S., Zenios S. A. Robust VaR and CVaR optimization under joint ambiguity in distributions, means, and covariances［J］. European Journal of Operational Research, 2018, 269(2): 556–576.

［166］Spinler S., Huchzermeier A. The valuation of options on capacity with cost and demand uncertainty［J］. European Journal of Operational Research, 2006, 171(3): 915–934.

［167］Stone B. K. A general class of three-parameter risk measures［J］. Journal of finance, 1973, 28(3): 675-685.

［168］Subramanian A., Wang J. Reinsurance versus securitization of catastrophe risk［J］. Insurance, 2018, 82(S):55–72.

［169］Tiwari S., Coble K., Harri A., Barnett B. Hedging the price risk of crop revenue insurance through the options market［C］. Annual Meeting, February 4–7, 2017, Mobile, Alabama 253081, Southern Agricultural Economics Association.

［170］Turvey C. G., Rornain R. Using US. BFP Class Ⅲ Futures Contracts in risk reduction strategies for subclasses 5a and 5b milk for further processors［J］. Canadian Journal of Agricultural Economics, 2000, 48(4): 505–526.

［171］Wang L., Zhang R., Yang L., Su Y., Ma F. Pricing geometric Asian rainbow options under fractional Brownian motion［J］. Physica A: Statistical Mechanics and its Applications 2018, 49(4): 8–16.

［172］Wei Y., Wang Y., Xuan H. Fuzzy multi-objective portfolio model based on semi-variance - semi-absolute deviation risk measures [J]. Soft Computing, 2019, 23(17): 8159-8179.

[173] Woodard J. D., Pavlista A. D., Schnitkey G. D., et al. Government insurance program design, incentive effects, and technology adoption: The case of skip-row crop insurance [J]. American Journal of Agricultural Economics, 2012, 94(4): 823-837.

[174] Xi W., Hayes D., Lence S. H. Variance risk premia for agricultural commodities [J]. Agricultural Finance Review, 2019, 79(3): 286-303.

[175] Xiao Y., Wang K., Porth L. A bootstrap approach for pricing crop yield insurance[J]. China Agricultural Economic Review, 2017, 9(2): 225-237.

[176] Ye M., Wang R., Tuo G., et al. Crop price insurance in China: Pricing and hedging using futures market [J]. China Agricultural Economic Review, 2017, 9(4): 567-587.

[177] Yu H., Du D., Fang L., et al. Risk contribution of crude oil to industry stock returns [J]. International Review of Economics & Finance, 2018, 58: 179-199.

[178] Zhu B., Wang P., Chevallier J., et al. Enriching the VaR framework to EEMD with an application to the European carbon market [J]. International Journal of Finance & Economics, 2018, 23(3): 315-328.

[179] Zhu Y., Ghosh S., Goodwin B. Modeling dependence in the design of whole farm insurance contract-a copula-based model approach [C]. the American Agricultural Economics Association Annual Meeting, Orlando, Florida, July 27-29, 2008.

[180] Zhu W., Porth L., Tan K. S. A credibility-based yield forecasting model for crop reinsurance pricing and weather risk management [J]. Agricultural Finance Review, 2019, 79(1): 2-26.